语言历史论丛（第八辑）

Papers on Languages and history
Volume 8

四川师范大学汉语研究所
中国·成都· 2015
The Linguistic Institute, Sichuan Normal University
Chengdu, China, 2015

巴蜀书社

四川师范大学汉语研究所

《语言历史论丛》（第八辑）

主 编 周及徐 **副主编** 袁雪梅

目 录

CONTENTS

现代汉语的合口增音变化

郑张尚芳*

摘　要　现代汉语标准语及方言在语音上相对于中古切韵音系既有常规演变，也有不少异常变化。合口增音这种介音异常变化值得深入分析。这种变化的动因有三：音系演变进程的系统变化、音系构造变化的创新选择、辨义分化需要。

关键词　现代汉语；切韵音系；音变异常；合口增音

相对于中古切韵音系，现代汉语标准语及方言在语音上既有常规演变，也出现不少异常变化，前此笔者曾就大范围的异常变化如小称音变、舒声促化[1]、零母鼻化[2]等写过专文。现在就一项较小的介音异常，即合口增音变化进行分析。

---

* 作者简介：郑张尚芳，中国社会科学院语言研究所研究员。

我们知道《切韵》音系分开合口，正常情况是开口洪音变为现代的开口呼、细音变齐齿呼，合口洪音变合口呼、细音变撮口呼，但也有部分字出现开合相反的异常情况。而且有的音变发生较早，近代汉语《中原音韵》就已经出现类似现象了。比如细音原属合口的变开口：

> 齐微开细：季鳜携畦 遗疫役
> 先天开细：悬县 绢 缘沿兖掾
> 真文开细：尹
> 庚青开细：倾营萤莹

查《蒙古字韵》，上列字开合都还同切韵，并未发生此类变化[3]。这类变化也只是丢失合口成分，属于省力变化（例如依《蒙韵》"季携畦–iue，遗疫役 jwi"发音实在费劲），并非忒大的语音变化。其中"鳜悬绢缘掾"等字及"兖"的开口读法，现代北京标准音也没有继承。另看明代金尼阁的《西儒耳目资》变开口的也只有"季携畦兖"字[4]，"县掾缘沿尹倾营萤莹"读开口则是又音。现代北京音失去合口的比《中原音韵》还有增加，比如"劣"。

杨耐思《中原音韵音系》把"镬郭廓"也列萧豪开口，似乎在古合、今合之间有过一段奇怪的开口阶段[5]，我们认为《中原音韵》仍有 uau（同《蒙古字韵》），它们应仍为合口 uau。

开口变合口则是更应注意的，那是凭空增加合口标记，是一种增音变化，其产生原因、产生机制就值得好好分析。有的只由音系构造所致的，像 o、uo 在唇音都并 o，在舌齿音都并 uo 之类，理应不计；闽语"寒山"读 uã，"蛇倚"读 ua 乃由经历

on、oi 的 o 分裂演变原因所致，o 本为圆唇元音，读合口也不属增音音变。此外，u 增音动因可分以下三类：

一 音系演变进程的系统变化

这类变化有两种：

（一）阳韵庄组字的合口化

三等阳韵"庄疮床霜"等字，《韵镜》《七音略》等各韵图皆列开口，《蒙古字韵》置阳韵而拼 – hang［ɯaŋ］，与江韵来的"椿窗幢双" – wang 还没全混同，《中原音韵》则已并混，《西儒耳目资》拼 oam，明列合口。它们之变入合口，是由声母引起的，因为庄组历史上来自精组 – r，开始也许 tsr 趋向 tʂ，但从南北朝至元，北方民族齿音皆习惯发 tʃ，因此陆志韦、李荣、邵荣芬[6]先生皆认为切韵庄组已是 tʃ，陆志韦 1947《古音说略》并已明确指出，庄组所以"老是开合杂乱"，都因为 tʃ 组发音是带有"撮口势"的缘故[7]。开始是这类声母附带的一种模糊的撮口势，后来就固定成合口增音了。此一变化由于五代至宋庄组章组合流为照组，从而扩散到章组，在宋室南迁时影响杭州、衢州方言，并波及浙东各地，都可以找到庄章组开口改读撮口的现象（尤其文读）。例如杭州麻三"遮"tsɥei、"车"tshɥei、"蛇"dzɥei、"舍"sɥei，阳韵"装"tsɥaŋ，"床状"dzɥaŋ。浙江扩散到杭州以外吴语方言，以真韵为例："真身神人"镇海 – ɥeŋ、衢州 – yeŋ，有的地方是部分字，如宁波：神人 zyŋ，宁海：身 çyŋ、人 zyŋ，丽水：人 zyeŋ，遂昌：人 zyŋ，开化：真 tçyẽ，磐安：身 ʃyaŋ。从这类字中日母的"人"不读 ȵ 而读 z

乃属文读，显然为官话影响。日母的"热"杭州 zɣəʔ、衢州 ʒyəʔ 属同类现象，跟金乡军话"人"ʑyoŋ，"热日入肉"ʑyøʔ（音同舌）一比，更显然来自浙江官话，则源流都可上溯于南渡汴音（跟杭州相似，衢州城区的方言跟郊县差别很大，照知系读舌叶音只见城区）。可能在南渡时因作为新颖的官腔受到摹仿而扩散。这样我们才能理解江山"蛇"dʑye、衢州"直"dʒyəʔ、"肠"dʒyɑ、龙游"展"tsuei、金华"缠"dʑye（温州话"盘缠"的"缠"也音 dʑy）等这些开口字的合口读法的来源，它们应该都属于同一表层影响。杭州"吃"说 tɕhioʔ，其元音读成 o 是非常特别的。这个音还扩及德清、余姚、镇海、上虞、奉化、宁海和台州各县，都作 yoʔ（ioʔ）韵（温岭为 tɕhyuʔ）。"喫"字《集韵》本在锡韵诘历切，元剧常混写为"吃"，朝鲜《老乞大》谚文记为 tʃhiʔtʃhiʔ，表明那时声母确已由溪母转为彻穿母。既然撮唇变化只有声母为穿母读 tʃh 时才可能发生，就可把"吃"变读穿母的事实提前到宋代了。我少时随父亲住台州，即曾为当地说吃为 tɕhioʔ 而怪异不已，这一谜团一直至此方解。

（二）二等重三的 ɯ 遗踪

李荣 1983《切韵与方言》曾列出温岭、南昌、高安、新淦、永定、广州、福州、广东客话、华阳凉水井客话九处"梗"当茎讲读合口，音如矿 kuaŋ，认为《切韵》字音未收全[8]。郑张 2002 指出，客赣闽粤及南部吴语很多方言"梗"字说 uaŋ 韵的事，还可注意以下事实："梗、惊"开化、江山都音 kuā，广丰都音 kuɛ̄，这俩字都是庚韵二三等字，历史上原带有 r > ɣ > ɯ 介音的[9]。这种现象应是二等及重纽三等介音的遗踪表现[10]。《中

原音韵》二等字"包饱豹爆挠"郑张拟 uau 韵,《蒙古字韵》
《中原音韵》"碑彼鄙披皮被备美,笔密"归 uei 韵[3]（今方言
读合口见潮州、福州、建瓯"皮被"）,u 介音也都是其表现。
这类字虽都肇因于 ɯ,但那还属开口,从 ɯ 向后转化为合口 w,
当含有一定的增音因素。

二　音系构造变化的创新选择

现代汉语明显的合口增音语例有:

婿剧　薛　轩癣　寻浔挦讯迅汛　孕

这些字的合口读法不见于《中原音韵》,说明产生更晚（但
《西儒耳目资》已收薛合口为别读[4]）。察看上列诸字,今音多
分布于前元音 i、ie,in、ien 等锐音韵,除剧孕外多为 ç 母字。
在尖团音并混演变大势下,擦音心晓二母细音可能最先并混,
si、hi 都向 ç 方向集中,同音字瞬时大量增加,则会迫使部分字
（尤其尖音）向音系构造中罕用些的撮口韵方向转化,这是一种
演化的创新选择。其中"讯迅汛、寻浔挦"的成系统倾向,可
能来自扩散,先是"汛寻"撮口化,然后扩散到同声符各字
（威妥玛《语言自迩集》讯迅汛寻皆两读[11]）。

北京今音 çin 阳平乏字,这是"寻"声符字全归 çyn 阳平的
后果,并非原貌,它说明演变时音系空档倒并非最佳选择方向,
能体现创新变化的更有吸引力。类似于此,李荣先生曾说荣字读
rong 不读 yung 是因为北京音系里阳平没有 yung 音节[12]。但这是
yung 阳平转 rong 后形成的实况。依《语言自迩集》则"荣容"
等字仍皆两读[11],可见北京原本是有 yung 阳平一读的,改读

rong 也应出于一种后起的创新选择。

三 辨义分化需要

有几个字本为开口，而特别改读合口，明显出于辨义分化的动因：

1. 入 ru，依"人执切"本应读 ri，与日相似，但此音语言中变成某种专用词了，反而促使泛用词改读，李荣先生指出，今读 ru 是回避亵词"入娘贼"、"狗日"的日[13]。

2. 尿 sui，此读来自"息遗切"，首见于宋温州戴侗《六书故》，以后《中原音韵》《语言自迩集》都收了。但此音与"奴吊切"的"尿"音韵远隔，写尿属于训读。其本字另是"私"，《左传》襄十五年"师慧过宋朝，将私焉"，杜注："私，小便也。"本只读开口"息夷切"si，改读合口"息遗切"，显为辨义分化。温州城区 sᴉ = 私，东郊永强 sʮ、瑞安 søy = "息遗切"。

3. 嘴 zui，此字后起，《说文》"觜，鸱旧头上角觜也"原指猫头鹰毛角，本开口即移切 zi，后转指鸟喙，又扩指动物与人之口。为了辨义才改为合口即委切，《集韵》才收或体"嘴"。

4. 踹 chuai 踩，元曲始见：康进之《李逵负荆》"踹不杀的老鼠一般"。原来只作"跐"（雌氏切）ci，后裂化为蟹韵写跐、写躧（仄蟹、所蟹切），再转到现代的踩 cai 和踹 chuai。踹应是从蟹韵开口转过来的（济南踩就说 ch‑开口），u 增音既有辨义作用，也有照组舌叶撮口变化的音系基础。

5. 抓 zhua，与《集韵》庄交切"《博（广）雅》：搔也"音义皆不合，这应是个借读字，其本字有人以为是张瓜切的"樋擣",那表筸击义,也不合。实际应来自"敮"(擸)的训读,《集韵》庄加切"说文:叉取也",《释名·释姿容》"五指俱往叉取也",本开口,因强调而改合口(同样含有照组舌叶撮口变化的音系基础,长沙即读撮口 tçya),并借用了抓(《中原音韵》家麻合口、《语言自迩集》chua 皆已收)。《广韵》抓读"侧交切",爪读"侧绞切",皆看(巧)韵 au 字,所以人们也可能以为今读 ua 是俩元音换位了。实际这类换位很少见,除了部分官话,爪字方言还是读巧韵的多,读 zhua 可能是受了抓的类化。

从音系角度说,"踹抓"读合口原来可能与庄组撮化"庄疮床霜"有共同起源,但那边是系统演化,这则特限于二字,而且各自分化成与开口原词"踩擸"并存的两个词,这才另列于分化一类里。

还有一"闯"字,《说文》:"马出门貌。"丑禁切,今读应作 chen 去声,而读 chuang 上声,大不合,应为借用其字形的训读,本字当为"抢"。《集韵》楚两切"抢,突也"。本也与"庄疮床霜"同出舌叶音撮口化,但宋元以来已借"闯"形分化了。

参考文献:

[1] 郑张尚芳. 方言中的舒声促化现象 [J]. 中国语言学报第 5 期. 北京:商务印书馆,1995.

[2] 郑张尚芳. 汉语方言的零母鼻化现象 [J]. 中国语言学报(JCL)历时演变与语言接触——中国东南方言(JCL 2010 年专著系列第 24)[C],2010.

[3] 照那斯图,杨耐思. 蒙古字韵校本 [M]. 北京:民族出版社,

1987.

　　［4］金尼阁. 西儒耳目资［M］. 北京：文字改革出版社，1957.

　　［5］杨耐思. 中原音韵音系［M］. 北京：中国社会科学出版社，1981.

　　［6］邵荣芬. 切韵研究［M］. 北京：中国社会科学出版社，1982. 李荣，切韵音系［M］. 北京：科学出版社，1956.

　　［7］陆志韦. 古音说略［M］. 哈佛燕京学社，1947.

　　［8］李荣.《切韵》与方言［J］. 方言，1983（3）.

　　［9］郑张尚芳. 方言介音异常的成因及 e > ia、o > ua 音变［A］//语言学论丛 26 辑，2002.

　　［10］郑张尚芳. 汉语介音的来源分析［J］. 语言研究增刊，1996.

　　［11］威妥玛. 语言自迩集［M］//19 世纪中期的北京话. 张卫东译. 北京：北京大学出版社，2002.

　　［12］李荣. 论北京话"荣"字的音［J］. 方言，1982（3）.

　　［13］李荣. 论"入"字的音［J］. 方言，1982（4）.

（中国社会科学院语言研究所　北京 100732）

The ［u］–epenthetic Variation in Modern Chinese

Zhengzhang Shangfang

（Language Institution of Chinese Academy of Social Science）

Abstract：Compared with *Qieyun* phonetic system in mediaeval times, the phonetic evolution of standard modern Chinese and dialects is regular and sometimes irregular. It is worth doing a deep investigation of the irregular ［u］–epenthetic variation. There are three triggers: the systematic change of phonetic evolution course, the innovative selection of phonetic system formation and differentiation for distinguishing meaning.

Key words: modern Chinese; *Qieyun* phonetic system; irregular phonetic evolution; [u] – epenthesis

汉语"夜"音义探索

黄树先*

摘　要　"夜"是语言里的核心词，在斯瓦迪士的百词表中居第 92 号。表示晚上的词多来自月亮，包括星星，许多当黑暗讲的词也可用来指夜晚。一个语义场的字词，在语言里，会留下诸多语义形式。借助这些演变，可以窥见语言语音和语义的发展。本文全面治理汉语夜语义场字词，对其词义及语音发展演变进行系统梳理。

关键词　夜；语义场；词义；语音；发展演变

一　"夕"系列

【夕】*ljaag，"夕"一般指傍晚，《说文》："夕，莫也。从月

---

* 作者简介：黄树先，首都师范大学文学院教授。

半见。"又泛指夜晚,《唐风·绸缪》:"今夕何夕,见此良人。"也指潮汐,这是时间跟时间段活动的关系。[1]参见拙著《比较词义探索》。

【夝】*ljaag,《左传》襄公十三年:"唯是春秋窀夝之事。"注:"夝,夜也。"

【夜】*laags,《说文》:"夜,舍也,天下休舍也。从夕,亦省声。"《广雅·释言》:"夜,暮也。"也指凌晨,《周礼·鸡人》:"大祭祀,夜嘑旦,以嘂百官。"注:"夜,夜漏未尽鸡鸣时也。"此三义均指夜晚,所谓旦暮,不过特指耳。

汉语"夕""夜"跟汉藏语系表示月亮的"夕"来源相同,汉语"夕""夜"可以跟白保罗构拟的藏缅语进行比较,藏缅语"夜""过夜"有的有 *-k 尾,有的没有。汉语的几个词都有 *k- 尾。请看藏缅语的材料:

> 藏语 zla–ba,巴兴语 la,瓦尤语 tsolo < *tsǎla,迪加罗语 həla ~ hlo,怒语 səla,缅语 lá(塞芒语 səla,傈僳语 *hla),克钦语 śəta,卡杜语 səda(这两个语言中的齿音无法解释)"月亮"。藏缅语 *s-la。但卢舍依语 thla < *khla,梅特黑语 tha < *khla,米基尔语 tśiklo 是来自藏缅语的 *g-la,马加里语也许是 gya(-hot)。[2]144

汉语及藏缅语"夜"流音声母擦化:藏文的 zla–ba"月亮",也可以派生出晚上的意思:藏文 zhag"夜间,晚,宵",对应汉字"夕"*ljak。[3]28,87藏语 zla,其音变可以比较汉语"昨"*zaag,《玉篇》:"昨,一宵也。"来自"夜"*laags < *k·laags。

汉语"夕""夜"跟藏缅语对应,都来自"月",跟汉语

"夕月"同源的词还有"舍宿昔"，参见"月"语义场。在藏缅语里，"夜"跟"过夜"也同源。汉语"过夜"也通过语音变化来完成：

（1）在词根 *la 前面加 *qh－，比较克伦语 g－ya "晚上" > *khya > *hya。

【舍】*hljaas//*qhljas，军队住一夜。《左传》庄三年："凡师一宿为舍。"章太炎先生说，"夕"，变易为"夜""舍"。[4]145

（2）在词根 *la 前面加 *s－，比较藏缅语 *s－ryak。

【朔】*sŋraag > oog，《说文》："朔，月一日始苏也。"吴安其先生拿藏缅语 *sla "月亮"跟汉语朔 *srak 比较，[5]31 可信。

二　"昔"系列

"昔"系列跟当夜晚、清早讲的"夙"有密切关系。

【昔】*sjaag，《广雅·释诂》四："昔，夜也。"《庄子·天运》："蚊虻噆肤，则通昔不寐矣。"释文："昔，夜也。"字亦作"窬"，《集韵·昔韵》："窬，夜也。"

【夙】*sug，《召南·采蘩》："夙夜在公。"传："夙，早也。"比较汉语"夜"字，也指清晨。汉语"早" *tsuuʔ。*－ʔ 来自 *－q，*－q ～ *－k 交替。王力先生说，"早""夙"是同源字。[6]240

文献里，"夙""宿"可以通用：李学勤先生说，《卫风·硕人》："大夫宿退"，第六句"宿"，今作"夙"，古书常见。[7]178

比较藏文 ʑogs "早晨"，缅文 sok－kra "晨星"、拉祜语 šɔ̌ "早上"。印尼语 berésok "明天，明晨"；bésok "明天；即将到来的"。印尼语-sok 正对应汉语"宿"。

冥也。读若甿蛙之甿。"《集韵》眉耕切。《集韵·迥韵》："眳，日暗也。"

【暝】*meeŋ,*meeŋs,《玉篇》："暝，夜也。"字或作"瞑"，《广韵·径韵》："瞑，夕也。""瞑"可能是个讹字，应该从"日"。"暝"字作晚上讲，时代比较早。李荣先生说，宗懔《早春》："昨暝春风起，今朝春气来。"庾信《秋夜望南飞雁》："无奈人心复有忆，今暝将渠俱不眠。""昨暝"就是"昨夜"，跟"今朝"对举；"今暝"就是"今夜"。闽语夜叫"暝"，也写作"冥"，福州〔maŋ〕。[12]

2. 晦

【晦】*hmɯɯs,《说文》："晦，月尽也。"《左传》昭公元年："晦淫惑疾。"注："晦，夜也。""晦"本指雾，《尔雅·释天》："雾谓之晦。"以其朦胧黑暗，发展出晚上之义。同族词还有"昏"。

【昏】*hmɯɯn,《说文》："昏，日冥也。"《陈风·东门之杨》："昏以为期，明星煌煌。"龚煌城先生拿藏缅语跟汉语的"昏"进行比较：古汉语 hmən "昏"，藏文 mun "昏暗，黑暗"，dmun "黑暗的，昏暗的"，rmun "钝，沉重"，缅文 hmun "暗淡的"。[13]475

这个词族还应该包括"昧""昒"：

【昧】*mɯɯds,《说文》："昧，昧爽，旦明也。一曰暗也。"莫佩切。

【昒】*hmɯɯd,*mɯd，天未明，《说文》："昒，尚冥也。"

3. 暮

【莫】*maags,《说文》："莫，日且冥也。"字后作"暮"，

《广雅·释诂》四:"暮,夜也。"疏证:"凡日入以后,日出以前通谓之夜,故夕时亦谓之夜。夕夜莫三字同义。"字或作"暯",《集韵·铎韵》:"暯,冥也。"

汉语"墨""暮"来源相同,元音 $^*ɯ$ ~ $^*a$ 交替。白保罗说,汉语 mək "墨",xmək "黑",参见藏语 nag – po "黑",snag "墨",缅语 maŋ ~ hmaŋ[2]162。

4. 闇

【闇】*qɯɯɯms,《广雅·释诂》四:"闇,夜也。"通作"暗"。

【玩】《玉篇》丁含切:"玩,日晚色。"来自黑。音 *ʔl'uum// *k – um。

【陰】《说文》:"陰,暗也。从阜今声。"

"夜",彬桥话 kam6,毛南语 ʔɲam5 < *C – njəmC。原始侗台语 *g – rom。通什话 tsop7,加茂话 kɯ2tsɔːp7 < *g – ropD。

侗台语"晚",在藏缅语里也有类似的表现:

普沃语和斯戈语 mü,参看以下词根:藏语 smuʔ – ba "雾",克钦语 mu "有云的,天,雷和闪电",ləmu(考里方言 məmu)"天",怒语 mu "天"(mru "被闪电侵袭"),缅语 muì "天,云,雨";还可参见缅语 muì "盖,在头顶上撑开(如山)",ă muì "屋顶"。藏缅语 *r – muw(白保罗1972#488)。有关这个词根的词义,参见藏语 gnam "天,天空",nam "夜"(nam – nkha "天"),马加里语 nam – khan ~ nyam – khan "太阳",nam – śin ~ nyam – sin "日",naɯ – bik "夜",nam – məra "晚上",切邦语 nyam "太阳",瓦尤语 nomo < nama "太阳,天",巴兴语(以及一般的基兰

提语）nam "太阳"（在巴拉利语里还有 "天" 的意思），怒语 nam "太阳"（方言里有 "天" 的意思）。[2]405

侗台语 "夜" 的词根也可能是 *nam，跟藏缅语相同。词根 *nam 可以理解为 "日" *ni，加 *-m。

"晚上"，壮傣－侗水共同语 *k-mlam?，壮语龙州话 taŋ²kam⁶，版纳傣语 kaŋ¹xam⁶，临高语 da³kɔm⁴，侗语南部方言 kaːu²n̻am⁵，水语 ?mak⁷?n̻am⁵。壮傣语和侗水语这个词有同源关系。壮语靖西话 ?an²jam⁶，德保话 ?an¹jam⁶ 的 j－ < *n̻-。*k-是共同语的前缀，词根 *njam? < *壮傣－侗水共同语。"晚上"，原始占语 *malam。如占语支的亚齐语、马来语支的米南卡保语、印尼语 malam。一些语言中前缀 k－代替了 ma－。如马来语支的萨萨克语（Sasak）kələm，他加洛语支的卡格因仁语（Kagayanen）kiləm。马来－他加洛语族 "晚上" *malam 这个词又不同于其他南岛语族的语言。布拉斯特拟原始南岛语和马来－玻利尼西亚语为 *beʁŋi（夜），如邹语 feŋəna，泰雅语 həŋan，鲁凯语 nmauŋ，所罗门群岛的罗维阿那语（Rvoriana）boŋi，斐济语 boŋi，马绍尔语 pwɔŋ 等。[11]168

泰文 kham⁶ < *ɣ－ "夜晚"。《说文》："阴，暗也。从阜今声。" 古汉语 "阴" *ᴄjəm 可以指夜，《礼记·祭义》："日出于东，月生于西，阴阳长短，终始相巡。" 疏："阴谓夜也，阳谓昼也。"。[14]

泰语 kham⁶ < *ɣ－ "夜晚"，比较汉语 "暗"。汉语 *?－和台语 *ɣ-对应。[14]188

泰语 khrɯɯm⁴ < *gr－"阴天",比较汉语"阴"。甲骨文有"今(上)隹(下)",《说文·隹部》有"雊"字,训为"雊鸟",卜辞似借为阴晴字。《说文·云部》:"霒,云覆日也。从云今声。"於今切。即今之阴晴字。[14]219

5. 曛

【曛】*qhun,《玉篇》:"曛,黄昏时。"

四 其他几个特殊的词语

1. "晨"

【晨】*djɯɯn, *ɦljɯn//*bjĭn, *sbljĭn,《尔雅·释诂》:"晨,早也。"《说文》:"晨,早昧爽也。从臼,从辰。辰,时也,辰亦声。"字或作"辰",星名,心宿,即大火,《尔雅·释天》:"大火谓之大辰。"北极星,《尔雅·释天》:"北极谓之北辰。"早晨,《齐风·东方未明》:"不能辰夜。"

侗台语"月亮"*C－blin。"月亮,月份",泰语 dɯən²,武鸣壮语 dɯən¹,柳江壮语 dɯːn¹,龙州壮语 bəːn¹,标语 phyːn¹。梁敏、张均如先生构拟为 *ʔmblɯen(梁敏、张均如1995)。构拟的声母打了问号。潘先生替"晨"构拟的 *bjĭn, *sbljĭn 是早期形式,郑张先生的 *djɯɯn 接近侗台语晚近形式。比较汉语"夜",来自"夕"(月亮),也指早晨。

邢公畹先生正是拿汉语"晨"跟侗台语"月"比较:泰语 dɯɯan¹ < *ʔbl/r－"月亮,月份"。比较汉语"晨"。[14]219

五辰即五星。

2. "翌"

【翌】*gluɯg，翅膀。《晏子春秋·内篇·杂下四》："鹅当陛，布翌伏地而死。"于省吾新证："古翌日及羽翼字本均作翌。此云布翌，乃古字之仅存者。"与职切。

例如翌日的"翌"，本来是假借"翼"的象形字来表示的。后来为了明确字义曾在假借为"翌"的"翼"字上加注形旁"日"，造成形声字"暊"[17]260。王国维、唐兰对此都有说明。[15]119

【翮】*greg，《说文》："翮，羽茎也。"《周礼·羽人》。翅。下革切。黎语"晚"tshop^7，藏缅语"月"khap。

3. "㝗"

【㝗】*koos，《广雅·释诂》四："㝗，夜也。"古候切。

4. "昃"

【稷】*sklɯg，通昃。《穀梁传》定公九年："戊午，日下稷，乃克葬。"注："稷，昃也，下昃谓晡时也。"

【昃】*tsrɯg，《说文》："日在西时，侧也。从日，仄声。"这两个字是否跟上文的"宿"有关系？

5. 阑

【阑】*g·raan，《广韵·寒韵》："阑，晚也。"此字同"曫""晚"。落干切。

6. 晚

【晚】*monʔ，《说文》："晚，莫也。"指"夜"。

【曫】*b·roon，《说文》："曫，日旦昏时。"徐灏笺："曫即晚之异文，其音有轻重之殊耳。"

【瞒】*muunʔ，《玉篇》莫本切："瞒，暗也。"

7. 晏

【晏】*qraans, *qaans, 《小尔雅·广言》: "晏, 晚也。"《吕氏春秋·慎小》: "二子待君日晏, 公不来至。"注: "晏, 暮也。"

【旰】*kaans, 《说文》: "旰, 晚也。" 从这几个以 k – 开头的字来看, 汉语早期确有跟藏缅语很近的形式。邢公畹先生拿泰语 khɯːn² < *ɣ – "夜晚", 比较汉语 "旰"。[14]282

【旦】*taans // *k – lans《尚书·太甲》: "先王昧爽丕显, 坐以待旦。" 又指一天。

汉语 "阑" "晏" "晚" 可能来自 m – kran。比较藏缅语:

"夜", 藏文 mtshan mo < *m – khran, 吕苏语 nkhu³⁵ (晚上), 波拉语 mjɔn³⁵, 阿昌语 n³¹ itɕot³⁵ (晚上), 哈克钦语 zan。原始藏缅语 *m – khran。

参考文献:

[1] 黄树先. 比较词义探索 [M]. 成都: 巴蜀书社, 2012.

[2] Paul King Benedict. Sino – Tibetan: A conspectus [M]. Cambridge: Cambridge University Press, 1972.

[3] 施向东. 汉语和藏语同源体系的比较研究 [M]. 北京: 华语教学出版社, 2000.

[4] 章太炎. 文始第五 [M] //章氏丛书本. 台北: 世界书局, 1982.

[5] 吴安其. 汉藏语使动和完成体前缀的残存与同源的动词词根 [J]. 民族语文, 1996 (6).

[6] 王力. 同源字典 [M]. 北京: 商务印书馆, 1982.

[7] 李学勤. 硕人铭神兽镜 [M] //缀古集. 上海: 上海古籍出版

社，1988.

　　［8］W. S. Coblin. A Sinologist's Handlist of Sino – Tibetan Lexical Comparisons，1986.

　　［9］刘又辛. 论假借［M］//文字训诂论集. 北京：中华书局，1993.

　　［10］俞敏. 古汉语派生动词的模式［M］//俞敏语言学论文集. 北京：商务印书馆，1999.

　　［11］吴安其. 历史语言学［M］. 上海：上海教育出版社，2006.

　　［12］李荣. 关于方言研究的几点意见［M］//语文论衡. 北京：商务印书馆，1985.

　　［13］龚煌城. Chinese，Tibetan，and Burmese Vowel Systems［J］. 史语所集刊，1980（51.3）.

　　［14］邢公畹. 汉台语舌根音声母字深层对应例证［M］//邢公畹语言学论文集. 北京：商务印书馆，2000.

　　［15］王国维. 释昱//观堂集林［M］，1923；唐兰. 古文字学导论［M］. 山东：齐鲁书社，1981.

　　［16］邢公畹. 汉台语比较手册［M］. 北京：商务印书馆，1999.

　　［17］裘锡圭. 汉字形成问题的初步探索［J］. 中国语文，1978（3）；古代文史研究新探［M］. 江苏：江苏古籍出版社，1992.

（首都师范大学文学院　北京 100089）

Exploration of the Sounds and Meanings of
the Chinese Words on "Night"

Huang Shuxian

(Capital Normal University)

Abstract: The word "YE" is a core word and it is ranked No. 92 in the Swadish 100 – word list. The words sharing the meaning of night mainly come from the moon, stars and many words standing for meaning of darkness. The words within a semantic field have many semantic forms in a certain language. By virtue of these evolution, the phonetic and semantic development will bedetected. This paper is analyze the Chinese words which belong to the semantic field of night and to make clear the evolutionary development of the meaning and sound systematically.

Key words: night, semantic field; meaning; sound; evolutionary development

上古阴声韵尾构拟再议

施向东　邓葵*

　　摘　要　本文考察了《诗经》和其它先秦韵文中阴入声字相押的情况，并对照藏文后加字ཨ（小 a）的用法，参照现代民歌押韵情况，论证了元音尾音节也能与塞音尾音节押韵，认为不必为上古阴声韵部构拟塞音韵尾，但是主张与收喉入声相配的阴声韵具有与韵腹相同的元音韵尾，其韵基也是双韵素，与入声韵、阳声韵相匹配。本文认为学者们之所以根据同样的材料却提出了两种截然相反的构拟，问题的症结其实是对押韵和谐声本质的认识不同。

　　关键词　阴声韵尾；押韵；谐声；民歌押韵；藏文后加字ཨ；双韵素韵基

---

　　* 作者简介：施向东，南开大学汉语言文化学院教授。邓葵，南开大学汉语言文化学院讲师。

一　前贤的相关研究

学者们对于上古韵部的研究已经越来越深入了，其中，对入声韵部的看法大多一致，认为收塞音尾，但在上古阴声韵韵尾及其构拟方面，还有较大分歧。几家有代表性的构拟如下表：

	阴声韵构拟	入声韵构拟
高本汉	-b（＞-d）、-d、-g、-r、- Ø	-p、-t、-k
西门华德	-β、-δ、-γ	-b、-d、-g＞-p、-t、-k
李方桂	-b（＞ -d）、-d、-g、-gw、-r（歌部）	-p、-t、-k、-kw
董同龢	-b（＞ -d）、-d、-g、- Ø（歌部）	-p、-t、-k
陆志韦	-b、-d、-g、-r	-p、-t、-k
王力	-i、- Ø	-p、-t、-k
俞敏	-i、-l、-r、- Ø	-b、-d、-g
郑张尚芳	-l/i、-w/u、- Ø	-b、-d、-g、-WG/-ug

大体来说，上表所列各家阴声音节韵尾的构拟大致可分为三类：一是认为上古汉语没有开音节，阴声都带辅音韵尾，其中主要是塞音韵尾，以陆志韦、李方桂先生为代表；二是认为上古汉语阴声都是开音节，无韵尾或收元音尾，不带辅音韵尾，主要以

王力先生为代表；三是认为上古汉语阴声有的是开音节，有的是闭音节。这一类观点又可以一分为三，俞敏、郑张尚芳等认为闭音节的阴声韵只带流音尾，董同龢主张闭音节的阴声韵都带塞音尾，而高本汉构拟的上古闭音节的阴声韵既有带塞音尾的，也有带流音尾的。上述各类观点中最尖锐对立处，就是阴声韵带不带塞音尾。

支持上古阴声韵带塞音尾的理由主要是《诗经》押韵和汉字的谐声。从顾炎武到章太炎，古韵分部阴声与入声都同在一部，因为《诗经》押韵确实如此，如《小雅·出车》"牧来载<u>棘</u>"押之职韵、《周颂·载芟》"<u>伯旅</u>"押鱼铎韵、《魏风·葛屦》"<u>提辟揥刺</u>"押支锡韵。谐声字中阴声字与入声字互谐的也比比皆是，如"<u>刻</u>"从"<u>亥</u>"声、"<u>特</u>"从"<u>寺</u>"声（<u>之职</u>互谐）；"<u>萧</u>"从"<u>肃</u>"声、"<u>迪</u>"从"<u>由</u>"声（<u>幽觉</u>互谐）；"<u>沃</u>"从"<u>夭</u>"声、"<u>驳</u>"从"<u>爻</u>"声（<u>宵药</u>互谐）；"<u>博溥</u>"同从"<u>尃</u>"声、"<u>窵鵃</u>"同从"<u>鸟</u>"声（<u>鱼铎</u>互谐）。无怪乎陆志韦说："就事论事，就材料下结论，上古的收声好像只有-p、-t、-k、-b、-d、-g（或是 $_{-b, -d, -g}$），-m、-n、-ŋ。""我们的结论尽管是不近情的，然而这样的材料只可以教人得到这样的结论。"[1]95-96 但是，"这样的材料"真的"只可以教人得到这样的结论"吗？事实上未必只有这样一个结论。因为作为学术推理的出发点和依据的两个问题，音韵学者从一开始就没有认真讨论过，也没有达成过共识。这两个问题是：押韵的条件是什么？谐声的条件是什么？这里我们主要讨论跟本文论题有关的韵尾问题。

二 押韵和谐声的条件是什么

押韵的条件是什么？王力先生《汉语诗律学》没有给出严格的定义。在《诗词格律》中，王力先生说："诗人在诗词中用韵，叫做押韵……一首诗有没有韵，是一般人都觉察得出来的。至于要说明什么是韵，那却不太简单……诗词中的所谓韵，大致等于拼音中所谓韵母……凡是同韵的字都可以押韵……不同韵头的字也算同韵字，也可以押韵。"[2]1-2 王力先生的话可谓通人之论，所谓"大致等于"，所谓"觉察得出来"，就是说押韵的"韵"与语音学上的"韵母"并不是严格相等的，只是诉诸人们听感，被认为和谐就可以。因此，从清代以来，一直就有"合韵"之说，① 王力先生《诗经韵读》中也详尽地分析列举了"通韵"（韵腹相同韵尾对转）"合韵"（韵腹不同韵尾相同，或韵腹相同韵尾发音部位不同）的现象。[3]28 通韵、合韵算不算押韵？当然算。可以说这就是唐宋科举中邻韵"同用"的先声。至于词曲押韵的"变例"、"借韵"，[4]546/754 也无非同类现象。但是有些学者却无视汉语诗歌史上这种常见的现象，把诗歌押韵严格地定义为"互相押韵的音节都含有相同的'韵基'（即主要元音加上韵尾）"，[5]5 将文学/美学的概念与语音学/音位学的概念混同起来，并以此为出发点进行"严密的"的音位分析和音系分析，那就真是"差之毫厘，谬以千里"了。

---

① 如段玉裁《六书音均表》三有"古合韵说"、"古合韵次第近远说"；《六书音均表》四详尽列举十七部古合韵韵例。

　　一些主张上古阴声韵收浊塞音韵尾的学者，无非是以为只有为阴声韵构拟-b/-d/-g韵尾，才能在理论上解释它们与收-p/-t/-k的入声韵押韵的现象。但是，假如真要按照"韵基相同"才算押韵的条件，阴声韵与入声韵即便都有塞音韵尾，也不能算作韵基相同。因此，比如"伯、旅"相押，构拟作-ak与-ag相谐，与构拟作-ak与-a相谐，在"韵基相同"的条件面前，同样是不够格的。可能有人会说，-b与-p、-d与-t、-g与-k，发音部位相同，只是清浊不同，处在音节末尾唯闭音的地位，实质上并无不同，这样就不违反"韵基相同"的要求。此大谬也。从"理论上"说，-b与-p、-d与-t、-g与-k，不管它们的差别有多大，只要它们没有区别意义的作用，就都可以分别归为同一个音位；反过来说，不管它们的差别多么细微，只要它们具有区别意义的作用，也都必须分别归为不同的音位。在上古音构拟中，既然用-b/-d/-g与-p/-t/-k来区别阴声与入声，那么毫无疑问它们分别是不同的音位。用这样的构拟来解释押韵，永远也摆脱不了违反"韵基相同"的要求的困境。那么出路何在呢？出路只有一条，那就是抛弃"押韵必须韵基相同"的虚幻条件，承认两个字只要有相同或相近的韵（包括韵腹和韵尾）就可以押韵——这就回到了常识，也就摆脱了古音构拟的困境。

　　谐声的情况与此类似。汉字中的形声字，其主谐字跟被谐字的语音关系，也应该是音同和音近的关系。声母的问题与本题无关，暂且不论。就韵母说，主要的倾向固然是段玉裁所说的"凡同声者必同部"。但是对这句话我们不能理解为主谐字跟被谐字必定具有相同的韵母。因为此断语说的"部"，即段玉裁的古韵17部，一个韵部并非只有一个韵母，而是包括中古不同等、不同呼的字，亦即不同介音的字；有的韵部中既有阴声字，也有入声字，亦即不同韵尾的字。如段氏第三部从"叔"声的"椒（中古平宵开三）""淑（中古入屋合三）"等，第五部从"古"声的"固（中古去暮合一）""居（中古平鱼开三）""涸（中古入铎开一）"等。其次，主谐字跟被谐字，或从同一主谐字得声的字，上古也有不属于同一韵部的，亦即"同声者未必同部"。如从"内（段氏第十五部）"声之字有"蚋（段氏第八部）"，与主谐字韵尾不相同；从"埶"声之字"熱（段氏第十五部）"与"蟄（段氏第七部）"，韵尾不相同。此类情况虽非谐声的主流，但也绝非个别现象。谐声的本质，许慎在《说文解字·叙》阐述六书之三"形声"时早就精辟地指出的是"取譬相成"，这个"譬"，也就是汉儒注音"譬况"的"譬"，就是取其音同或音近，本不能作为精确注音的标音工具来看的。在这个意义上，谐声跟押韵是一样的，我们不能把阴声与入声相谐相押作为阴声字必定有塞音韵尾的论据。

三　《诗经》阴入相押情况的统计分析

假如阴声字没有塞音韵尾，那么它跟带塞音韵尾的入声字押韵，在音理上该如何解释呢？我们试以《诗经》韵例来分析。

我们统计了《诗经》押韵的情况，以最严格的标准筛选阴入相押韵例，共得到学者们一致肯定的 76 例，约占《诗经》总韵次的 4%。虽然比例不高，但是规律性很强，其中 74 例都是阴声字与收舌根塞音尾的入声字相押，占阴入相押总数的 97% 强。阴声字与非舌根塞音尾的入声字相押的只有下面两例：

1. 《鄘风·干旄》一章（脂质通韵）　王力　　李方桂　郑张尚芳

素丝<u>纰</u>之，　　　　　biei　　phjid　　phi

良马四之。　　　　　siet　　sjidh　　hljids

彼姝者子，何以<u>畀</u>之？　piet　　pjidh　　pids

2. 《小雅·采菽》五章（微脂质合韵）

泛泛杨舟，绋缅<u>维</u>之；　jiuəi　　rwjid　　G^wi

乐只君子，天子<u>葵</u>之。　giuei　　gwjid　　g^wil

乐只君子，福禄<u>膍</u>之。　biei　　bjid　　bi

优哉游哉，亦是<u>戾</u>矣。　lyet　　liət　　rɯɯd

从这两例来看，不管各家如何构拟，都有一个共同之处，即入声字韵尾的发音部位相同，不论为阴声韵微部和脂部构拟-d还是-i 或者-l 尾（暂且不考虑去声的-s 尾），各家构拟的这几个韵尾的发音部位都是舌尖，与入声字的收尾音-t 发音部位相同。

阴声字与收舌根塞音尾的入声字相押是《诗经》阴入相押的主流，我们试举不同韵部的六例如下：

1. 《周颂·潜》（之职通韵）　　王力　　　李方桂　郑张尚芳

有鳢有<u>鲔</u>，　　　　hiuə　　gwjəgx　　G^wɯ?

鲦鲿鰋<u>鲤</u>。　　　　liə　　ljəgx　　rɯ?

以享以<u>祀</u>，　　　　ziə　　rjəgx　　ljɯ?

以介景<u>福</u>。　　　　piuək　　pjək　　pɯg

2. 《大雅·抑》五章（鱼铎通韵）

质尔人民，谨尔侯<u>度</u>，　dak　　　dak　　　daag

用戒不<u>虞</u>。　　　　ngiua　　ŋwjag　　$ŋ^w$a

3. 《小雅·正月》十一章（宵药通韵）

鱼在于**沼**，	tjio	tjagwx	tjewʔ
亦匪克**乐**。	lok	lakw	raawɢ
潜虽伏矣，亦孔之**炤**。	tjio	tjagwh	tjews
忧心惨惨，念国之为**虐**。	ngiok	ŋjakw	ŋawɢ

4. 《周颂·维天之命》（幽觉通韵）

假以溢我，我其**收**之。	sjiu	hrjəgw	qhljɯɯw
骏惠我文王，曾孙**笃**之。	tuk	təkw	tuuɡ

5. 《小雅·角弓》三章（侯屋通韵）

此令兄弟，绰绰有**裕**；	jiok	grjugh	logs
不令兄弟，交相为**瘉**。	jio	rug	lo

6. 《魏风·葛屦》二章（支锡通韵）

好人提**提**，	dye	dig	dee
宛然左**辟**，	biek	bjik	beg
佩其象**揥**。	thiek	tig	tee
维是**褊**心，是以为**刺**。	tsiek	tshjik	sheg

　　从上引几例的拟音可以看出，学者们对这些阴入相押字的构拟如前文所述分两种：一种是同部位塞音尾相押；一种是零韵尾与塞音尾相押（暂且不考虑去声的-s 尾和上声的-ʔ 尾）。

　　零韵尾到底是否能与塞音尾押韵呢？认为可以的话，就会受到如下质疑：如果说因为元音相同或相近就可以押韵，例如-a 和-ak/-ag 可以押韵，但为何-a 只跟-ak/-ag 押，不跟-at/-ad、-ap/-ab 押呢？要回答这个问题，我们就不得不考虑零韵尾与-k/-g尾是否有共同的而-t/-d 和-p/-b 尾却没有的特性。我们知道，-k/-g 是舌根音，古所谓"浅喉音"，其实元音也是喉部震动发出的，正如我们曾经指出（施向东 2012）的，从音理上说，气流从肺部经过喉部使声带震动，然后在口腔不受阻碍地流出，这类音就是元音。古代学者把它们称作"喉音"，认为他们发自喉部，这是很有道理的。所以，从韵尾发音部位上讲，元音与舌尖塞音-t/-d 和唇塞音-p/-b 尾相差较远，而与舌根塞音-k/-g 尾接近，尤其是后元音为韵腹的鱼部（-a）、侯部（-o）、幽部（-u），与-k/-g 尾是最接近的。

零韵尾的音节与塞音尾音节押韵，即《诗经》中的鱼铎、幽觉、侯屋、宵药等通韵的理由，皆应作如是观。

现代汉语方言民歌的押韵就有这样的情况。邢向东《神木山曲儿、酒曲儿的押韵》一文描述了现在还有入声的陕西神木县的山曲儿、酒曲儿和内蒙古晋语区的爬山歌中，-a 和入声韵-a 押韵的情况都很常见。邢文统计了肯定属于口头创作的山曲儿、酒曲儿 474 节，其中入声韵自相押的只占 2.5%，而阴声韵与入声韵相押的占 4.2%，超过了入声韵之间押韵的比例。[6]

《诗经》中阴入相押的现象主要出现在带-k 尾入声的六部，这和神木山曲儿、酒曲儿中阴声韵与喉塞尾入声韵相押的情况非常类似。这有力地证明了上古汉语与-k 尾入声韵对应的阴声韵无需构拟塞韵尾也是可以实现阴入相押的。

但是，我们在分析比较主张阴声韵无塞音韵尾和阴声韵有浊塞音韵尾两种观点时，也发现后者的观点有一个前者所不具备的优点，那就是，假如给阴声韵构拟了浊塞音韵尾，那么它跟入声韵的韵基在量上是相同的，即都具有两个韵素。而按前者的主张，阴声韵的韵基只有一个韵素，在量上与入声韵（还有阳声韵）不相匹配。押韵和谐声，除了在"质"的方面的谐和，在

"量"这一方面是不是也要有所讲究呢？

四 藏文后加字ཝ的启示

上古汉语阴声与入声互谐互押的这种关系可以从古藏语的发音中得到印证。

藏文每一个字都必须有字基。字基可以带代表 i、u、e、o 的元音符号（当不带元音符号时就意味着带 a 元音），可以带上加字、下加字、前加字、后加字和再后加字。上加字、下加字、前加字、后加字和再后加字都只代表辅音，不带元音。我们可以通过观察元音符号、上下加字判断字基的位置。但是如果一个藏文字的元音是 a（即不带元音符号），而又没有上下加字的话，那么我们如何判断哪个是字基呢？藏文的规则是这样的，如果一个字由两个字母组成，这两个字母都没有上加字、下加字和元音符号，而字基又是后一个字母时，则在字基后加上后加字ཝ（俗称"小 a"，a-chung），例如 མདའ（mdav 箭）、དགའ（dgav 喜欢）、དཀའ（dkav 累）等。如果没有后加字ཝ，那么前一个字母就是字基，例如 མད（mad 真实）、དག（dag 等、些）。当一个藏文字只有一个字母（亦称单体字）时，那它当然就是字基，现代藏文不加后加字ཝ。如此看来，藏文后加字ཝ似乎只有正字法的意义，而没有其他的作用。但是，古藏文则不同，在热巴巾王（可黎可足）文字改革（亦称藏文厘定）之前，7-9 世纪吐蕃时代的古藏文中，单体字后头加上后加字ཝ是常见的，止如王尧《吐蕃金石录》所指出的，单体字基后加字母ཝ的存在是吐蕃碑铭文献中一个显眼的特点。例如现在藏文写作 པ（-pa 词尾）

的，吐蕃时代桑耶寺兴佛证盟碑写作་པའ（-pav）；现在藏文写作་ལ（-la 于格标记）的，吐蕃时代恩兰·达札路恭纪功碑写作་ལའ（-lav），等等。[7]10 据藏族学者解释：大概 8 世纪左右藏语口语中后加字འ脱落，在藏语厘定时规定：凡字基带元音 i、u、e、o（即带元音符号）和上加字、下加字的，后加字འ可以省略不写。而字基为 a 元音（即不带元音符号）并且带前加字的，后加字འ必须要写。也就是说，理论上，厘定前单字基都要有后加字འ。

后加字འ的性质到底是什么？这个འ到底怎么发音？

我们知道，藏文中有 10 个后加字：ག，ང，ད，ན，བ，མ，འ，ར，ལ，ས。除了འ以外，都不能带元音，也就是说它们都是辅音韵尾。而འ则可以带元音，如སུའི（sui）、སའི（sai）、བྱེའུ（byeu）、ཤའུ（shau），等等，它们仍然是一个音节。因此，不能把འ看作辅音韵尾。照སུའི、སའི、བྱེའུ、ཤའུ的结构，པའ、ལའ似乎应该读作 paa、laa 才是。俞敏先生《汉藏同源字谱稿》正是把དཀའ、བཀའ、དགའ、མནའ 写作 dkɑɑ、bkɑɑ、dgɑɑ、mnɑɑ，等等。[8]70-72 这样看来，后加字འ不过就是一个音值随元音而改变的喉部浊音而已。无怪乎，在转写梵文时还可以用འ表示长元音，如：ཨཱ ཨཱི ཨཱུ分别表示［aː］［iː］［uː］。

由此我们得到启发，在上古汉语中，与收喉入声字押韵谐声的那类阴声韵就像藏语中单字基后带འ一样，不是带有辅音韵尾，也不是零韵尾，而是有一个与韵腹同音位的元音韵尾，或者换一种说法，也可以说是阴声韵的韵基具有两个相同的韵素，因此阴声韵的韵基在量上与阳声韵、入声韵一样是两个单位。但因为元音韵尾与-k/-g尾有基本相同的发音部位（收喉），所以可以互谐、相押。特别是像俞敏先生、郑张尚芳先生将入声字的韵尾构拟成浊塞音，那阴入相押、互谐的字韵尾的和谐更是不言而喻的。这样既可以解释阴入相押，也不必为阴声韵都拟上塞音尾从而导致整个语言结构的异常，还可以避免阴声韵与入声韵、阳声韵在韵基的"量"上的差异所带来的不谐和。

五 余 论

本文提出与收喉入声相配的阴声韵具有与韵腹相同的元音韵尾，其韵基也是双韵素，与入声韵、阳声韵相匹配的看法，在分析上古声调上具有很强的解释力，对前修与时贤的分歧观点能够很好地弥合。

段玉裁主张古无去声，黄侃进一步主张古亦无上声，只有平、入两声。阴声、阳声皆平声。[9]101-103 王力曾主张古代有平入两声，各分长短，长平演变为中古平声，短平演变为中古上声。后来则主张上古舒声高长调为平声，低短调为上声。[10]13 何为长平、长调？我们认为就是具有双韵素的阴声和阳声。段玉裁虽然认为古音有上声，但是阳声只有平声。① 因此上声应该首先是从阴声韵中产生出来的。阴声韵在某种机制下（譬如造新词、语法创新等等）产生词尾-ʔ，取代了阴声的元音韵尾，因而使长调变为短调。这样，诸家理论都能弥合：

———————————

① 段玉裁《六书音均表》三。王国维《五声说》主张古有五声，平上去入四声之外还有阳声，但是阳声都是平声，到汉中叶以后有一部分讹变为上去声。见《观堂集林》2册，341页，中华书局1959年。

音节　　学说		段玉裁三声说	黄侃两声说	王国维五声说	王力四声说	郑张尚芳四声说	
促声	入声	入声	入声	入声	短入 长入	入声 去声	− V + P（plosive）
							− V + P + S
舒声	阳声	平声	平声	阳声 平声	平声	平声	− V + N（nasal）
	阴声						− V + V　　− V + l/r
	阴声	上声		上声	上声	上声	− V + ?
	阳声						− V + N + ?
	阴声			去声		去声	− V + V + S　　− V + l/r + S
	阳声						− V + N + S

六　结　论

　　通过前文的考察，我们发现学者们之所以根据同样的材料却提出了两种截然相反的构拟，问题的症结其实是对押韵和谐声本质的认识不同。赞成为阴声韵构拟塞音韵尾的学者们都默认一个道理：开音节和闭音节不可以押韵，也不可以谐声。押韵和谐声到底是否需要韵尾完全相同呢？回答是否定的。我们从考察《诗经》押韵情况、参照现代民歌押韵情况及对照藏语后加字ᰀ（小 a）的用法三个方面，论证了元音尾音节也能与塞音尾音节押韵，同时，我们认为入韵字的韵尾发音部位相同也就是韵尾和谐即可押韵，所以我们不必为上古阴声韵部构拟塞音韵尾。

参考文献：

［1］陆志韦．古音说略［M］//陆志韦语言学著作集（一）北京：中华书局，1985.

［2］王力．诗词格律［M］．北京：中华书局，2000.

［3］王力．诗经韵读［M］．上海：上海古籍出版社，1980.

［4］王力．汉语诗律学［M］．上海：上海教育出版社，1979.

［5］薛凤生．汉语音韵史十讲［M］．北京：华语教学出版社，1999.

［6］邢向东．神木山曲儿、酒曲儿的押韵．中国语文［J］，2003（2）.

［7］王尧．吐蕃金石录［M］．北京：文物出版社，1982.

［8］俞敏．汉藏同源字谱稿［M］//俞敏语言学论文集．北京：商务印书馆，1999.

［9］黄侃．声韵略说［M］//黄侃论学杂著．上海：上海古籍出版社，1980.

［10］王力．汉语语音史［M］．北京：中国社会科学出版社，1985.

（南开大学汉语言文化学院、文学院　天津 300071）

Revising the Reconstructed Forms of the Rhymes with Vowel Coda in Old Chinese

Shi Xiangdong, Deng Kui

(College of Chinese Language and Culture Nankai U niversity)

Abstract: By investigating the rhyming cases with vowel – coda and stop – coda in *the Book of Songs* and other works in pre – Qin period and comparing with the usage of suffix **ₐ** in Tibetan and the

rhyming cases in modern folk songs, we have demonstrated the vowel
– coda syllables can be rhymed with plosive – coda syllables. We also
consider that it is not necessary to reconstruct plosive – coda for Yin –
sheng rhymes in Old Chinese. And we hold the opinion that the Yin –
sheng rhymes matching with Ru – sheng rhymes with velar – coda have
a vowel – coda which is the same with its main vowel. The rhyme of
those Yin – sheng rhymes have two rhyming elements, which match
with Ru – sheng and Yang – sheng rhymes. We assume that because
of the scholars' different cognition on the nature of rhyming and the
phonetic characters, they have put forward two distinct
reconstructions.

Key words: Old Chinese; vowel – coda; plosive – coda;
Tibetan suffix ས ; rhyme; rhyming element

从音韵学角度看唐诗的声母韵律

竺家宁[*]

摘　要　唐诗历来多半从文学角度去赏析，而传统文学家对其语言上的创造性也一直停留在对偶、押韵、双声叠韵、平仄之上。音韵学的发展，改变以往的赏析视角，转向从声韵的不同角度来观察唐诗的语言特色，这让我们能更清楚地看到作品完整的样貌。"头韵"是一种古老传统的独特语音修辞手段，是一种押声的手法，它可以和韵一样，利用同声母的反复出现，营造出韵律效果。押声与押韵在唐诗中各有不同的音乐效果，两者都不容忽视。

关键词　唐诗；音韵学；声母韵律；头韵

---

*　作者简介：竺家宁，台湾政治大学中文系教授。

一 前 言

唐诗的赏析，历来多半从文学角度切入，但是，唐诗在语言上的创造性又在哪里呢？这个问题，仅仅从文学的角度很难完整地陈述出来，近年来音韵学快速的发展，改变了中国传统诗歌赏析的视野，不仅仅观察文学作品中所呈现的情境内容，更重要的是，开始注意文学作品所塑造的语言形式[1]，从声韵的不同角度来观察作品的语言特色，描写诗人运用语言的技巧与风格。于是，我们就能够更清楚地看到作品的完整样貌。"音乐性"是所有诗歌的生命，是诗歌这种体裁有别于散文的地方，而中国传统的文学家，能够看到的诗歌韵律层面，不外乎对偶、押韵、双声叠韵、平仄等，这些其实都是建筑在一千年前佛教输入中国时带来的语音学知识上，声明论、悉昙章，这些知识促成了中国音韵学的发展，同时也促成了中国文学的重大变革，唐诗就是建筑在这样的基础上的。但是，中国在这一千年之间，对语音分析的观念一直呈现停滞的状态，所有的文学赏析都不能超越这个水平。近一百年来，现代语言学和音韵学的发展，使我们更具备了分析诗歌音乐性的能力，也使我们认识了传统文学角度所论述的诗歌韵律层面是不足的。在本文中，我们希望运用音韵学的知识，把唐诗的韵律具体地呈现出来。"头韵"（Alliteration）指的是"声母相协的现象"[2]79。在西方诗歌中它是一种具有古老传统的独特语音修辞手段。它能产生强烈的节奏感及音律美。"头韵"事实上是利用字音开头的部分，造出韵律效果的一种手段。古代的诗词格律规范的都是属于"韵"的部分（含介音、主要元音、韵尾、声调)[3]32-36，并没有为"声"的部分制定任何规则，但它可以和韵一样，利用同声母的反复出现，营造出韵律效果。而这种押声的手法是中外皆有的。我们可以从许多古今杰出诗人的作品当中，发现他们有意无意地利用声母的重复（押头韵）来造成韵律之美。例如白居易《琵琶行》描写琵琶声："嘈嘈切切错杂弹"一句中，声母的搭配是 dz、dz、ts、ts、ts、d，正是表现"多样的统一"。句中有三个不同的声母，呈现了"多样"，但是前六个字音却是相似的送气舌尖塞擦音，呈现了"统一"，因此我们读起来很有韵味。所以，我们可以确信：唐代诗歌中的押声和押韵有着各自不同的音乐效果[4]。从事古典诗歌的音韵研究，是不能忽略押声（头韵）这一部分的。

二　传统韵律观的省思

唐诗的研究必须和音韵学结合起来，这是一个新的趋向。对于传统诗词的研究，在语言层面，文学家往往提出"诗词格律"来面对，所论述的不外押韵问题、对偶现象、平仄律等，所有的韵律问题大概不摆脱这三个层面。然而，我们如果从宏观的角度去思考一个根本性的问题，也就是唐诗的韵律性该如何有效掌握，并进行有效的赏析，显然传统的韵律观是不够的。我们从现代语言学的角度，对唐诗的音韵问题能够做更精细的观察与描写，用音韵分析的技术和观念，不但能复原唐代的语音，也能够进而观察语音间的组合方式，把一个一个的汉字声韵有规则的排比组合起来，借以表现音乐性与韵律美。这是我们可以审思也可以做得更超越前人的地方，所以我们认为现代音韵学对于唐诗的赏析，具有值得重视的功能，这也是每一个文学研究者可以进一步审思的地方。

三　声母在韵律表现上的功能

自从六朝开始，中国人对于音韵的分析有了长足的进展，这些知识也被文学家采用，大量应用到文学创作上，于是，产生了"四声八病"、"声律论"、"永明体"、"浮声切响"等等的文学创作技巧，而平仄律也逐渐产生，这样的背景酝酿了唐诗的诞生，因此，唐诗的精华之一是它的形式美、韵律美，这些特色就韵涵在每一个构成诗篇的汉字发音当中。从六朝开始，人们知道汉字的发音不是一个完整不可切割的最小单位，而是可以切割为声母和韵母两个部分，在韵母方面，人们比较早的注意到了它的韵律功能，所以很早就订定出各种押韵的规律，或隔句押，或逐句押，或交叉押等等，但是，韵母可以表达的声音美，难道声母就不能表达吗？这是一个值得我们思考的问题[5]111-130。中文诗歌不像英文诗那样，为声母辅音订出许多韵律规则，这固然是中英两种语言的结构本质上不很相同，中文是一种韵母结构比较复杂的语言，英文则是声母辅音结构比较复杂的语言，然而，表达诗歌的音乐性，无论声母和韵母，无论元音和辅音，其实都分别担负起不同的功能。在汉字中，声母的音韵效果绝不弱于韵母，只不过中国诗歌的传统，订出了很多韵母的表现规律，作为公定的规范，大家一致遵守，声母部分就留给个人作为弹性的运用，表现个人的风格特色。所以，声母不是没有韵律，而是把公定的规则和个人的弹性运用空间分开，进行了一种韵律表现的组合。

我们可以设想，如果所有的作品只有公定的规则，缺乏个人弹性运用的空间，那么每一首诗不都变得千篇一律了吗？我们知道文学创作一定要有个人的风格、特色，在韵律表现上，声母部分正是个人的韵律表现最可以发挥的地方。如果我们只看传统的诗词格律，只看韵母的表现，忽略了声母在韵律上的表现功能，这是非常可惜的，这样会使得我们轻易的忽略了唐诗中的许多表达技巧，也错过了汉字在声母表现上的重要功能。

汉字的声母主要是由辅音构成，韵母主要是由元音构成，事实上这两种性质的发音各具特色，彼此具有互补性。辅音是一种气流经过调节和阻碍的现象，元音则缺乏这种丰富多变的调节作用，从这个角度看，声母辅音的韵律表现功能，还可能比韵母要大。我们只要看发音图表上，元音不过十来个，可是辅音的数量通常就有数十个之多，由此反映了声母辅音丰富的表音性能。我们在分析、观察唐诗的作品当中，可以看出声母的搭配往往具有高度的规律性，这种规律性，正是表达音乐美的基本法则。这种规律性有的是刻意的经营、安排，例如杜甫的"晚节见于诗律系"，也有一些句子所反映的声母规律是在不经意中流露出来的，创作者只觉得顺口，主观上觉得优美，就被写定下来，本身未必知道其间到底具有怎样的规律性。所以就创作者而言，或者有意或者无意，但是经构句成篇以后，诗歌的精神必具有音调铿锵、琅琅上口的韵致。就一位研究者而言，当然就必须得把这些琅琅上口、音调铿锵的秘密说出来，这些秘密就潜藏在声母的彼此搭配上。[6]25-46

四　杜甫的头韵设计

杜甫在唐诗作家中号称"诗圣"，他的作品最大的特色就是在音韵上精心刻划，所谓"晚节渐于诗律细"，正说明了杜甫作品的高度韵律性，这些韵律表现除了在传统文学家所论述的各种诗词格律之外，最大的特色就是头韵的运用了。[7]31-53

杜甫经常运用"头韵"效果，以达到"诗律细"的目的。例如"瞿唐峡口曲江头"（秋兴之六）运用了连续七个爆发音声母，来刻绘三峡的"滩险水急"！[8]65-80

传统文学家谈到对偶的问题往往从意义相对、词性相对、颜色对颜色、数字对数字等等方面观察，但是杜甫的对偶诗句更重视"音韵对偶"现象，如果我们不去细查杜甫的这种对偶效果，往往就错过了杜甫诗作当中的精华之处，也难以了解"晚节渐于诗律细"的精义所在，这是非常可惜的。

杜甫的音韵对偶现象：

旧采**黄花**媵，新梳**白发**微。（九日诸人集于林）

庾信生平最**萧瑟**，暮年诗赋动**江关**。（同上）

千载琵琶作胡语，**分明怨恨**曲中论。（同上之三）

信宿渔人还泛泛，**清秋**燕子故飞飞。（秋兴之三）

1. 不为**困穷**宁有**此**，只缘**恐惧**转须**亲**。
2. 短墙若在**从浅草**，乔木如存**可假花**。
3. 晴云满户团**倾盖**，秋水浮阶溜**决渠**。
4. **霜黄**碧梧**白鹤栖**，**城上**击柝**复乌啼**。

5. 江山故宅<u>空文藻</u>，云雨荒台<u>岂梦思</u>。

五　韩愈古体诗的头韵现象

通常文学家并不特别注意到韩愈诗的音韵效果问题，特别是古体诗更不像绝句律诗那样讲究韵律效果，但是我们从头韵的角度，来分析韩愈的古体诗，却能够发现其中具有大量的规则性。[9]

上下诗句相应的头韵

《谢自然诗》

童（d－）骏无所识，

但（d－）闻有神仙。

第一句和第二句的第一个字都是舌尖塞音，发音方法和部位相同。

繁（b－）华荣慕绝，

父（b－）母（m－）慈爱捐。

上句的"繁"与下句的相对位置上的字所组成的词"父母"，发音部位相同，此处上下句相对应位置的声母同一发音部位之外，还延伸至旁侧之字，形成三角形结构般的韵律，故且称为三角结构韵律。

观者徒倾（kh－）骇，

踯躅讵敢（kh－）前，

须臾自轻（kh－）举。

《汴州乱二首之一》

健儿争夸杀留后（ɣ－），

连屋累栋烧成灰（x－）。

诸侯咫尺（tɕ－）不能救，

孤士何者（tɕ－）自兴哀。

第一、二句的末字"后"、"灰"都是中古时期之喉音，落在喉咙的深处，似乎哽咽的声音，可以感觉韩愈心中的难过与无奈。第三句的"尺"和第四句的"者"声母相同，都是舌面前塞擦音。

《汴州乱二首之二》

昨（dʐ－）日乘车骑大马，

坐（dʐ－）者起趋乘者下。

第一句的"昨"和第二句的"坐"在相对的位置上声母相同，能形成韵律的效果。

《归彭城》

天（th－）下兵又动，

太（th－）平竟何时。

第一句的"天"和第二句的"太"都是在句首的位置，安排了发音部位和方法完全相同的字，形成上下句的呼应。

六　王昌龄五言古诗的音韵风格

王昌龄属于唐代边塞诗人，人称"七绝圣手"。唐代诗人中，王昌龄以绝句著称，很少人注意到他的五言古诗也是十分具有韵律性的。我们从声母角度分析，可以发现他的五言古诗具有下面几项特色。[10]

每句的第二字声母发音部位相同

谁知（ȶ－）孤隐情？

吟<u>时</u>（ʐ-）白云合，

钓<u>处</u>（tɕh-）玄潭清。

琼<u>树</u>（ʐ-）方杳霭。（山中别庞十）

每句的第三字声母发音部位相同

1.

何意<u>昨</u>（dz-）来心，

遇物<u>遂</u>（z-）迁别。

人生<u>屡</u>（l-）如此，

何以<u>肆</u>（s-）愉悦？（过华阴）

2.

知此<u>罹</u>（l-）忧患。

放之<u>渍</u>（tsh-）冷泉，

因得<u>省</u>（s-）疏慢。

永怀<u>青</u>（tsh-）岑客。（独游）

3.

楚客<u>醉</u>（ts-）孤舟，

越水<u>将</u>（ts-）引棹。

山为<u>两</u>（l-）乡别，

月带<u>千</u>（tsh-）里貌。

羁谴<u>回</u>（d-）缯纶（送任五之桂林）

4.

清江<u>不</u>（p-）可涉。

摘取<u>芙</u>（b-）蓉花，

莫摘<u>芙</u>（b-）蓉叶，

将归<u>问</u>（m-）夫婿。（越女）

每句的第四字声母发音部位相同

1.

终日检<u>我</u>（ŋ-）身。

平明趋<u>郡</u>（g-）府，

不得展<u>故</u>（k-）人。

故人念<u>江</u>（k-）湖，（送十二兵曹）

2.

远梦生<u>江</u>（k-）楼。

楚国橙<u>橘</u>（k-）暗，

吴门烟<u>雨</u>（ɣj-）愁。

东南具<u>全</u>（k-）古，

归望山<u>云</u>（ɣj-）收。（送李濯游江东）

3.

君看刀<u>箭</u>（ts-）瘢。

乡亲悉<u>零</u>（l-）落，

冢墓亦<u>摧</u>（dz-）残。

仰攀青<u>松</u>（z-）枝，

怆绝伤<u>心</u>（s-）肝。（代扶风主人答）

每句的末字声母发音部位相同

1.

夜竹深有<u>露</u>（l-）。

弦悲与林<u>寂</u>（dz-），

清景不可<u>度</u>（d-），

寥落幽居<u>心</u>（s-）。（听弹风入松阕赠杨府）

2.

蝉鸣空桑<u>林</u>（l－），

八月萧关<u>道</u>（d－）。

出塞复入<u>塞</u>（s－），

处处黄芦<u>草</u>（tsh－）。（塞下曲三首之一）

3.

醉来复淹<u>留</u>（l－）。

月明见古<u>寺</u>（z－），

林外登高<u>楼</u>（l－）。

南风开长<u>廊</u>（l－），

夏夜如凉<u>秋</u>（tsh－）。（同府县诸公送綦毋潜李顾至白马寺）

4.

披读了不<u>悟</u>（ŋ－），

归来问嵇<u>康</u>（kh－）。

嗟余无道<u>骨</u>（k－），

发我入太<u>行</u>（ɣ－）。（就道士问周易参同契）

在篇章结构中，两字上下相应的现象

两个音节相应的现象，是指跨句间有两个音节的发音部位或发音方法具有一致性。

1.

<u>独</u>（d－）<u>卧</u>（ŋ－）时易晚，

<u>离</u>（l－）<u>群</u>（g－）情更伤，

<u>思</u>（s－）<u>君</u>（k－）苦不及。（秋山寄陈谠言）

2.

<u>空</u>（kh－）<u>林</u>（l－）网夕阳，

寒（ɣ-）鸟（t-）赴荒园。

廓（kh-）落（l-）时得意，

怀（ɣ-）哉（ts-）莫与言。（灞上闲居）

3.

五（ŋ-）道分（p-）兵去，

孤（k-）军百（p-）战场，

功（k-）多翻（ph-）下狱。（塞下曲三首之三）

4.

谪（ʈ-）去随孤（k-）舟。

鸷（tɕ-）鸟立寒（ɣ-）木，

丈（ɖ-）夫佩吴（ŋ-）钩。（九江口作）

5.

壬（tsh-）古谢荣（ɣj-）耀。

投（d-）迹庶可（kh-）齐，

沧（tsh-）浪有孤（k-）棹。（观江淮名胜图）

6.

月（ŋ-）映孤桐（d-）寒。

槁（k-）叶零落（l-）尽，

空（kh-）柯苍翠（tsh-）残。

虚（x-）心谁能（n-）见？（段宥厅孤桐）

7.

对我（ŋ-）还慨叹（th-）。

便泣（kh-）数行泪（l-），

因歌（k-）行路难（n-）。（代扶风主人答）

8.

幸逢休<u>明</u>（m-）<u>代</u>（d-），

寰宇静<u>波</u>（p-）<u>澜</u>（l-）。

老马思<u>伏</u>（b-）<u>枥</u>（l-）。（代扶风主人答）

9.

<u>酉</u>（s-）陵侠少<u>年</u>（n-），

<u>送</u>（s-）客短长<u>亭</u>（d-）。

<u>青</u>（tsh-）槐夹两<u>路</u>（l-）。（少年行）

10.

十<u>年</u>（n-）<u>履</u>（l-）霜露。

虽<u>投</u>（d-）<u>定</u>（d-）远笔，

未<u>坐</u>（dz-）<u>将</u>（ts-）军树。（从军行）

11.

贤豪<u>相</u>（s-）追<u>送</u>（s-），

即棹<u>千</u>（tsh-）里<u>流</u>（l-）。

赤岸<u>落</u>（l-）日<u>在</u>（dz-）。（同府县诸公送綦毋潜李顾至
白马寺）

12.

远<u>公</u>（k-）何<u>为</u>（ɣj-）者，

再<u>诣</u>（ŋ-）临<u>海</u>（x-）峤？

而<u>我</u>（ŋ-）高<u>其</u>（g-）风。（观江淮名胜图）

七 结 论

从上面的作品分析，我们可以看出，以上三位唐诗作家韵律

规则的共性与殊性。唐诗的研究在文学家的手下比较倾向于探索其中的情感、内容、意境，这是"所指"的一面[11]，诗歌透过语言文字呈现亦有其"能指"的一面，我们一方面借重了现代语言风格学的方法和观念，来对语言形式的"能指"面做进一步的分析，另外一方面，现代音韵学研究的成果使得我们能够精确地复原了唐代的语音系统，就如同古生物学家复原了侏罗纪的恐龙一样。在现代音韵学研究的基础上，我们可以用唐代的语言来领略唐诗的韵律[12]271-287，这是音韵学一项重要的功能，也是它实用性的一面。这样的研究可以让年轻的学子们了解音韵学并不是象牙塔里的知识，它也扩大了文学的视野，这就是本文撰写的目标，论文中必然还有一些有待商榷之处，尚祈同道先进不吝赐教。

参考文献：

[1] 王力. 诗词曲作法讲话（原名：汉语诗律学）[M]. 台北：洪氏出版社，1974.

[2] 竺家宁. 语言风格与文学韵律 [M]. 台北：五南图书公司，2001.

[3] 竺家宁. 语音分析与唐诗鉴赏 [J]. 华文世界，1994，12 (74).

[4] 丁邦新. 从声韵学看文学 [J]. 中外文学，1975，4 (1).

[5] 竺家宁. 从语言风格学看李白诗的赏析 [M] //亚非文集. Volume XVI, Issue 1. Slovenia：University of Ljubljana, Faculty of Arts, 2012.

[6] 竺家宁. 听唐诗的交响——由声韵分析诗歌的音乐性 [M] //声韵论丛. 第16辑. 台北：台湾学生书局，2009.

[7] 竺家宁. 从声韵学赏析杜甫诗的韵律 [M] //声韵论丛. 第17

辑. 台北：台湾学生书局，2012.

[8] 竺家宁. 从语言风格学看杜甫的秋兴八首［M］//中国文学的多层面探讨. 台北：台湾大学出版社，1996.

[9] 陈稳如. 韩愈古体诗之音韵风格［D］. 台北市立师院硕士论文，2003.

[10] 汤慧丽. 王昌龄五言古诗的音韵风格［D］. 台北市立师院硕士论文，2006.

[11] 竺家宁. 语言风格学之观念与方法［J］. 扬州大学学报：人文社会科学版，2003，7（3）；高等学校文科学术文摘［J］，上海师范大学，2004（1）；师范大学国文系所主编. 纪念程旨云先生百年诞辰学术研讨会论文集［M］. 台北：台湾书店，1994.

[12] 竺家宁. 音韵学在文学上的应用［M］//中国音韵学研究会编. 中国音韵学. 南昌：江西人民出版社，2010.

（台湾政治大学中文系）

Research on the Initial Rhythm of Poems in Tang Dynasty from the Perspective of Phonology

Chu ChiaNing

（Taiwan ChengChi University）

Abstract：The poems in Tang dynasty have always been appreciated literarily and the researches into its linguistic creativity have stayed in antithesis, rhyme, alliteration, assonance and the level and oblique tones. With the development of phonology, we adopt a different perspective of phonology to observe the linguistic characteristics of the poems in Tang dynasty for the purpose of having a clearer overall view of the works. Alliteration, an old, traditional and unique rhetorical device, by repeating the same initial to create the rhythm in the poems, just the same as repeating the rhyme, has created rhythmic effect. Alliteration and rhyme have their special musical function in the poems in Tang dynasty, neither of which should be ignored.

Key words: poems in Tang dynasty, phonology, initial rhythm, alliteration

论中古知、庄、章三组声母合流为北京话 tʂ、tʂʻ、 ʂ的合流方式①

冯蒸*

摘 要 唐作藩先生所著《音韵学教程》提出了《广韵》里的"知"[ȶ]、"章"[tɕ]、"庄"[tʃ] 三音组，合流为现代卷舌音 [tʂ]、[tʂʻ]、[ʂ] 的两种模式。但是通过考证王力的著作、《中原音韵》等，发现这两种模式都不正确，应该按照陆志韦、刘俊一、忌浮、曹正义、蒋希文、王力等先生从不同角度做出的正确说明那样，即知二和庄组、知三和章组先分别合流，

* 作者简介：冯蒸，首都师范大学文学院教授，研究方向为音韵学。
① 本文系首都师范大学文化研究院 2013 年项目"北京地区活态的非物质文化遗产与老北京话的保护与传承"（课程编号 ICS－2013－B－08）、2011 年度教育部省部共建人文社会科学重点研究基地项目"《广韵》《集韵》对照整理与研究"（项目批准号：11JJD750002）和周建设教授主持的 2010 年度国家社科基金重点项目"三百年来北京话的历史演变和现状研究"（项目批准号：10AYY005）的阶段性成果。

然后这两组再最终合流为［tʂ］、［tʂʻ］、［ʂ］。

关键词 音韵学；知章庄；声母；合流

　　唐作藩先生著的《音韵学教程》，是一本在大陆音韵学界有广泛影响的音韵学教材。该书 1987 年由北京大学出版社出版，这是第一版，其后，在 1991 年 7 月出版了第二版，2002 年 8 月出版了第三版，2013 年 8 月出版了第四版。每版均印刷多次，其版数之多与印数之广，实为大陆音韵学教科书之冠。不过，这四个版本的《音韵学教程》除了错字的改正和简体字转换为繁体字外，可以说在基本内容方面并没有什么大的改动。下面讨论根据的是该书第三版。

　　该书共分四章，其第三章《广韵》音系共分九节，其中第四节标题是"《广韵》声母和现代普通话声母的比较"，在该书的 124 - 126 页，论述了《广韵》里的"知"［ȶ］、"章"［tɕ］、"庄"［tʃ］三组音合流为现代卷舌音［tʂ］、［tʂʻ］、［ʂ］的音变过程，唐先生说[1]124-126：

　　　　《广韵》里的"知"［ȶ］、"章"［tɕ］、"庄"［tʃ］三音组，合流为现代卷舌音［tʂ］、［tʂʻ］、［ʂ］，……但从历史上看，"知"、"章"、"庄"三组演变成［tʂ］、［tʂʻ］、［ʂ］不是同时的。我们知道，不论是三十字母里还是三十六字母里，都没有"章"和"庄"的区别，这就是说，很可能是"章"和"庄"先合流为"照"［tʃ］，然后"照"再和"知"合流为［tʂ］，即：

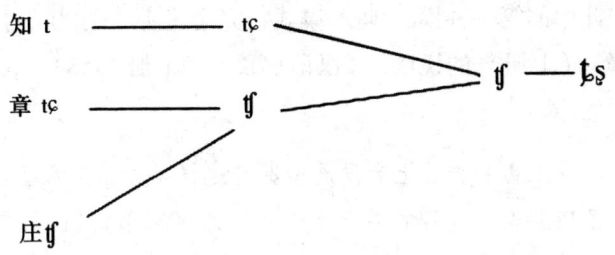

当然，从一些文献材料来看，在唐代还发现有"知"和"章"先合流为 [tɕ]，然后再和"庄" [tʃ] 合流为 [tʂ]，即：

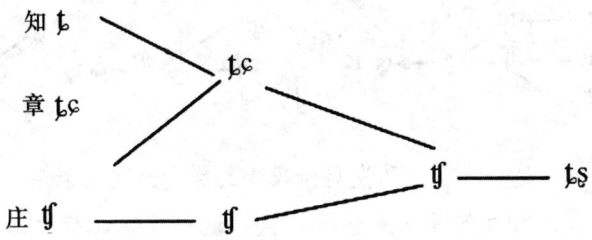

比如在敦煌文学作品抄本里，就有将"知"写成"支"，将"诸"写成"诛"的，即"知、支"同音，"诸、诛"同音，"知"、"诛"的声母是"知"，而"支"、"诛"的声母本是"章"。这可能在唐代西北方音里是"知"和"章"先合流。（《音韵学教程》第三版 124 – 126 页）

这里，唐先生提出了"知" [ȶ]、"章" [tɕ]、"庄" [tʃ] 三组音合流为现代北京话卷舌音 [tʂ]、[tʂ']、[ʂ] 的两种模式，我们这里把第一种模式称为 A 模式，第二种模式称为 B 模式。

此中的第一种模式即 A 模式，完全来源于王力先生《汉语史稿》（上册）的说法，《汉语史稿》（上册 1958）116 页是这样说的[2]116-117：

> 正齿音和舌上音发展情况是这样：首先是章昌船书并入了庄初崇山（即首温三十六字母的照穿床审），后来知彻澄由破裂音变为破裂摩擦之后，也并入庄初崇。庄初崇山的原音是 tʃ, tʃ', dʒ', ʃ，最后失去了浊音，同时舌尖移向硬腭，成为 tʂ, tʂ', ʂ。它们的发展过程，如果举知章庄，彻昌初，书山为例，大约是这样：

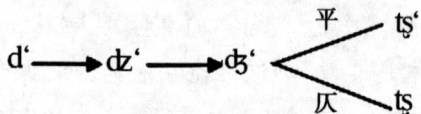

> 这一个最后的发展阶段大约在十五世纪以后才算全部完成，因为在《中原音韵》里，这一类字还有大部分没有变为卷舌音。
>
> 澄母的发展过程也很简单，就是这样：

$$d' \longrightarrow dz' \longrightarrow dʒ' \quad \begin{matrix} 平 \nearrow tʂ' \\ 仄 \searrow tʂ \end{matrix}$$

（《汉语史稿》，修订本，上册，1958，科学出版社，116 页）

此外，作者还讨论了崇船禅三母的复杂今音情况，此处从略。

唐先生没有注明他书中的说法来自何处，可能是因为一般的

教材无需详注出处。但是我们要指出，王先生的这个说法是值得
商榷的。这个说法的不妥之处经音韵学家刘俊一先生指出，并且
得到了王力先生的肯定。下面先看刘俊一先生的论文相关结论。

刘俊一先生在《试论中古庄章知三组声母的合流过程》一
文中根据《中原音韵》一书中的全部中古知庄章三组声母字，
逐韵分析了这三组声母的分合情况，特别是针对王力先生的这个
说法做了详细的剖析，刘文的分析特点是把知组分为二等和三
等，即知二和知三，对它们分别加以观察，而不是像王力先生和
唐作藩先生那样把知组作为一个整体来观察，所以才发现了两位
先生所未能发现的特点。

刘先生的文章最后说[3]43-50：

相反地，我们都没有发现哪个方言里存在着庄、章已经
合而为一，知系却仍然独立的现象，因此，我们认为庄、
章、知三套声母的合流过程应当是：

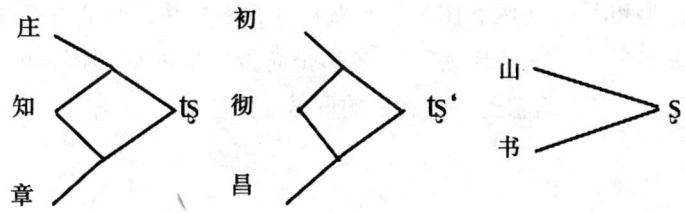

这里的 tʂ、tʂʻ、ʂ指的是现代普通话的读音，庄、章在
《中原音韵》究竟应当读什么音，本文不做讨论，但胶东方
言很有启发性，值得注意。

为了更好地理解刘先生的话和把握《中原音韵》知、庄、

章分合类型的分布情况，我们摘引了曹正义 1979 文所列出的《中原音韵》知、庄、章分合类型分布表（见下表）[4]235~249，并增加了统计一栏及相关说明。此表可以使我们一目了然地了解《中原音韵》知、庄、章分合类型分布情况。

此表反映了《中原音韵》19 个韵部中知、庄、章分合的六种情况，除了桓欢韵没有知章庄组声母可不论外，另外五种情况是：（一）知二、庄合并见于四个韵部（皆来、寒山、家麻、监咸）；（二）知三、章合并见于四个韵部（齐微、先天、车遮、廉纤）；（三）知二、庄、知三、章分立见于四个韵部（江阳、萧豪、歌戈、庚青）；（四）庄与知三、章分立见于四个韵部（鱼模、真文、尤侯、侵寻）；（五）庄与知三、章混用见于两个韵部（东钟、支思）。需要说明的是，中古知、庄、章三组声母合流的这种音变方式在形成之前，需先完成一个庄。先去 -i-介音与庄二合流的音变，此项音变大概发生在中古音晚期或称等韵图时期，具体例证可见邵雍（1011－1077）的《皇极经世声音唱和图》，《唱和图》庄、章对立并未合并，但是庄三已经失去-i-介音与庄二合流[11]，参郑张尚芳先生的待刊稿。可以说，庄三与庄二合流是等韵音系的重要特征之一。

《中原音韵》知、庄、章分和类型分布表

声组分合	东钟	江阳	支思	齐微	鱼模	皆来	真文	寒山	恒欢	先天	萧豪	歌戈	家麻	车遮	庚青	尤侯	侵寻	监咸	廉纤	统计
知二开、庄合并			√	√			√											√		知组二等计 27 组 45 字，混同庄组的，有 21 组 30 字；庄组 102 组 216 字，混同知二的，有 22 纽 41 字。
知三、章合并				√		√				√			√					√		知组三等计 88 纽 196 字，混同章组的，有 81 组 175 字。章组 170 组 452 字，混同知三的，有 56 纽 179 字。而知二无一字混入知三、章组，知三组除"鏁"这一非常用字与"岑"等字混同外，也不与知二、庄组相混。这足以说明，知二、庄组一类，知三、章组一类。
知二庄、知二章分立		√										√	√		√					

续表

声组分合 \ 韵部	东钟	江阳	支思	齐微	鱼模	皆来	真文	寒山	恒欢	先天	萧豪	歌戈	家麻	车遮	庚青	尤侯	侵寻	监咸	廉纤	统计
庄与知三章分立				√	√											√	√			
庄与知三章混用	√	√																		东钟韵是只有一"崇"字与"重、虫、憏、鰡"同读，显示了庄组与知三章组的混用。支思韵章组61字，知组三等2字，庄组15字。其中有章组30字与全部庄组字混读。除"差"（初纽）混"眵"（昌纽）、"厕"（初纽）混"翅"（书纽）外，余下都是庄组的生纽混章组的书纽。
无知章庄							√													

由此看来，中古知庄章三组声母的合流过程，正如刘俊一先生和其他一些先生所指出的，在《中原音韵》中基本上是知二

和庄组为一类，知三和章组为一类。在东钟韵里知庄章三组并为一类，在支思韵里庄章两组并为一类。此种分别陆志韦 1946 最先指出[5]，其后刘俊一 1963[3]、忌浮 1964[6]、曹正义 1979[4]、蒋希文 1982[7]、王力 1985[8] 从不同角度做出进一步说明。陆志韦、俞敏、冯蒸又指出其他音韵资料如《西儒耳目资》《五方元音》[12]《尔雅音图》等书中也多如此分合[13]p24-32/p23。但是针对王力先生《汉语史稿》（上册）的这个说法加以商榷的，则只有刘俊一先生一人而已。刘文之功实不可没。

　　对于刘俊一先生的这个说法，王力先生是什么态度呢？我们看到了这样一份珍贵史料，就是王力先生 1980 年 6 月 13 日写给刘俊一先生的一封信，该信载于山东省语言学会 1980 年 12 月 1 日编印的《语言学通讯》第二期，原信内容如下[9]89-90：

王力先生给刘俊一同志的复信

　　俊一同志：

　　我为游览孔庙来到曲阜，在贵校讲了一次课，承蒙赵院长盛情款待，十分感谢。

　　前日收到你的来信，内附大作《试论中古庄章知三组声母的合流过程》一文，拜读后深佩卓识。我在《汉语史稿》中所论三组合流的过程是错误的，去年写《汉语语音史》元代音系，才发现知系在《中原音韵》音系中分化为两类，知系二等与庄系合流，其音当是 zh、ch、sh，知系三等与照系合流，其音当是 j、q、x。（详情将来请看我的语音史。）你的论文所下结论完全正确，我深为赞赏，特此修函，表示敬意。

　　次候

教安。

大作原稿随函附还。

王 力

1980. 6. 13

我认为王力先生写给刘俊一先生的这封信非常重要，它清楚地表明了：王先生认为自己在《汉语史稿》（上册）中对 中古"知"［ȶ］、"章"［tɕ］、"庄"［tʃ］三组音，合流为现代卷舌音［tʂ］、［tʂʻ］、［ʂ］的过程是"章"组和"庄"组先合流为照［tʃ］组，然后照再和"知"组合流为［tʂ］组的说法是错误的，并且在《汉语语音史》（1985）[8]一书中做了修正。这封信在汉语音韵学史上实有重要意义。

但是，唐先生的《音韵学教程》出版在王力先生的《汉语语音史》（1985）之后，当然更出现在王力先生给刘俊一先生的复信之后，可是唐先生并没有吸收王先生改正后的正确说法，而是采用王先生早年的说法（1958），这未免令人感到困惑。我认为唐先生的做法只能有两种解释：一种可能是仍然认为王力先生的早年说法是正确的，另一种可能是没有注意到王力先生写给刘俊一先生的这封信或王力先生在《汉语语音史》（1985）一书中的修改意见。我认为这后一种的可能性最大。

关于唐先生的《音韵学教程》提出的第二种说法，即"知"和"章"先合流为［tɕ］，然后再和"庄"［tʃ］合流为［tʂ］的意见，唐先生举了两个例子，这里再引用一下，原文说[1]：

> 在敦煌文学作品抄本里，就有将"知"写成"支"，将"诸"写成"诛"的，即"知、支"同音，"诸、诛"同

音，"知"、"诛"的声母是"知"，而"支"、"诛"的声母本是"章"。这可能在唐代西北方音里是"知"和"章"先合流。[1]125-126

我认为此说亦难以成立。这里面有三个问题。首先，如上文所述，唐先生仅举了两个例子。只举出两个例子就得出一种模式，恐有未妥。理应对该项资料（此处指敦煌俗文学中的别字异文）中的所有庄章知三组声母相混例做全盘考察，然后才可得出相应结论。当然，这可能由于唐书是教材的关系，不是专门的论文，无法展开论述，但是至少应该列出相关的参考文献，实际上唐书并没有列出任何文献。其次，据我们所知，唐先生此前并没有写过这方面的专门论文，这两个例子当是引自别人的论文，最有可能的就是引自邵荣芬先生的《敦煌俗文学中的别字异文和唐五代西北方音》（1963）一文，因为邵先生此文是根据敦煌俗文学中的别字异文研究唐五代西北方音的名作。任何人只要研究此类资料，一定要参看邵先生该文。果然，我们在邵文中找到了唐文所举的这两个例子。查邵荣芬1963，在声母部分确有"知章两组声母合并"[10]条，该条下列举了15例，唐文所举的两个例子亦在其中。但是邵文明确说："根据这里的例子，可以相信当时三等韵里的知章两组声母已经不能分辨。"邵文最后总结的结论亦是"三等韵里的知章两组声母不分。"[10]200-274所举的15例也的确都是知三和章组相混例。这里唐先生在引用时完全没有考虑到三等韵这个条件，大概是误会了邵先生文章的意思，误认为是整个的知组都与章组合流，是不确切的。而敦煌俗文学中的别字异文的这种情况与《中原音韵》的知三和章组不分例亦完全一致。据此可知，唐先生所说的这一型音变实际上并不存在。第三，仅就这两个例子而言，如果与《中原音韵》相比较就可以发现，"诸诛"二字见于《中原音韵》的鱼模韵中，被列在一个同音字组，也就是说与《中原音韵》完全一致。至于"知支"互注例，《中原音韵》并未把它们放在一个同音字组。"知"字见于齐微韵，"支"字见于支思韵，可见《中原音韵》时它们并不同音，这是敦煌俗文学中的别字异文所反映的唐五代西北方音与《中原音韵》的不同之处。但是不管怎样，这两个例子完全符合知三与章合流的音变方式。足证唐五代西北方音的中古庄章知三组声母的合流过程与《中原音韵》并不相悖，并不存在唐先生所说的另一式。

综上所述，我认为唐先生所著《音韵学教程》提出的中古知庄章三组声母的合流过程的两种方式都是值得商榷的，应该按照陆志韦 1946、刘俊一 1963、忌浮 1964、曹正义 1979、蒋希文 1982、王力 1985 等先生从不同角度做出的正确说明那样，即知二和庄组、知三和章组先分别合流，然后这两组再最终合流为 [tʂ]、[t'ʂ]、[ʂ]。唐书作为一部有广泛影响的教材，其主要功用应是向初学者传授音韵学中正确的基本知识。建议该书在今后的再版中对这部分内容加以改正。

但守温三十六字母的照组与知组对立毕竟是事实，说明《切韵》的章组与庄组合流发生在前，应有实际语音依据。所以，对三十六字母的照组及其与知组的合流如何理解，当另有原因。三十六字母的正齿音虽然只是一组声母（照穿床审禅），表明《切韵》的庄章二组声母业已合并。不过，从汉语语音演变史的角度看，我以为此时的庄章二组声母尽管已经完全相同（如都读成 ʧ 或 tʂ，但不能是 tɕ)，但这两组声母的所属字并未相混，二者还有区别，但区别不在声母，而是在韵母，即章组只拼带 – i – 介音的三等韵母，庄组只拼不带 – i – 介音的新二等韵母（指原有的二等韵和已失去 – i – 介音的三等韵庄组字）。也就是说，等韵时代的庄组与《切韵》时期的庄组情况已不相同，即庄三已经失去了 – i – 介音与庄二合流。后来知组与三十六字母照组的合并，实际上也可以理解为是知二和庄合流，知三和章合流。这样的话，则王力先生和唐作藩先生的上述观点并无不妥。但这种解释的前提是尚需说明这样两点：（一）等韵时代的庄三已经失去了 – i – 介音与庄二合流；（二）庄章两组字仍有区别，声母虽可相同，但是韵母不同，即韵母有带 – i 和不带 – i 的洪细之别。这时的照组声母只能是 tʃ 或 tʂ，绝不能是 tɕ，因为前者可洪细两配，而 tɕ 只能够配带 – i – 介音的韵母。王力 1963 年把三十六字母的照组拟作 tɕ，我想是不正确的。可是王力和唐作藩二先生并没有这样的说明。

参考文献：

［1］唐作藩. 音韵学教程［M］. 北京：北京大学出版社，2003.

［2］王力. 汉语史稿（修订本，上册）［M］. 北京：科学出版社，1958.

［3］刘俊一. 试论中古庄、章、知三组声母的合流过程［J］. 曲阜师院学报，1963（1）.

［4］曹正义. 中古知照声系类变管测［J］//山东大学文科论文集刊，1979（1）；汉语言文字学专题研究［M］. 济南：山东人民出版社. 2008.

［5］陆志韦. 释中原音韵［J］. 燕京学报，1946（31）.

［6］忌浮. 中原音韵［J］//二十五声母集说. 中国语文，1964（5）.

［7］蒋希文. 从现代方言论中古知庄章三组声母在《中原音韵》里的

读音［J］. 中国语言学报，1982（1）.

　［8］王力. 汉语语音史［M］. 北京：中国社会科学出版社，1985.

　［9］王力. 王力先生给刘俊一同志的复信［J］. 语言学通讯，山东省语言学会，1980，12（2）.

　［10］邵荣芬. 敦煌俗文学中的别字异文和唐五代西北方音［J］. 中国语文，1963（3）；邵荣芬语言学论文集［M］. 北京：商务印书馆，2009.

　［11］郑张尚芳. 宋代韵图与《蒙古字韵》的比较及官话的发源［J］. 待刊稿46.

　［12］俞敏. 五方元音［M］//中国大百科全书：语言文字卷. 北京：中国大百科全书出版社，1988.

　［13］冯蒸.《尔雅音图》音注所反映的宋代知庄章三组声母演变［J］. 汉字文化，1994（3）.

（首都师范大学文学院　北京 100089）

The Way that the Three Initial Groups of "知"［ȶ］、"章"［tɕ］、"庄"［tʃ］in Middle Chinees Merged intotʂ、tʂʿ、ʂ in Beijing Speech

Feng Zheng

（Capital Normal University）

Abstract：Mr. Tang Zuofan has put forward the idea that two models of the three initial groups of "知"［ȶ］, "章"［tɕ］, "庄"［tʃ］ in *Guangyun* had merged into modern retroflex ［tʂ］, ［tʂʿ］, ［ʂ］ in his work *A Course of Phonology*. However, by investigating the works of Prof. Wang Li and the book *ZhongyuanYinyun* in 14th

Century, we have found that both of the two models are wrong. It is correctly explained by Lu Zhiwei, Liu Junyi, Ji Fu, Cao Zhengyi, Jiang Xiwen and Wang Li. The initials of "知₂" and "庄", "知₃" and "章" firstly merged with each other separately, then those two groups merged into [tʂ]、[t ʂ́]、[ʂ] in the end.

Key words: phonology, "知" [ȶ]、 "章" [tɕ]、 "庄" [tʃ], initial consonant, merge

汉语音韵研究在日本
（2011 – 2012 年）

白田真佐子*

摘 要 《日本中国学会报》是由日本中国学会主办的学术刊物，除了会员的论文之外，还登载学界动态《学界展望》。国内的大学教师轮着担任撰写《学界展望》（中国哲学、中国文学和中国语言学），《学界展望·语言学》2011 – 2012 年（载《日本中国学会报》64 – 65，2012 – 2013 年）由我校的教师和毕业生等执笔①。日本学者把中国学者所说的中国语言学叫做"中国语学"，"中国语学"包括语法、音韵、文字、方言和汉语教学等。本人写了 2011 – 2012 年音韵、文字和

---

* 作者简介：白田真佐子，女，日本爱知大学文学部教授。
① 主编是爱知大学教授荒川清秀。

训诂方面的学界动态。本文内容以音韵为主，把本人写的日文翻译成中文①。另外，写《学界展望》的时候，发现了几个问题，其中一个是近代音的分期划分。关于这些问题，在日本中国语学会关西地区例会（2013 年 12 月 8 日）已经讨论了②。

关键词　音韵；学界动态；2011－2012 年

一　2011 年学界展望·中国语言学·音韵

我们把 2011 年在日本发表的书和论文（以能够查阅的实物为主）按照 7 个项目分类：先辈的学术成就、上古音、中古音、近世音（中国学者所说的近代音）、现代音、汉字音、由中国学者研究的日本汉语音韵学术动态。日本学者所说的中国语学·音韵包括音韵学，还包括语音学。中国学者认为汉语音韵学和汉语

---

①　笔者把日文的原文修改一些并翻译成中文。另外，不少中国学者撰写有关汉语音韵学术动态，如唐作藩、耿振生《音韵学》（北京市语言学会编《中国语言学百年丛论（1900－2000）》，北京语言大学出版社，2004 年），马重奇《2004－2008 年中国音韵学研究情况综述》（《福建论坛·人文社会科学版》12，2010 年）等。

②　关于近代音的分期划分，我在提纲中提到的如下：林焘、耿振生《音韵学概要》（商务印书馆，2004 年），林焘、耿振生《声韵学》（台湾三民出版社，1997 年），耿振生《音韵通讲》（河北教育出版社，2001 年），杨耐思《近代汉语语音史的分期》（《近代汉语音论（增补本）》，商务印书馆，2012 年。原载《音韵论丛》，齐鲁书社，2000 年），董同龢《中国语音史》（台湾华冈出版社，1978 年），竺家宁《论近代音研究的方法、现况与展望》（《汉学研究》第 18 卷特刊，2000 年），中村雅之《汉语近世音のはなし（1）——近世音とは何か?》（《KOTONOHA》79，2009 年）、《晚期中古音の构想》（《KOTONOHA》95，2010 年）和《近世音の概念——<汉语近世音のはなし>补说》（《KOTONOHA》116，2012 年），蒋绍愚《近代汉语研究概况》（北京大学出版社，1994 年），黎新第《20 世纪中国近代音分期和研究观念的发展》（《古汉语研究》2，2002 年）等。会后，笔者知道郭锡良《汉语史的分期问题》（《语文研究》4，2013 年）一文。

语音学有差别[1]。按照论文题目，有的涉及几个领域，所以结果按照内容并分类。如果需要涉及在中国付印的书和论文，我们不妨举例说明。另外，中国学者如何分类同行的论文，张渭毅（主编）《汉声——汉语音韵学的继承与创新（上下册）》（中国文史出版社，2011 年）一书特别值得参考，其内容如下："上古音研究、中古音研究、近代音研究、音韵学理论及其相关专题研究、方音和对音研究及其他、书评及其他、学术动态"[2]。

（一）先辈的学术成就

2011 年有关先辈的学术成就的著述刊行了，这值得特别注意。

长田夏树（1920－2010） 神户市外国语大学名誉教授去世之后，2011 年《长田夏树先生追悼集》（好文出版）付梓了。该书有很高的学术价值。主编是长田礼子、长田俊树、远藤光晓、竹越孝、太田斋和桥本贵子，还有很多人的姓名在《主要著作および〈长田夏树论述集〉绍介と书评》、《回想文》和《追悼文》中。提起书评，比如关于上古音的有《上古中国语における语头重子音について》和《上古中国语音韵体系琐说》（书评：古屋昭弘著）。该书还登载《单行本未收录论文》（单行本指长田夏树的），其中包括《北京文语音の起源に就いて》一文等的有关音韵的论文。

小川环树（1910－1993）和尾崎雄二郎（1926－2006）两位先生已经去世了，小川环树《中国语学讲义》（尾崎雄二郎笔录、高田时雄编，临川书店）是由他们的高足出版的。此书的内容除了《中国音韵史》和《中国语方言学史》之外，还包括《语义沿革举例》和《中国小说史》。讲课的时间是从 1948

年到 1951 年。虽然是 70 多年以前的，现在由学生整理并发表老师的学术成就，这是一个很有价值的贡献，值得敬佩。

《座谈会 先学を语る——赖惟勤先生》（《东方学》122）不是专书，是座谈会的纪录。石川忠久、佐藤保、户川芳郎、直井文子、藤山和子、松本昭、水田纪久和平山久雄参加赖惟勤（1922－1999）座谈会。赖惟勤的学术不限于音韵。为了不忘先辈的学术成就，师友和学生们举行座谈会并传其学术于后世，这是很重要的。

（二）上古音

涩泽尚《古音鱼部叠韵考——古汉语における圆球・屈短の联绵语について——》（《学林》53・54）一文也涉及训诂。野原将挥《"仇离"的读音～以《清华简・耆夜》为例～》（《开篇》30）和《上古音研究の问题点と楚简》（古代文字资料馆《KOTONOHA》100）都利用出土资料探究上古音，是很引人注目的研究。2011 年中国学者张亚蓉在《〈说文解字〉的谐声关系与上古音》（三秦出版社）探索《说文》谐声和上古音的关系，通过她的大作我们重新认识研究《说文》谐声字符的重要性。

（三）中古音

关于中古音的论文，如平山久雄《中古汉语的鼻音韵尾在日本汉字音中的反映及其演变》（《开篇》30），森贺一惠《〈大学章句〉、〈中庸章句〉の音注について》（《富山大学人文学部纪要》55），水谷诚《＜类篇＞反切相违の一要因について》（《创大中国论集》14）、《〈集韵〉での〈说文解字〉の影》（《中国语学文学论集》23），太田斋《韵图における唇音字の开

合配置》（《开篇》30），中村雅之《轻音化の进行过程——异化作用による解释——》（《KOTONOHA》107）。《集韵》是否切韵系韵书，这个问题使人很感兴趣，我们期待学者做进一步的研究。《言语》（《中国文化丛书》1，大修馆书店）一书是1967年出版的，2011年出版了此书的新装版。这本书包括平山久雄《中古汉语の音韵》等论文。该书是45年前出版的，收录的论文大多数学术价值不菲。

（四）近世音（近代音）

关于近世音的论文有，大岩本幸次《〈皇极经世解起数诀〉〈声音韵谱〉について》（《日本中国学会报》63），中村雅之《魏建功の辽代汉字音研究》（《KOTONOHA》109），富平美波《方中履〈切字释疑〉〈门法之非〉の条を读む》（《山口大学文学会志》61）。大岩本的论文是关于南宋·祝泌《声音韵谱》研究，作为宋代的韵图《声音韵谱》是珍贵的研究材料。提起近世音，我们就联想到《中原音韵》。通过我们的检查，2011年有关《中原音韵》的论文在中国发表得颇多。中村的论文（见本文下面的现代音）也涉及《中原音韵》。

（五）现代音

现代音的研究内容涉及许多方面，如中村雅之《北京语文语音の起源》、《六·宿·熟などにおける文白异读の问题》和《北京语文白异读の形成过程について》（《KOTONOHA》98、99、100），甲斐胜二《中国语の发音を巡る二つの问题——"华"の姓の二声化现象·"iong"の表记と四呼分类をめぐって——中国语文教学の周边》（《福冈大学研究部论集A人文科学编》11－2），杨晓安《异なる意味と音声の长さ》（《长崎大

学大学教育机能开发センター纪要》2），相原まり子《中国语
の韵律的手段による“文焦点”标示》（《言语研究》139）。

　　下面，除了千岛的论文之外，池田等的论文都建议用日语的
カタカナ（片假名）书写现代汉语的发音。池田巧《现代中国
语のカタカナ发音表记法、あるいは文化的雪かきについて》
（《东方》364），福岛亮大《中国语音节カタカナ表记ガイドラ
イン》（《东方》364），藤野彰《中国人名の现地读み——メ
ディアの现状と课题》（《东方》366），千岛英一《“枥”の中国
语音はlìそれともxiàng?——和製汉字の中国语音をめぐって
（《东方》366），明木茂夫《社会科地图帐中国地名カタカナ现
地音表记とその基准について——汉字制限论の残したもの》
（《东方》367），陈淑梅《“jピンイン”という名前の中国语音
节の假名表记案》（《东方》368）。明木茂夫《地图帐の怪
（5）——中国地名カタカナ现地音化に关する资料・补遗——》
（《文化科学研究》23）一文探求中国地名翻译，作者发现有的
日语发音在日本出版的地图册中很别扭。

　　我们不但讲述汉语，而且要注视亚洲语言，有关论文有远藤
光晓《アジア东部诸言语の喉头特征》一文，他也涉及汉语的。
这篇论文是《音声研究》（15－2）专题论文《アジア东部诸言
语の喉头特征》之一，岩田礼写的《まえがき》是全篇的前言。

　　（六）汉字音

　　关于汉字音的研究，其中很显著的是少数民族的汉字音研究
和日本汉字音研究。关于少数民族的汉字音研究有，吉池孝
《周边言语の汉字音》、《壮语の汉字音》和《契丹汉字音の存
否》（《KOTONOHA》106、107、109）。佐藤进《日本语におけ

る音読みについて》，中泽信幸《吴音について》，佐佐木勇《日本汉音研究の现在》，犬饲隆《日本汉字音のなかの古层》，加藤大鹤《中国の汉字の声调と日本汉字音のアクセント》都载于《日本语学》（30－3）专题论文《汉字音研究の现在》。另外，关于汉字音的论文也收录在本文前面的分类中，即中古音和近世音（近代音）。

（七）由中国学者研究的日本汉语音韵学术动态

2011 年李无未《日本汉语音韵学史》（商务印书馆）在中国出版了，大作的内容如下：上篇 日本汉语音韵学研究的特点、中篇 音韵文献与汉语语音史研究、下篇 译音对音文献与汉语语音史研究。[3]李书是中国学者撰写的在日本的汉语音韵研究，值得重视。他还有单篇论文，《日本〈经典释文〉等音义书语音考订》刊登在《汉语的历史探讨——庆祝杨耐思先生八十寿诞学术论文集》（龙庄伟、曹广顺、张玉来主编，中华书局）。这本论文集还登载日本人写的日本学术动态（臼田真佐子《顾炎武古音学研究在日本》）。日本人正在整理并编辑先辈的学术成就，写学界动态，积极地总结研究的收获。通过这样的活动，我们能进行既创新又有益的研究。

（原载《日本中国学会报》64，2012 年，54－56 页）

二 2012 年学界展望·中国语言学·音韵

2012 年音韵的学术动态的范围是在日本发表的书和论文（以能够查阅的实物为主）。如果需要涉及在中国付印的书和论文，我们不妨举例说明。日本学者在海外做研究，这样的活动不胜枚举，我们先谈谈一些日本学者在海外的活动，然后讲述国内的学界动态，分为 6 个项目：上古音、中古音、近世音、现代音、字音的变迁、日本的韵书和汉字音。

我们要特别写出，平山久雄教授八十华诞①之际《汉语语音史探索》（北京大学出版社）在北京出版了。他的大作基本上收录从 2005 年到 2011 年夏天用中文发表的论文，分为五类："极常用词语音形式的特殊演变"、"语音演变规律研究"、"声调史研究"、"韵书、韵图研究"、"附录"。该书的第一篇论文《"大"字 dà 音史研究》（原载 2009 年），其引用材料是从先秦到清代的文献和现代汉语方言，结论也很有意思。日本人学习现代汉语，就知道"大"字有两个字音，即"dà"和"dài"。研究这些字音的来源，这并不是容易做的事情。"附录"还有追悼桥本万太郎（1932－1987）的文章《缅怀桥本万太郎》（原载 1987 年）[4]。如果桥本先生在世，他也迎来八十华诞。通过平山先生的文章，我们更加缅怀伟大的学者。

在日本没有专门的汉语音韵学会，台湾的声韵学会每年举行年会。大陆的中国音韵学研究会学术讨论会每两年举办一次，2012 年 8 月下旬第 17 届学术讨论会暨黄典诚（1914－1993）学术思想研讨会在厦门大学举行，聚会的学者特别多。从日本去厦门出席的有岩田宪幸、丁锋、水谷诚、矢放昭文、野原将挥、马之涛、陈小珍、萧振豪以及臼田真佐子，他们进行学术交流。另

---

① 日本人把八十华诞叫做"伞寿"。著名音韵学者望月真澄（1932－2009）也是 1932 年出生的。

外，当年 12 月丁锋《如斯斋汉语史续稿》（贵州大学出版社）出版了。

（一）上古音

清代古音学研究的主要课题是古韵分部，学者没能构拟音值。现在清代古音学具有上古音研究史的学术价值，在大陆和台湾的研究尚未衰弱。2012 年夏天逝世的陈新雄（1935－2012）教授不但是古音学研究的泰斗，而且是台湾音韵学界的领导。2012 年在日本付印的有关古音学的论文有渡边大《顾炎武にとっての古音研究：〈音学五书叙〉および〈答李子德书〉から》（原载 2007 年。《交錯する文化と言语东アジアとの出会い》，文教大学出版事业部），臼田真佐子《国家图书馆藏の黄以愚〈重订谐声表〉の古韵分部》（愛知大学文学会《文学论丛》145）。清代学者不能实现音系研究，近年来中国学者和日本学者都进行音系研究。2012 年俄罗斯学者的研究在中国翻译成中文并出版了，即《古汉语音系的构拟》（C. A. 斯塔罗思金著，张兴亚译，唐作藩审定，北京大学出版社。1989 年俄语版）。另外，斯塔罗斯金（1953－2005）的大作中文版 2010 年也出版了，日本学者把俄文翻译成日文，即《古代汉语音系的构拟》（斯·阿·斯塔罗斯金著，林海鹰、王冲译，郑张尚芳、冯蒸审校，上海教育出版社，2010 年）、野原将挥、千叶谦悟译《S. A. スタロスティン〈上古中国语音韵体系の再构〉译注》（1）（2）（1：《开篇》27，2008 年。2：《开篇》28，2009 年）。

（二）中古音

关于中古音研究的论文，如太田斋《于母重纽问题と助纽字を巡る臆说》（《开篇》31），铃木慎吾《切韵诸本残存状况一览图：切韵诸本研究资料之一》（《开篇》31），森贺一惠《〈经典释文〉と朱熹注音》（《富山大学人文学部纪要》57），水谷诚《〈集韵〉脱落字について》（《创大中国论集》15）①。这些论文是关于韵书、韵图和音义的论文。太田的论文，除了韵图之外、还运用各种各样的材料并展开讨论。森贺的论文所说的"朱熹注音"是"附加朱熹注释的音注"。[5]73

（三）近世音（近代音）

关于近世音研究的论文，如富平美波《方中履〈切字释疑〉〈真庚能备各母异状〉の条を読む：〈切字释疑〉第 5 节译注》（《山口大学文学会志》62）和《方中履〈切字释疑〉〈唪睲上去人〉の条を読む：〈切字释疑〉第 6 节译注》（《アジアの历史と文化》16），中村雅之《パスパ文字汉语の中舌母音－hi－について》（古代文字资料馆《KOTONOHA》111）、《满文中の汉语语汇の表记》（《KOTONOHA》115）、《近世音の概念：〈汉语近世音のはなし〉补说》（《KOTONOHA》116）、《明清官话の周边》（《KOTONOHA》117）、《浊音表记のことなど：对音资料についてのメモ》（《KOTONOHA》120）和《书史会要"いろは"汉字音注札记》（《KOTONOHA》121）。提起近代音的概念，这个问题很有意思。日本学者把中国学者所说的近代音叫做近世音。按照中村的论文，我们知道他所说的近世音并不是近代音的翻译。2012 年杨耐思《近代汉语音论（增补本）》（商务印书馆）在中国出版了，收录《近代汉语语音史的分期》（原载

① 还有田中郁也《李登·吕静の用いた五音について》（《日本中国学会报》64）一文。

2000 年。1997 年的初版没登载）等。这些论文一定给日本学者很大的启发。还有几篇大陆学者的论文在日本付印，如邓强《从〈资治通鉴释文〉看宋代'浊上变去'》（《中国语研究》54），段亚广《中原官话和〈声音唱和图〉铎药韵读音的关系》（《现代中国语研究》14），张卫东《论〈中原音韵〉的鱼模尤候'两韵并收'》（《开篇》31）。

（四）现代音

关于现代汉语发音如何记载的论文有中村雅之《長田夏樹氏の北京語ローマ字表記案について》（《KOTONOHA》118）和《長田夏樹氏の北京語ローマ字表記"gj–"などについて》（《KOTONOHA》119），针谷壮一《〈汉语拼音方案〉制定过程についての一考察》（《Walpurgis：国学院大学外国语研究室·外国语文化学科纪要》2012）。还有中西裕树《注音字母のすすめ》（《トンシュエ》44），水野卫子《現代中国語のカタカナ発音表記をめぐって 中国映画の通译·翻译の现场から》（《东方》376），这些文章很短，给予启发。

有的教师教日本人汉语，有的教中国人或韩国人日语。通过这样的体验和经验，教师写有关汉语发音的书和论文，这些著述很多。专著是平井胜利《教師のための中国語音声学》（白帝社），还有论文，如杨晓安《日中の母音と子音及びその比較》（《长崎大学大学教育机能开发センター纪要》3），顾冰馨《外来語に見られる开音节化规则の习得：中国语母语话者への调查に基づいて》（樱美林大学大学院《言语教育研究》?），松浦四朗《日本语·中国语音声の比較研究：中国语话者の日本语音声习得について》（姫路独协大学大学院《日本语教育论集》

21），镝木时彦《日本语、中国语、朝鲜语における破裂子音生成の特征分析》（《日本音响学会志》68 - 5），当铭盛之、费晓东、松见法男《日本语汉字二字熟语における中国语单语との音韵类似性の调査：同形同义语·同形异义语·非同形语を对象として》（《广岛大学日本语教育研究》22）。2011 年发表的是绪方哲也《中国语の韵尾鼻音"in"·"ing"の音声分析と聞き分けの指导法について》（《东北大学中国语学文学论集》16）。中国语教育学会《中国语教育》10 登载专题论文《シンポジウム 中国语发音教育の问题点を探る》。

（五）字音的变迁

前述的平山久雄《"大"字 dà 音史研究》（《汉语语音史探索》，中西裕树《"佳"の字音について》（《松冈荣志教授还历纪念论集 中国学芸聚华》，白帝社）都是关于字音变迁的论文。

（六）日本的韵书和汉字音

矢放昭文《〈三重韵〉の系谱と展开》（《あふひ AOI 京都产业大学日本文化研究所报》17）一文是关于日本韵书的论文。关于日本汉字音的论文有佐佐木勇《亲鸾加点本に吴音声调の年代差は无い》（《广岛大学大学院教育学研究科纪要 第二部 文化教育开发关连领域》61），馆野由香理《现代日本汉语における唇内入声音の促音化について》（《文教大学文学部纪要》25 - 2）和《现代日本汉语におけるハ行子音の半浊音化について》（《文教大学文学部纪要》26 - 1）。

在学界展望·音韵方面的最后，我们要注视下面的事情。这件事不但是有关音韵的，而且将全面影响日本的中国语言学，即平田昌司《新版〈中国语学辞典〉① の构想　辞典编纂委员会报告》（日本中国语学会2011年度第6回关东地区例会，2012年3月，早稻田大学）。我们殷切期望重要的学术著作《中国语学辞典》尽早出版。

（原载《日本中国学会报》65，2013年，45–48页）

参考文献：

[1] 唐作藩. 音韵学教程第三版［M］. 北京：北京大学出版社，2002.

[2] 张渭毅. 汉声——汉语音韵学的继承与创新［M］. 北京：中国文史出版社，2011.

[3] 李无未. 日本汉语音韵学史［M］. 北京：商务印书馆，2011.

[4] 平山久雄. 汉语语音史探索［M］. 北京：北京大学出版社，2012.

[5] 森贺一惠. 经典释文と朱熹注音［J］. 富山大学人文学部纪要，2012（57）.

（日本爱知大学文学部）

---

① 日本中国语学会的前身是中国语学研究会，该学会编辑出版了《中国语学事典》（1958年，江南书院）和《中国语学新辞典》（1969年，光生馆）。

The Research of Chinese Phonology in Japan (2011 - 2012)

Usuda Masako

(Literature Department, Aichi University, Japan)

Abstract: *Bulletin of Sinological Society of Japan* (THE NIPPON - CHŪGOKU - GAKKAI - HŌ) is an academic journal published by the Sinological Society of Japan. It published the papers from its members as well as academic trends *Trends and Activities in Sinological Studies*. The domestic professoriates compose *Trends and Activities in Sinological Studies* (including Chinese philosophy, Chinese literature and Chinese linguistics) in turns, and the linguistic part of *Trends and Activities in Sinological Studies*, 2011 - 2012 (page 64 - 65, *Bulletin of Sinological Society of Japan*, 2012 - 2013) is written by professoriates and graduates in our school. Japanese scholars name Chinese linguistics as CHŪGOKUGO - GAK, which includes grammar, phonology, character, dialects and Chinese - teaching. I have written the academic trends of Chinese phonology, character and exegetics in 2011 - 2012. This paper is mainly about phonology and is a Chinese transcript. In addition, some questions showed up when writing *Trends and Activities in Sinological Studies*, among which is the period - division of the sound system of the Early Chinese, and all of these questions have been discussed on the Kansai regular meeting of Chinese Institution (Dec 8, 2013).

Key words: phonology, academic trends, year 2011 - 2012

日本汉诗集《怀风藻》用韵研究

崔蒙*

摘 要 日本最早汉诗集《怀风藻》是古代日本人创作中国诗歌的第一个成果。诗集一方面在用韵上模仿当时的中国音韵，另一方面受到日语汉字音影响，在合用上呈现出不同于中国诗歌的特点。

关键词 日本汉诗；怀风藻；诗韵

一 缘 起

我国古代拥有丰富多样的文学形式和光辉灿烂的文学成果，对周边汉字文化圈国家的文学产生了深远的影响。日本与我国隔一衣带水，自古以来交往十分频繁。古代日本在政治、经济、文化等诸

---

* 作者简介：崔蒙，女，北京语言大学博士生，研究方向为汉语语音史。

多方面向中国学习，更在语言、文学方面吸收我国优秀文化，不仅引进、使用汉字，还产生发展了日本汉文学。日本汉诗是日本人用汉语创作的诗，是日本汉文学中最主要、成果最多也是影响最大的重要组成部分，从产生至今已有1300多年的历史[1]。

一般认为日本汉诗的用韵受到我国韵书的限制。古代日本派遣了大批精通汉语的使者和学问僧前往中国学习，带回中国当时的音韵，但古代日本政府规定遣唐使和学问僧在华停留时间相当长，兼之古代中日之间船只往来耗时长久，日本汉诗用韵的发展必然比中国本土落后许多。此外，为求符合中国音韵规范，日本汉诗用韵是以日语汉字音为基础的。日语音系不如汉语音系复杂，日语汉字音有取舍地吸收我国中古音，这在某种程度上也会影响日本汉诗的用韵。

日本汉诗用韵不仅是我国中古音的海外投射，也有其独特的发展变化特点。研究日本汉诗用韵既能使我们了解掌握中日中古音的对应关系，也利于研究中古音系，为现代音韵学理论提供佐证。

二 《怀风藻》

《怀风藻》成书于公元751年，是日本现存最早的汉诗集，甚至早于同时代的《万叶集》。诗集收入了近江、奈良朝近百年间64位作者的共120首汉诗[2]。从整体上看，《怀风藻》诗作风格质朴，不乏颇有意趣的作品，作者也大多是朝廷高官和宫廷贵族，在日本1300多年的汉诗史上具有极为重要的地位。

《怀风藻》流传至今，已有诸多刊本和抄本，诸本之间存在字句上的差异。在整理考校诸本方面，日本学者小岛宪之做了大量的工作。他比对诸本、校注诗歌字句，还为集中汉诗标注了韵脚字。我们以小岛宪之校注的《怀风藻》作为研究材料，并在小岛校注的基础上对韵脚字做了进一步修改和整理。

三 《怀风藻》用韵概况

作为日本最早的汉诗集，《怀风藻》是日本诗人模仿中国诗作之开始，在诗歌创作的各方面都处于初期水平，诗集用韵呈现出的特点也都归因于此。下面我们从摄、开合口、等、四声这几个方面对《怀风藻》用韵加以概括说明。

（一）摄

《怀风藻》韵字在韵摄方面最突出的特点就是不均衡。我们统计《怀风藻》120 首诗的韵摄分布情况，其中合韵、换韵各算一次，得到如下数据：

表1 《怀风藻》诗作韵摄分布统计表

果	1	止	10	深	8	江	0
假	1	效	2	山	19	曾	0
遇	4	流	15	臻	34	梗	12
蟹	2	咸	1	宕	6	通	10

可以看出，《怀风藻》诗人在用韵上出现了较为一致的偏好，以臻摄入韵的诗几乎占到全诗集的三分之一。这可能是因为诗集的不少作品都作于宫廷宴饮场合，内容大都是对天皇的称颂和对春日自然景观的赞美，臻摄字符合这方面的需要，韵字自然相对集中。

此外，由于集中有不少依韵唱和作品，也就增加了臻摄韵字的出现频率。

合用方面，诗集有咸深合用、山臻合用、山梗合用、宕梗合用等现象。其中梗摄的合用在中国诗歌中并不多见，很可能与日语汉字音有关，我们将在后面提到。

（二）开合口

同摄相配的开口韵和合口韵相互押韵。

（三）等

《怀风藻》诗共出现韵字 209 个，其中一等字 33 个、二等字 8 个、三等字 154 个、四等字 14 个。三等字占了绝大多数，二等字最少。

一等字不与二等字、四等字押韵。臻一等字和三等字严格分开，但臻摄一等魂痕部和山摄三等元部合用。

二等与三等押韵，三等与四等押韵，未见二等与四等押韵的例子。

（四）四声

全以仄声字入韵的仅有五首诗，其余都以平声字入韵。

四　《怀风藻》韵谱

我们整理了《怀风藻》的韵谱，每摄（后标注诗数）先列韵字（下角数字表示韵字出现次数、按出现先后顺序排列），再列独用合用情况。其中咸深合用归入深摄，山臻合用归入臻摄，山梗、宕梗合用归入梗摄。

（一）果摄（1）

歌部平声歌韵——（开一）河

戈部平声戈韵——（合一）波

歌戈合用1：葛井广成《五言月夜坐河滨一绝》：波河

（二）假摄（1）

麻部平声麻韵——（开二）家

（开三）斜、车

（合二）华、花、哗

麻独用1：百济和麻吕《五言初春于左仆射长王宅燕一首》：华斜花家哗车

（三）遇摄（4）

鱼部平声鱼韵——（合三）书$_2$、鱼、裾、舒$_2$、余$_2$、疎$_2$、墟、如、居、余

鱼部去声御韵——（合三）去

鱼独用3：箭集虫麻吕《五言于左仆射长王宅宴一首》：书鱼裾舒‖藤原万里《五言暮春于弟园池置酒一首并序》：余书舒疎‖民黑人《五言独坐山中一首》：居余

去鱼合用1：藤原万里《五言过神纳言墟一首》：去余墟疎如（换韵前）

（四）蟹摄（2）

哈部平声哈韵——（开一）开、来

哈部上声海韵——（开一）宰、海

海独用1：大友皇子《五言述怀一绝》：宰海

哈独用1：山田三方《五言三月三日曲水宴》：开来

（五）止摄（10）

支部平声支韵——（开三）池

　　　　　　　　（合三）垂

支部去声寘韵——（开三）义

脂部平声脂韵——（开三）悲$_2$、墀$_2$、眉、迟

　　　　　　　　（合三）追、衰$_3$

脂部去声至韵——（开三）地

之部平声之韵——（开三）期$_3$、时$_2$、思$_2$、基、词、诗

微部平声微韵——（开三）依$_2$、稀$_2$

　　　　　　　　（合三）微、霏、晖$_2$、飞、归$_3$、帏、违

脂独用1：大津首《五言春日于左仆射长王宅宴一首》：墀眉追迟

之独用2：调古麻吕《五言初秋于长王宅宴新罗客一首》：时思基期‖百济和麻吕《五言秋日于长王宅宴新罗客一首赋得时字》：时期词思

微独用3：荆助仁《五言咏美人一首》：霏晖飞归‖刀利宣令《五言秋日于长王宅宴新罗客一首》：帏依稀归‖藤原宇合《五言暮春曲宴南池一首并序》：晖归

支脂合用1：石上乙麻吕《五言赠旧识一首》：衰眉垂悲

脂微合用1：麻田阳春《五言和藤江守咏神叡山先考之旧禅处柳树之作》：依墀衰悲（换韵后）

至寘合用1：大友皇子《五言侍宴一绝》：地义

之脂微合用1：石上乙麻吕《五言赠搽公之迁任入京一首》：诗衰稀违

支脂微之合用1：中臣大岛《五言山斋一首》池悲微期

（六）效摄（2）

豪部平声豪韵——（开一）劳

豪部去声号韵——（开一）好

宵部平声宵韵——（开三）朝、韶、飘、瑶

宵独用1：山田三方《五言秋日于长王宅宴新罗客一首并序》：朝韶飘瑶

豪号合用1：越智广江《五言述怀一首》：好劳

（七）流摄（15）

侯部平声侯韵——（开一）楼$_2$

尤部平声尤韵——（开三）秋$_{10}$、猷$_3$、浮$_4$、愁$_3$、流$_9$、游$_4$、留$_2$、舟、忧$_2$、洲$_4$、悠、牛、休、由、周

尤部上声有韵——（开三）寿、久

尤部去声宥韵——（开三）秀

幽部平声幽韵——（开四）幽

尤独用9：藤原史《五言七夕一首》：秋猷浮愁 ‖ 山田三方《五言七夕一首》：秋流舟忧 ‖ 吉智首《五言七夕一首》：留秋洲流愁悠 ‖ 安倍广庭《五言秋日于长王宅宴新罗客一首赋得流字》：流游秋忧 ‖ 纪男人《五言七夕一首》：秋游流浮 ‖ 吉田宜《五言秋日于长王宅宴新罗客一首赋得秋字》：秋浮牛愁 ‖ 藤原宇合《七言在常陆赠倭判官留在京》：休秋由猷（换韵前）‖ 藤原万里《五言仲秋释奠一首》：周留浮猷 ‖ 丹墀广成《七言吉野之作一首》：流洲

有独用1：释道慈《五言在唐奉本国皇太子一首》：寿久

侯尤合用2：中臣人足《五言游吉野宫二首之二》：楼留 ‖ 藤原总前《五言七夕一首》：秋游流楼

尤宥合用1：纪男人《七言游吉野川一首》：秀流洲

尤幽合用2：大神安麻吕《五言山斋言志一首》：幽秋流游 ‖ 吉田宜《五言从驾吉野宫》：幽洲秋流

（八）咸摄

覃部平声覃韵——簪

合用归入深摄

（九）深摄（8）

侵部平声侵韵——（开三）阴$_2$、琳、岑$_2$、林$_2$、金、临、斟、浔$_2$、沉、深$_5$、心$_4$、琴$_4$、音、吟

侵部上声寝韵——（开三）锦、寝

侵独用6：纪古麻吕《七言望雪一首》：阴琳岑林金临斟 ‖ 纪末茂《五言临水观鱼一首》：浔沈深心 ‖ 大伴王《五言从驾吉野宫应诏二首之二》：深浔 ‖ 境部王《五言秋夜宴山池一首》：琴深 ‖ 黄文备《五言春日侍宴一首》：深琴心音 ‖ 石上乙麻吕《五言飘寓南荒赠在京故友一首》：心阴吟琴

寝独用1：大津皇子《七言述志一首》：锦寝（后字为后人联句韵）

侵覃合用1：藤原宇合《五言游吉野川一首》：岑簪林琴深心

（十）山摄（15）

寒部平声寒韵——（开一）安、韩、难$_3$、寒$_2$、兰$_2$

桓部平声桓韵——（合一）端$_2$、官、欢、冠、纨

山部平声山韵——（开二）山

删部平声删韵——（合二）还

仙部平声仙韵——（开三）筵$_3$、然$_2$、连$_3$、仙、篇$_2$、蝉、
鲜、煎

（合三）川$_2$、泉、旋、专、缘、传

元部平声元韵——（开三）园

元部上声阮韵——（合三）苑、远

先部平声先韵——（开四）天$_5$、烟$_4$、莲、年$_4$、贤$_2$、千、
肩、前$_3$、弦$_2$、坚$_2$、边

（合四）渊、玄$_2$

先独用4：刀利宣令《五言贺五八年一首》：年贤天玄 ‖ 下
毛野虫麻吕《五言秋日于长王宅宴新罗客并序赋得前字》：千肩
前弦 ‖ 伊支古麻吕《五言贺五八年宴一首》：年贤天玄 ‖ 百济和
麻吕《五言七夕一首》：边煎旋年

寒桓合用4：释辨正《五言在唐忆本乡》：端安 ‖ 藤原总前
《五言秋日于长王宅宴新罗客一首赋得难字》：韩难寒端 ‖ 藤原
万里《五言过神纳言墟一首》：难官兰欢（换韵后） ‖ 盐屋古麻
吕《五言春日于左仆射长屋王宅宴一首》：冠纨寒兰

寒删合用1：释道融一首：难还（后字疑为后人作韵）

先仙合用5：大津皇子《五言游猎一首》筵然前连 ‖ 巨势多
益须《五言春日应诏二首之二》：仙川泉渊连筵烟篇 ‖ 伊与部马
养《五言从驾应诏》：川连莲蝉烟天 ‖ 长屋王《五言于宝宅宴新
罗客一首赋得烟字》：烟筵鲜篇 ‖ 藤原宇合《七言在常陆赠倭判
官留在京一首并序》：天前弦年然坚（换韵后） ‖

山先仙合用1：麻田阳春《五言和藤江守咏祢叡山先考之旧
禅处柳树之作一首》山专缘传坚（换韵前）

（十一）臻摄（34）

痕部平声痕韵——（开一）恩

真部平声真韵——（开三）人$_8$、陈$_7$、尘$_{14}$、民$_6$、滨$_9$、新$_{24}$、
津$_4$、宾、鳞$_8$、仁$_{10}$、闽、亲$_3$、宸$_2$、真、
臣$_2$、身、辰$_2$、邻、绅、巾、贫$_2$、垠、蘋
（合三）筠$_2$

魂部平声魂韵——（合一）敦

魂部去声恩韵——（合一）论$_2$

谆部平声谆韵——（合三）春$_{21}$、轮、伦$_3$、逡、均、巡、淳

谆部去声稕韵——（合三）俊

文部平声文韵——（合三）闻

真独用6：藤原史《五言春日侍宴应诏一首》：滨人新宸 ‖
息长臣足《五言春日侍宴一首》：新绅民仁 ‖ 藤原宇合《五言悲
不遇一首》：新人鳞尘臣贫 ‖ 藤原万里《五言游吉野川一首》：
宾仁新滨 ‖ 丹墀广成《五言游吉野川一首》：新鳞尘津 ‖ 葛井广
成《五言奉和藤太政佳野之作一首仍用前韵四字》：亲鳞陈津

真谆合用25：纪麻吕《五言春日应诏一首》：春人陈尘民 ‖
文武天皇《五言咏月一首》：滨轮新津《五言咏雪一首》：新尘
滨春 ‖ 大神高市麻吕《五言从驾应诏一首》：尘春新宾 ‖ 犬上王
《五言游览山水一首》：滨新鳞俊伦春 ‖ 美努净麻吕《五言春日
应诏一首》：春鳞新陈尘仁 ‖ 释辨正《五言与朝主人一首》：闽
亲尘春人 ‖ 藤原史《五言元日应诏一首》：民宸新春人尘《五言
游吉野二首之二》：新宾逡仁 ‖ 刀利康嗣《五言侍宴一首》：春
鳞仁陈新真 ‖ 大石王《五言侍宴应诏一首》：春臣滨均 ‖ 田边百
枝《五言春苑应诏一首》：陈滨身人春 ‖ 石川石足《五言春苑应

诏一首》：春人新巡尘民 ‖ 山前王《五言侍宴一首》：辰淳春尘
‖ 采女比良夫《五言春日侍宴应诏一首》：邻仁陈春尘辰 ‖ 安倍
首名《五言春日应诏一首》：春尘筠新 ‖ 大伴旅人《五言初春侍
宴一首》：新人春仁 ‖ 中臣人足《五言游吉野宫二首之一》：仁
民伦宾 ‖ 春日藏老《五言述怀一首》：新春 ‖ 长屋王《五言元日
宴应诏一首》：春新巾仁《五言初春于作宝楼置酒一首》：春新
滨筠 ‖ 安倍广庭《五言春日侍宴一首》：春陈新鳞贫 ‖ 纪男人
《五言扈从吉野宫一首》：仁亲新伦 ‖ 守部大隅《五言侍宴一
首》：春新津民 ‖ 藤原总前《五言侍宴一首》：垠尘新春苹滨

阮文魂合用 1：大津皇子《五言春苑言宴》：苑远闻论

元魂痕合用 1：巨势多益须《五言春日应诏二首之一》：园
敦论恩

真先合用 1：大津首《五言和藤原大正游吉野川之作一首仍
用前韵》：仁鳞烟尘

（十二）宕摄（3）

阳部平声阳韵——（开三）阳、觞$_2$、裳、章、凉、璋、长、场

       （合三）芳$_3$、匡

阳部去声漾韵——（开三）向

       （合三）望

唐部平声唐韵——（合一）光

阳独用 1：田中净足《五言晚秋于长王宅宴一首》：凉璋芳觞

阳漾合用 1：文武天皇《五言述怀一首》：裳匡望章

阳唐合用 1：藤原宇合《七言秋日于左仆射长王宅宴一首》：
光芳长场

（十三）江摄（无）

（十四）曾摄（无）

（十五）梗摄（12）

庚部平声庚韵——（开二）生$_2$、行

　　　　　　　　　　（开三）兵、惊$_3$、明

　　　　　　　　　　（合三）荣

庚部去声映韵——（开三）命

清部平声清韵——（开三）情$_9$、声$_4$、瀛、轻、清$_3$

清独用2：葛野王《五言游龙门山一首》：情瀛‖境部王《五日宴长王宅》：轻清声情

庚独用1：藤原宇合《五言奉西海道节度使之作一首》：行兵

庚清合用5：河岛皇子《五言山斋一绝》：明情‖纪古麻吕《五言秋宴得声清惊情四字一首》：声清惊情‖道首名《五言秋宴一首》：清惊情声‖背奈王行文《五言上巳禊饮应诏一首》：生轻荣情‖箭集虫麻吕《五言侍燕一首》：生轻荣情

映漾合用1：大津皇子《五言临终一绝》：命向

清阳合用1：葛野王《五言春日玩莺梅一首》：阳声情觞

清阳庚合用1：释智藏《五言秋日言志一首》情芳声惊

庚先清合用1：中臣朝臣大岛《五言咏孤松》：明天荣轻（小岛以为误用）

（十六）通摄（10）

东部平声东韵——（合一）丛$_3$、同$_5$、通$_2$、红、东、工$_2$、公、咙、空$_2$、童

　　　　　　　　　　（合三）风$_{10}$、虫、宫$_3$、穹、中$_4$、融、弓、冲、躬

钟部平声钟韵——（合三）逢

东独用9：调老人《五言三月三日应诏一首》：宫穷中同风‖藤原史《五言游吉野二首之一》：中通红风‖大伴王《五言从驾吉野宫应诏二首之一》：风东融工‖背奈王行文《五言秋日于长王宅宴新罗客一首赋得风字》：同丛风弓‖丹墀广成《五言述怀一首》：工风‖高向诸足《五言从驾吉野宫一首》：公通风宫‖释道慈《五言初春在竹溪山寺于长王宅宴追致辞一首并序》：同咙中空风冲躬宫‖民黑人《五言幽栖一首》：丛童同风‖石上乙麻吕《五言秋夜闺情一首》：同空风中

东钟合用1：释智藏《五言玩花莺一首》：逢风丛虫

五　韵字汉字音

考察日语汉字音对《怀风藻》用韵的影响，不能利用现代日语发音，而应该使用与我国唐代同时期的日本奈良、平安时代的语音，因此我们采用日语汉音。

整理《怀风藻》所有韵字的汉音，按韵摄排列，例外情况标注在括号中，得到下表：

表 2　《怀风藻》韵字汉音表

摄	介音	韵腹	韵尾	摄	介音	韵腹	韵尾
果	—	a	—	咸	—	a	n
假	—／麻开三 i	a	—	深	—	i	n
遇	i	o	—	山 一二等	u(合口)	a	n
				山 三四等	—	e	n
蟹	—	a	i	臻 一等	少数 i	o	n
				臻 三等		i,u(谆稕文)	
止	—	i	—	宕	i(合口无)	o	u
效	—／宵开三 i	o	u	梗	—	e	i
流	i(候开一无)	o	u	通		o,i(东合三)	u

六　小　结

经过上述几方面的整理分析，我们可以得到下面几点结论：

（一）从整体来看，《怀风藻》用韵处于模仿中国诗韵的初期阶段。

诗集在韵字的选择和使用上都表现得十分拘谨，缺乏灵活性。不仅集中使用某些韵字，而且几乎没有以仄声字入韵的。

（二）由于受到日语汉字音的影响，合用方面与中国诗歌不同。

和汉语音节相比，日语音节相对简单，主要特点包括：介音只有 i、没有后鼻韵尾等。因此日语吸收汉字读音时，会在主元音、韵头、韵尾、声调等各方面有所取舍。所以日语汉字音往往区别不细，几个韵摄可以合一，如咸、深、山、臻四韵尾摄一致，都为 -n；而宕、曾、梗、通四摄的后鼻韵尾全部脱落，变为长音。这直接影响到诗集合用，山梗、宕梗合用现象应该就与此有关。

《怀风藻》是日本汉诗的起点，可以从侧面印证我国中古音，但我们还需要对《怀风藻》之后诗集的用韵做进一步的整理分析，才能更好地探究我国音韵在日本汉诗中的发展和演变。

参考文献：

[1] 长泽规矩也. 汉文学概论［M］. 东京：法政大学出版局，1988.

[2] 小岛宪之校注. 怀风藻·文华秀丽集·本朝文粹//日本古典文学大系 69. 东京：岩波书店，1964.

（北京语言大学语言政策与标准研究所　北京 100083）

Studies on Rhyming in KaiFuSoh

Cui Meng

(Beijing Language and Culture University)

Abstract: *KaiFuSoh* is not only the earliest Kanshi poems collection written by ancient Japanese, but also the first achievement of Japanese writing ancient Chinese poems. The rhyming of *KaiFuSoh* is basically the imitation of Chinese poems; however it had been deeply affected by the pronunciation of Kanji. Hence the rhyming is some different from Chinese poems.

Key words: Kanshi poems, *KaiFuSoh*, rhyming

甘肃省宕昌县之"宕"变读成因

张维佳*

摘 要 甘肃宕昌县"宕昌"读音问题近十年来颇受当地政府关注，"宕昌"当地人读 [tʼan⁵¹ tʂʼaŋ⁵⁵]，与标准语读音有别，从历史音变角度看，其读音变化中隐含非常重要的音变规则，因此其读音审音问题值得研究。

关键词 宕昌；变读；历史音变；审音

近十年来，甘肃省宕昌县政府部门奔走呼告，希望通过国家相关部门组织专家正音，用当地人的读音 [tʼan⁵¹ tʂʼaŋ⁵⁵] 来称宕昌县。宕昌县委 2005 年曾正式向国家语委、中国地名研究所咨询该地名审音问题；2013 年，历史文献纪录片《哈达铺：

---

* 作者简介：张维佳，北京语言大学语言政策与标准研究所教授。

1935》拍摄组在宕昌县拍摄时，当地群众为本县名称问题与摄制人员发生矛盾，致使该片至今未公开播映。宕昌县是全国著名中药材基地，但如何向国内外推介宕昌县这一重要品牌，当地人认为很难接受将其土产的名贵药材与跟"荡娼"读音一样的 [taŋ⁵¹ tʂˈaŋ⁵⁵] 联系起来。为了解决这个地名审音问题，2014 年 2 月中国地名学会、中国地名研究所召集由民族语、汉语方言、民族历史、地名文化、羌藏文化等方面的专家展开论证，以冀提出一个科学的解决方案。[1]

本文且不论是否根据"宕昌"之"宕"的当地读音而在通用词（字）典中增加一个特殊地名音，但就从"宕"地名音变化角度看，这就是一个非常典型的历史音变范例，其中隐含着几条非常重要的音变规则，值得研究。

一 "宕昌县"得名与"宕"字音义变化

宕，《广韵》徒浪切，去声宕摄定母，上古属阳部。《说文》："过也，一曰洞屋。从宀，砀省声。汝南项有宕乡。"林光义《文源》："石为砀省不显。洞屋，石洞如屋者，从石、宀。洞屋前后通，故引申为过。"字源演变如下：

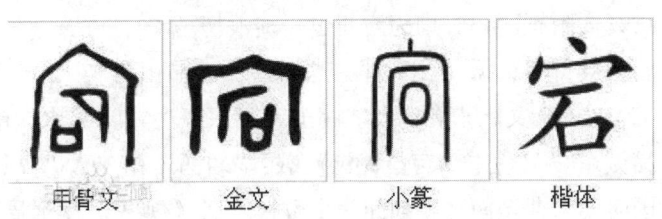

| 甲骨文 | 金文 | 小篆 | 楷体 |

根据《汉语大字典》，"宕"字之义有 11 种之多。（1）洞

屋。《说文·宀部》"宕，洞屋。"段玉裁注："洞屋谓四迵之屋，四围无障蔽也。"徐灏笺注："宕，盖石室空洞之义。"（2）宽广。清朱骏声《说文通训定声·壮部》："宕，按字从宀，洞屋当为本训。洞屋者，四围无障蔽之谓，故转注为宽广之意。经传皆以'荡'为之。"（3）通过，穿过。《龙龛手鉴·宀部》："宕，通也。"《列仙子传·邗子》："邗子寻犬，宕入仙穴。"（4）放纵，不受拘束。《字汇·宀部》："宕，过也。今言放宕也。"《穀梁传·文公十一年》："弟兄三人，佚宕中国。"三国魏曹植《七哀》："借问叹者谁？言是宕子妻。"宋苏轼《王子立墓志铭》："人人自重，不敢嬉宕。"（5）飘荡，摇动。三国魏曹植《吁嗟篇》："宕宕当何依，忽亡而复存。"（6）拖延。《二十年目睹之怪现状》第五十二回："这一百吊暂时宕一宕，我再想法子报销。"（7）拖下，夅拉下。《官场现形记》第四十三回："一个个都盯着黄线织的铺子，有些黄线都已宕了下来。"（8）采石工。《正字通·宀部》："宕，采石工谓之宕户。"宋岳珂《金陀续编》卷十五："乞行禁止百宕打凿石段。"（9）坑洼。《农政全书·水利·开河法》："分工定宕，第从土方。土少者宕长，土多者宕短。"（10）古州名。相当于甘肃省宕昌县境。《广韵·宕韵》："宕，亦州名。《禹贡》梁州之域，秦汉魏晋诸羌处之。后魏内附置藩镇，周为宕州也。徒浪切。"

宕昌县得名，据《元和郡县志》，"因宕昌山为名"，但为何称"宕昌山"，文献未有论及。郦道元《水经注》："羌水东南流经宕昌城东。"《魏书·宕昌羌传》载："宕昌"是羌人一支，是十六国时期末期至南北朝期间一个政权。据《魏书》及《周书》记载，宕昌国在梁勤以前"姓别自为部落，各立酋帅，皆有地分,不相统摄。"且"俗皆土著,居有屋宇,其屋织牦牛尾及羖羊毛覆之。宕昌国无法令,无徭赋。惟战伐之时,乃相屯聚,不然则各事生业,不相往来。皆衣裘褐。收养牦牛、牛、豕以供其食。父子、伯叔、兄弟死者,即以继母、世叔母及嫂、弟妇等为妻。俗无文字,但候草木荣落,记其岁时。三年一相聚,杀牛羊以祭天"。后梁勤自称宕昌王,其界自"仇池以西,东西千里,带水以南,南北八百里,地多山阜",辖区大约包括今临潭、岷县南部至天水西界和武都北界一带。梁勤及其后继者,往往向比邻的南北朝政权纳贡,并受册封。《南齐书》载:此时宕昌的习俗是"俗重虎皮,以之送死,国中以为货"。北周武帝保定四年(564 年),当时的宕昌王梁弥定因屡犯北周,北周武帝大怒,命大将田弘讨灭宕昌国,并在原地设立宕州,兼置宕昌郡,宕昌国自此灭亡。

据上史料,古宕昌建国的自然环境是"仇池以西,东西千里,带水以南,南北八百里,地多山阜",过着"皆衣裘褐。收养牦牛、牛、豕以供其食""俗无文字,但候草木荣落,记其岁时"的畜牧生活。因此,不管是"宕昌"地名于其山、其水或其城,"宕昌"的取义都来自"洞屋也"的初义,即"地多山阜"。

二 宕昌之"宕"变读

宕,上古阳部,高本汉拟 dʻaŋ,李方桂 daŋh,王力 daŋ,白一平 daŋs,郑张尚芳 daaŋs,潘悟云 daaŋs;中古宕摄唐韵开口一等定母,徒浪切,高本汉拟 dʻɑŋ,王力 dʻɑŋ,董同龢 dʻɑŋ,

周法高 daŋ，李荣 daŋ，邵荣芬 daŋ，郑张尚芳 daŋ，潘悟云 daŋ；今音，《汉语大字典》《现代汉语词典》都标为 dang^{51}，百度词典（http：//dict. baidu. com）："宕"读［dàng］，但在"宕昌县"条目下："〈名〉［地名］［中国］Dangchang County；宕昌（tànchāng）县位于甘肃省陇南地区西北部，总面积 3331 平方公里，全县辖 6 镇 19 乡，总人口 29 万。宕昌地处亚热带向暖温带过渡地段，境内气候温和，四季分明，山清水秀，物产众多，是一片亟待开发的宝地。"

"宕"，上古阳部，中古唐韵，现代汉语普通话读 dang^{51}，古今汉语在韵母上没有变化。只是声母，中古及其前为定母，全浊，读［d］，今普通话按照"古全浊声母塞音塞擦音平声送气仄声不送气"的音变规则而读为不送气清音［t］。但在近宕昌乃至甘肃省将该县读成 tan4chang1，即声母送气［tʻ］，韵母为以前鼻音为韵尾的［an］。甘肃省专家组从民族、历史沿革、地名学等方面结合古今字音演变的角度，认为："宕昌"命名源自西晋由羌族首领梁勤建立的宕昌国，《宋书·氐胡传》《资治通鉴·宋纪四》写为"宕昌"，但《魏书》《北史》两书"氐传"都有"石昌"的记载①，而"石"有二音，其一为［tanˀ］。又据：宕昌国的梁氏羌人与汉代的且昌羌人有关②，"且昌"字冉

---

① 《宋书·氐胡传》《资治通鉴·宋纪四》载：元嘉九年，仇池杨难当废其兄子杨保宗而自立为王，乃"拜保宗为镇南将军，镇宕昌"。但《魏书·氐传》《北史·氐传》均作"石昌"。

② 公元 135 年，生活于今甘肃临洮一代的钟羌良封造反攻打陇西，东汉顺帝阳嘉时的校尉马续、马贤镇抚良封后，进而攻打钟羌的一支且羌，且羌率诸种十余万向益州刺史投降。据王钟瀚主编的《中国民族史》引冉光荣《羌族史》的说法，"且昌"是"旦昌"之笔误。

光荣《羌族史》云"旦昌"之讹。故而推论，"宕昌"得名语源不是来自汉语，可能与古羌语有关。因此建议在国内大型通用词（字）典"宕"字上增加一个特殊读音［t'an⁵¹］，专指甘肃省宕昌县这个地名读音。

这里要解决两个问题：其一，"宕"读［t'an］是来自汉语方言自身演变还是非汉语？其二，如果来自汉语方言自身变化，其变化规则是什么？

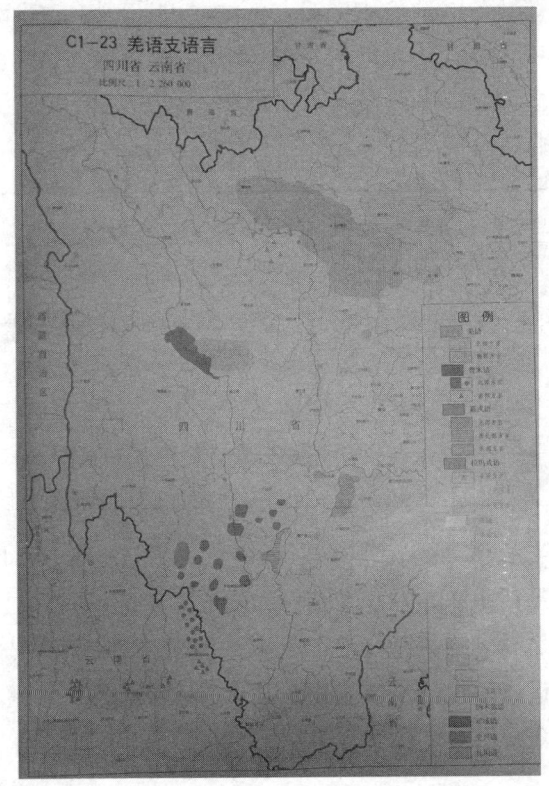

从历史和地理来看，宕昌县古为羌人聚居区，如果"宕"字变读音来自非汉语，最有可能的是来自羌语。宕昌县再南是藏语羌语支的茂县、汶川、理县和松潘。但是，根据《中国的语言》（孙宏开、胡增益、黄行主编），这种可能性是不存在的。"羌语支语言的辅音基本上处于消失阶段，但演变不平衡，情况也比较复杂。个别语言有丰富的辅音韵尾，例如羌语。但经初步研究，羌语中的辅音韵尾是后起的，它与原始藏缅语的辅音韵尾没有关系。"（孙宏开、胡增益、黄行，2007）因为羌语韵母44个，而其中带鼻音韵尾的韵母共15个，由元音加 n、ŋ 韵尾构成。其中大部分仅出现在汉语借词中（可见羌语应该没有鼻音韵尾，而带鼻音韵尾是来自汉语方言）。如：

in	in^{51}	瘾	un	$⌐un^{55} ta^{33}$ ⌐稳当
ən	$sən^{51}$	省	ian	$⌐kua^{13} mian^{13}$ ⌐挂面
uan	$khuan^{55} ta^{13} pu^{33}$	宽大	iŋ	$⌐tsiŋ^{51} nə^{33}$ ⌐井
ɑŋ	$ɑŋ^{31}$	几	əŋ	$⌐ləŋ^{55} tha$ ⌐嫩
iɑŋ	$siɑŋ^{13}$	象	uaŋ	$⌐χuaŋ55tha33$ ⌐慌张
an	$than^{55} tʃʅ^{55}$	他们		

如此，"宕昌县"之"宕"读［tʰan4］一定与汉语方言自身演变有关。宕昌话是北方方言中原官话秦陇片方言。可能有两个规则使宕昌县之"宕"发生了变读：其一，古全浊塞音塞擦音声母不论平仄读入送气清声母之中；其二，后鼻音韵尾脱落或前化。其中第二条规则可能还会有非常复杂的情况。

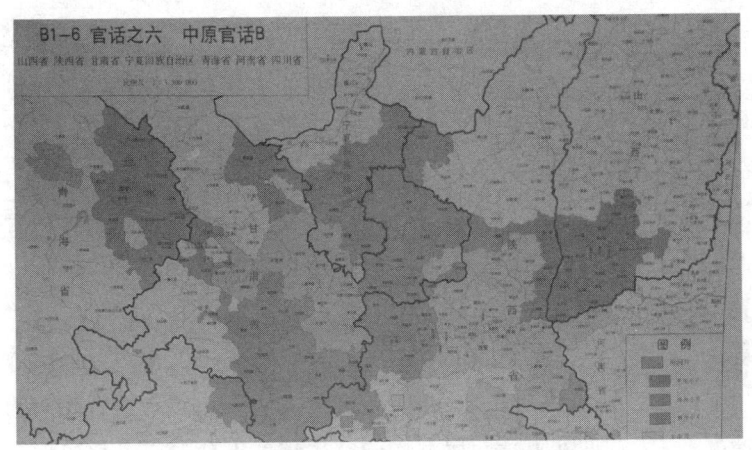

首先看第一个规则引起的变化。汉语古全浊塞音塞擦音声母清化大概在晚唐五代开始，宋代完成①[2]。在现代汉语北方方言中，古全浊声母清化有两个方向：（1）古全浊声母平声读为送气清音声母，仄声读为不送气清音声母。东北官话、北京官话、冀鲁官话、胶辽官话以及江淮官话、中原官话大多数方言是这样的；（2）古全浊声母无论平仄均读送气清音声母。如中原官话关中片、秦陇片方言。"宕昌"之"宕"读送气清音应该是属于后一种音变。这是由古代西北一带全浊声母的送气性质所带来的清化方向。

唐五代之前，西北方音古全浊声母可能是带有送气色彩的音类，"发浊送气时，高速气流从半开的韧带声门间冲出，中央收

------

① 罗常培根据《大乘中宗见解》里"全浊声母的字除去奉母的'凡、梵'，定母的'怠、道、第、大、地、盗、定达'，澄母的'着'等11字外，其余的都变成次清"，据此他认为："其他三种藏音（《千字文》《阿弥陀经》《金刚经》）的古全浊声母应该读做送气，并且全浊声母在现代西北方音跟大部分'官话'里所有平声变次清、仄声变全清的现象，也可以得到解释。"

缩紧张度很低，声带松软，振动时微带送气，声门自始至终未完全关闭。"[3]84 在天竺经师不空《大孔雀明王经》汉译密咒里，群母字对 gh9 次，定母字对 dh46 次，並母字对 bh32 次，共 23 个汉字有 87 字次读音，全部对送气浊塞音。在后来的发展过程中，语音根据就近合流的方式，古全浊送气声母自然会向次清方向合流。唐五代汉藏读音材料《大乘中宗见解》除去奉母的"凡、梵"，定母的"怠、道、第、大、地、盗、定达"，澄母的"着"等 11 字外，其余的都变成次清①。天城体梵书文献《金刚经》也显露出在唐五代西北方音中古全浊声母与次清声母读音相同的情况②。宋代西北方音与唐五代一脉相承，古全浊声母与次清声

---

① 《大乘中宗见解》古全浊声母变次清的字如下：

奉母	夫 p'u 烦 p'an 佛 p'ur
定母	同 t'on 檀 t'an 独 t'og 毒 t'og
澄母	持 c'i 值 c'i 治 c'i 住 c'u 尘 c'in
从母	财 ts'e 在 ts'e 慈 ts'i 自 ts'i 造 ts'eu 前 ts'yan
	净 ts'en 情 ts'en 曾 ts'in 集 ts'ib 绝 ts'uar 寂 ts'ig
群母	其 k'i 具 k'u 共 k'un 及 k'ib

② F. W. Thomsa（陶慕士）"A Buddhist Chinese Text in Braˉhmiˉ Script" 载例为（引自张清常《唐五代西北方音一项参考材料》)[6]：

全　浊			次　清		
並母	菩 phū/bhū 白 phehi：, phihi：比 phī		滂母	颇 pha 偏 phye mni	
定母	地 thīyi 定 thye 提 thi		透母	胎 thiyi 听 thyai	
澄母	住 chū/cū cyū/cchū/kṣu kṣū		彻母	缺字	
	持 cvī/ksī 长 cā				
群母			溪母	起 khī 乞 khī khiri 丘 khyū	

母截然不分，读成送气音①。包括宕昌话在内的现代中原官话秦陇片方言与宋代以来的西北方音完全一致，在白读中，古全浊声母不分平仄与次清声母读音相同[4]。对此，汉语其他历史文献中也有记录：

1. 中唐人李肇所撰《唐国史补》卷下："旧说董仲舒墓，门人过皆下马，故谓之下马陵，后语讹为虾蟆陵。今荆襄人呼提为堤，晋绛人呼梭为堼（七戈反），关中人呼稻为讨、呼釜为付，皆讹谬所习，亦曰坊中语也。"按：稻，定母豪韵开口一等上声；讨，透母豪韵开口一等上声。"呼稻为讨"是定母读如透，即舌尖浊塞音声母读成同部位的送气清塞音声母。

2. 南宋胡仔撰《〈渔隐丛话〉前集》卷一〇："花妥莺梢蝶，溪喧獭趁鱼。西北方言以堕为妥，花妥即花堕也。"按：《广韵》妥，透母戈韵合口一等上声；堕，定母支韵合口四等平声。透定同为舌尖前塞音，同位互转。钱大昕说："（北人）他有驼音，堕有妥音，非透定之合乎?"[5]2

由此可见，"宕昌"之"宕"读送气声母符合西北方言古全浊声母次清化的音变规则，而且音变时间大概不早于五代。

---

① 西夏字典《番汉合时掌中珠》有两种注音形式：一为汉字注西夏字音，一为西夏字注汉字音，从这两种注音中，我们可以看出宋代西北方音古全浊声母与次清声母已经合流。汉字并母31个、定母27个、从母20个、崇母7个、群母26个，分别全用西夏字滂透清昌溪等声母来注音。相反，西夏字的次清声母字却用汉字的全浊声母字来注音，西夏字滂母共23个字，汉文注音共14字，其中9个字属于并母字，3个字属于滂母字；西夏字透母15个字，汉文注音共9字，其中属于定母的6个字，属透母的3个字；西夏字清母共28个字，汉文注音音14个，其中用了6个从母字注音；西夏字昌母共17个字，汉文用11个字注音，其中4个是澄母，3个是昌母字，2个是彻母字，1个是溪母字；西夏字溪母共42个，汉文共有23个注音字，其中5个群母字，17个溪母字。这表明宋代西北方音古全浊声母已经跟次清声母合流。（参考李范文《宋代西北方音——〈番汉合时掌中珠〉对音研究》）

"宕昌"二字，均为中古宕摄，"宕"为唐韵，读 - ɑŋ；
"昌"为阳韵，读 - iɑŋ。但为何在甘肃前字读 - an，后字读 -
ɑŋ？有三种可能：其一，方言中前后鼻音韵尾（咸山摄与宕江
摄）混读常见，有的方言将宕江读同咸山。如：长沙话"旁"
念［ₒp'an］、"堂"念［ₒt'an］、"丈"念［tsan⁼］、"昌"念
［ₒts'an］。甘肃方言或许有的地点方言是这种变化。其二，在古
西北方言白读中，宕摄字一般鼻音尾弱化并主元音向后高、圆唇
化方向发展。根据罗常培《唐五代西北方音》所引读音材料
《千字文》o 韵拟为［o ɣ̃］、［io ɣ̃］]①，李范文根据《番汉合时
掌中珠》对音材料将宋代西北方音宕摄拟为 o[7]285。还有一个可
能，与"宕"读音相同的还有"荡放"之"荡"（定母上声），
为避免同音而采取读前鼻音韵尾。

第一种可能无法解释为何同为宕摄，"宕"变读 - an 而
"昌"不变读？第二种可能也存在一定问题，中原官话秦陇片方

---

① 《千字文》对音用例：

中古汉语书音	唐五代西北方音《千字文》							
唐开一［ɑŋ］	傍 bo	邙 mo	囊 no			抗 k'o		
唐合一［wɑŋ］	皇 ho	矿 k'o						
阳开三［i˜ɑŋ］	床 c'o	肠 jo	觞 ço	尝 ço	赏 ço	颡 so	唱 c'o'o	
	粮 lyo	墙 dzyo	厢 syo		两 lyo	象 syo'o	将 tsyo	相 syo
阳合三 ［i˜wɑŋ］	纺 p'o'o							

罗常培根据其他如《大乘中宗见解》《金刚经》等对音材料，认为："至于唐、
阳两韵的实际音值，即使跟《千字文》的藏音一样，也不过是带着鼻摩擦音的
［o ɣ̃］、［io ɣ̃]]，并不是纯粹的口音。"

言中，以高元音为主元音的深臻摄读入曾庚通摄，但以低元音为主元音的咸山摄与宕江摄在韵尾上截然不同，前者为前鼻音音节，后者为后鼻音音节，两类韵还是分清楚的。那就只有第三种可能了。宋代"宕"在西北方言中已经清化为送气声母，此时全浊上声字也与去声字合流①。正是这种合流，使得原本为古全浊上声的"荡"跟去声字"宕"发生同音现象。因"荡"有"放纵、放荡"之义，当地人忌讳这个音节，故改读－n尾。时间大概也是宋代前后。

　　综上，宕昌之"宕"原读［dɑŋ 上声］，因两条规则使当地读音发生了变化，即：古全浊声母次清化使其读作 t'－；古全浊声母上声字读入去声字，使其为避讳同音字"荡放～"而改读－n尾韵，而读为［t'an⁵¹ tʂaŋ⁵⁵］。而变读时间大概在宋代前后。

参考文献：

［1］甘肃专题专家组. 关于宕昌县的"宕"字源流的一些研究［J］. 未刊，2014.

［2］罗常培. 唐五代西北方音［M］. 北京：科学出版社，1961.

［3］朱晓农. 语音学［M］. 北京：商务印书馆，2010.

［4］曹志耘. 汉语方言地图集·语音卷. 039 图［M］. 北京：商务印书馆，2008.

［5］潜研堂文集. 卷一"古今方音说"条. 皇清经解本［M］. 上海书店石印，光绪十三年.

［6］张清常，唐五代西北方音一项参考材料［J］. 内蒙古师范大学学

---

　　① 宋代《韵镜》有"上声字去声字"之说，"今逐韵上声浊位，并当呼为去声"。

报，1963（2）.

[7] 李范文. 宋代西北方音——《番汉合时掌中珠》对音研究 [M].
北京：中国社会科学出版社，1994.

（北京语言大学语言政策与标准研究所　北京 100083）

The Cause of Sound Shift of "宕 [t·an⁵¹]" in Dangchang County, Gansu Province

Zhang Weijia

(Beijing Language and Culture University, Institution of Chinese Language Policy and Standard)

Abstract：The pronunciation of "宕昌" of Dangchang county in Gansu province has been paid quite close attention to by local government as the local people call it [t·an⁵¹ tʂ·aŋ⁵⁵], which is different from the standard sound. Measuring this sound shift historically, we see some mutation rules which lie in it and it is worthy of doing some research into the sound shift of the word.

Key words：Dangchang, sound shift, historical mutation, Middle Chinese

四川青衣江下游地区方言语音特征及其历史形成①

周及徐*

摘　要　四川省南部青衣江下游地区彭山、眉山、丹棱、洪雅、夹江等地区方言，在语音上与广泛分布于川西南的四川南路话有不同。考察二者的语音特征，它们在音韵结构上是一致的。本文以方言音系特征的证据，说明青衣江下游地区方言与南路话之间的语音差异是近代音变形成的。青衣江下游方言是南路话在川南地区的地域分支。

关键词　四川方言；青衣江；语音特征；历史形成

---

* 作者简介：周及徐，四川成都人，四川师范大学文学院语言学教授。
① 基金项目：国家社会科学基金项目（2008），四川西南地区方言研究，项目批准号08BYY015。四川省社科基金"十一五"规划重点项目（2007），四川西南地区方言研究，项目批准号SC07A006。

一　青衣江下游地区方言与南路话、湖广话的比较

（一）方言研究的区域、目的与方法

青衣江下游地区方言包括彭山、眉山①、丹棱、洪雅、夹江五区县，位于四川成都东南 60~180 公里。彭山、眉山、夹江沿岷江西南岸向东南排列，丹棱、洪雅、夹江在青衣江下游呈三角型分布。五区县相连，成条带状（图一）：北接川西平原，是南路话西部片区②；南临岷江、青衣江、大渡河的汇合处的峨眉山和乐山市，是南路话中部地区；东望四川中部盆地，是四川最大的方言湖广话的广大地区③，以及东南的仁富话片区④；西入雅安山区，是雅棉方言所在地区⑤。该区域内由北向南，沿岷江交通便利，田畴广袤，人口稠密，是四川农业发达地区；由西向东南，则有青衣江从群山之中的雅安地区穿山越岭而来。四川省内的主要的方言在本地区周围交接（图一），本地区的方言特征与其地理环境有重要关系。

---

① 眉山今扩并为地级市，含六个县区。本文眉山仅指原眉山县，即今眉山市东坡区。

② 南路话指四川盆地沿岷江以西以南一带的方言，以古入声字今读入声调为主要的语音特征。其西部片区以都江堰、崇州、大邑、邛崃、蒲江和新津一带的方言为代表[1]，约相当于黄雪贞[6]四川方言分区"灌赤片"的西端。

③ 湖广话指以成都和重庆两地的方言为代表的通行于成渝地区的方言，又称成渝话，以古入声字今读阳平调为主要的语音特征[1]。

④ 仁富话指以自贡、仁寿、富顺等市县为主要分布区域的方言，以古入声字今读去声为主要的语音特征。

⑤ 雅棉话指今雅安市及周围地区的方言，包括雅安（雨城区）、名山、芦山、宝兴、天全、泸定、汉源和石棉八市县，以古入声字今读阴平为主要的语音特征。根据我们的田野调查，雅棉话的分布地区与黄雪贞划分的雅棉小片的划分一致。[6][7]

四川省有中东部的湖广话和西南部的南路话两大官话方言[1][2]。本文所讨论的四川南部青衣江下游地区方言与这两块方言又有不同。彭山、眉山、丹棱、洪雅、夹江五区县所操方言（下简称彭眉丹洪夹方言）是入声独立类型的官话方言，有入声调，无入声尾。在四川地区两大官话方言类型"湖广话（下称成渝话）"（入归阳平）和"南路话"（入声独立）中[1]，似应归入南路话。但除了若干与南路话相同的语音特点外，彭眉夹丹洪方言又另有一些语音特点，又不同于南路话。是否四川方言除了湖广话与南路话之外，还可以再建立一种分派？彭眉夹丹洪方言与南路话是什么关系？本文在本地区 20 余市县方言语音田野调查的基础上，归纳、列举出这些方言点音系上的异同点，分析它们的音韵特征和演变过程，以确定这些方言之间的历史关系。

（二）方言资料与来源

在四川方言的研究中，我们归纳出 21 个语音特点，来观察四川方言主要的音系特征[1]。现在我们把它应用于彭眉夹丹洪方言音系，看看彭眉丹夹洪方言与南路话和湖广话音系相比较，有哪些异同。

下面列表比较中，以都江堰河西话、崇州话作为川西南路话代表，① 以成都话、重庆话作为湖广话的代表，中列青衣江下游方言—彭眉丹洪夹方言。为便于比较，表中所选音系代表字与《南路话和湖广话的语音特点》[1]尽量相同，个别地方略有调整。

---

① 另有邛崃话、大邑话和蒲江话都是比较典型的南路话西部方言，限于篇幅不能列举，可参看周及徐（2013）"从移民史和方言分布看四川方言的历史"。

　　表中所列前 7 个地区资料来源于我们所做的方言语音田野调查①，成都话以成都市区（老派）话[3]为代表，重庆话以重庆市区（老派）话，以巴县音系[4]②。方言点彭（山）、眉（山）、丹（棱）、洪（雅）、夹（江）的顺序③，按地理相邻关系。

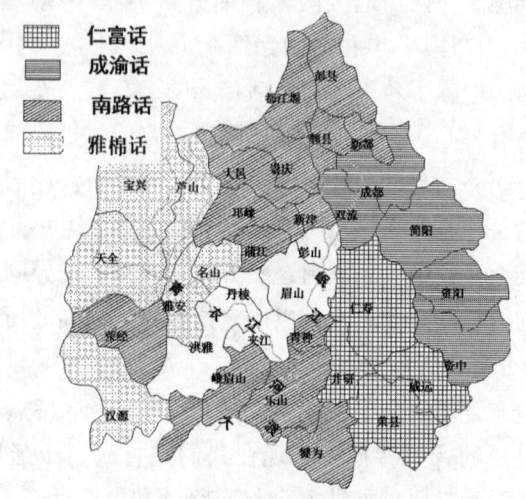

图一　四川彭眉丹洪夹方言及周围地区方言④

文中各方言点调类及调值如下：

---

　　① 由于篇幅所限，不能列出我们根据田野调查资料建立的全部方言点字音表，详细资料见国家社科基金课题报告《四川西南地区方言调查研究》（2011－12，待发表）。

　　② 中央研究院史语所杨时逢等人 1945 年调查，以巴县为重庆语音点，相当于今重庆市中区。[4]

　　③ 彭山方言采集点是义和乡，眉山方言采集点是修文镇，都在岷江以西。故五个方言点都在岷江以西。

　　④ 此图由四川师范大学文学院 2011 级汉语言文字学专业研究生周颖异绘制。

	都江堰河西	崇州	彭山	眉山	丹棱	洪雅	夹江	成都	重庆
阴平 1	55	45	55	45	45	44	33	45	55
阳平 2	21	31	31	21	41	31	31	21	31
上声 3	51	52	52	42	51	41	42	42	42
去声 5	213	324	324	12	334	224	324	213	35
入声 7	44	33	35	24	435	35	45	(21)	(31)

（按：崇州方言点重作了一次录音调查，重做了数据库，音系整理略有不同。崇州去声字有两种读法，单字调为324，连读调值为11。此次记音采用去声324调值。又原55调改45，声母音位/n－/［n－，l－］，统一为n－。）

（三）青衣江下游方言与南路话、湖广话语音特点比较

川西南路话、彭眉丹洪夹方言、湖广话（成渝话）三组方言特点比较如下。（分别以1、2、3、5、7表示阴平、阳平、上声、去声和入声5个调类，以便比较。本文字音及构拟音皆为国际音标，省去方括号。）

（1）古晓组字－u韵前读为f－，其余的韵母前，晓组字读x－，如：

	户	欢	昏	灰
都江堰河西	fu⁵	xuæn¹	xuən¹	xuei¹
崇州	fu⁵	xuæn¹	xuən¹	xuei¹
彭山	fu⁵	xuan¹	xuən¹	xuei¹
眉山	fu⁵	xuan¹	xuən¹	xuei¹
丹棱	fu⁵	xuan¹	xuen¹	xuei¹

	户	欢	昏	灰	
洪雅	fu^5	xuæn^1	xuen^1	xuei^1	
夹江	fu^5	xuan^1	xuən^1	xuei^1	
成都	fu^5	xuan^1	xuən^1	xuei^1	
重庆	fu^5	xuan^1	xuən^1	xuei^1	

这一特征是南路话与成渝片方言共同的。彭眉丹洪夹方言也相同。

（2）知系和精组声母都读齿龈音。如：

	住	尺	十	直	石
都江堰河西	tsu^5	tshə^7	sə^7	tsə^7	sə^7
崇州	tsu^5	tshə^7	sə^7	tsə^7	sə^7
彭山	tsu^5	tshə^7	sə^7	tsə^7	sə^7
眉山	tsu^5	tshʅ^7	sʅ^7	tsʅ^7	sʅ^7
丹棱	tsu^5	tshʅ^7	sʅ^7	tsʅ^7	sʅ^7
洪雅	tʂu^5	tshʅ^7	ʂʅ^7	tʂʅ^7	ʂʅ^7
夹江	tsu^5	tshʅ^7	sʅ^7	tsʅ^7	sʅ^7
成都	tsu^5/tso^5	tshʅ^2	sʅ^2	tsʅ^2	sʅ^2
重庆	tsu^5	tshʅ^2	sʅ^2	tsʅ^2	sʅ^2

洪雅话虽有舌尖前后之分，但全部字与中古音类不对应，是同一音位的变体。这一特征彭眉丹洪夹方言、南路话和成渝话同。（按：成渝话中的 Ts – 舌尖部位比北京话略后。）

（3）泥来母一二等字相混，三四等字区分，形成 l - / n - 与 ȵ - 对立。如下表：

	南	兰	泥	离
都江堰河西	næn²	næn²	ȵi²	ni²
崇州	næn²	næn²	ȵi²	ni²
彭山	lan²	lan²	ȵi²	li²
眉山	lan²	lan²	ȵi²	li²
丹棱	læn²	læn²	ȵi²	li²
洪雅	læn²	læn²	ȵi²	li²
夹江	nan²	nan²	ni²	ni²
成都	næn²	næn²	ȵi²	ni²
重庆	nan²	nan²	ni²	ni²

泥来母夹江洪细全混，与重庆话同；彭眉丹洪方言与南路话和成都话同，洪混细分。

（4）臻摄一三等合口端泥精组字失去 - u - 介音。如下表：

	盾	论	遵	笋
都江堰河西	ten⁵	nen⁵	tsen¹	sen³
崇州	ten⁵	nen⁵	tsen¹	sen³
彭山	ten⁵	len⁵	tsen¹	sen³
眉山	tuən⁵	luən⁵	tsuən¹	sən³
丹棱	ten⁵	len⁵	tsen¹	sen³

	盾	论	遵	笋
洪雅	ten^5	len^5	tsen^1	sen^3
夹江	ten^5	nen^5	tsuən^1	sen^3
成都	tən^5	lən^5	tsən^1	sən^3
重庆	tən^5	nən^5	tsən^1	sən^3
北京	tuən^5	luən^5	tsuən^1	suən^3

南路话和成渝话读开口。眉山部分字读合口（新派读音）。彭丹洪夹与南路话、成渝话同。

（5）蟹摄舒声合口一等端组字、山摄舒声合口一等端泥组字失去－u－介音：如：

	堆	腿	端	乱
邛崃	tuei^1	thuei^3	tæn^1	læn^5
崇州	tei^1	thei^3	tan^1	nan^5
彭山	tei^1	thei^3	tan^1	lan^5
眉山	tuei^1	thuei^3	tuan^1	luan^5
丹棱	tuei^1	thuei^3	tuæn^1	luæn^5
洪雅	tuei^1	thuei^3	tuæn^1	luæn^5
夹江	tuei^1	thuei^3	tuan^1	nuan^5
成都	tuei^1	thuei^3	tuan^1	luan^5
重庆	tuei^1	thuei^2	tuan^1	luan^5

一部分南路话（都江堰河西、邛崃、大邑）是"堆腿"合

口（新派读音），"端乱"开口。崇州话发音人保持了老派的特点，全为开口。除彭山外，眉丹洪夹读合口，同成渝话，与南路话不同。

（6）果摄一等帮端系字和见系字韵母的读音。如：

	哥	我	糯	锅
都江堰河西	kɤ¹	ŋu³	nu⁵	ku¹
崇州	kɯ¹	ŋu³	nu⁵	ku¹
彭山	kə¹	ŋu³	lu⁵	ku¹
眉山	kəu¹	u³	lo⁵	ku¹
丹棱	kə¹	ŋə³	loə⁵	kʊ¹
洪雅	ko¹	ŋo³	lo⁵	ko¹
夹江	kə¹	o³	no⁵	ko¹
成都	ko¹	ŋo³	no⁵	ko¹
重庆	ko¹	ŋo³	no⁵	ko¹

老派南路话果摄一等的主元音是 –u，在舌面后音后或变为展唇的央后高元音 –ɯ／–ɤ／–ə 等。成渝话则全读 –o。彭眉丹基本是南路话音，洪夹则转向成渝音。与南路话不同。

（7）麻三精组见系字韵母读音。如：

	姐	写	谢	爷
都江堰河西	tɕi³	ɕi³	ɕi⁵	i²
崇州	tɕi³	ɕi³	ɕi⁵	i²

	姐	写	谢	爷
彭山	$t\varepsilon i^3$	εi^3	εi^5	i^2
眉山	$t\varepsilon i^3$	εi^3	εi^5	i^2
丹棱	$t\varepsilon i^3$	εi^3	εi^5	i^2
洪雅	$t\varepsilon i e^3$	εi^3	εi^5	ie^2
夹江	$t\varepsilon i e^3$	εi^3	$\varepsilon i e^5$	i^2
成都	$t\varepsilon i e^3$	$\varepsilon i e^3$	$\varepsilon i e^5$	ie^2
重庆	$t\varepsilon i e^3$	$\varepsilon i e^3$	$\varepsilon i e^5$	ie^2

南路话麻三精组和见系字韵母读－i，成渝话韵母读－ie。彭眉丹同南路音，洪夹还部分保留南路话音，部分读新派音。

（8）"者蔗也"的读音。如：

	者	蔗	也
都江堰河西	$tsai^3$	$tsai^5$	iai^3
崇州	$tsai^3$	$tsai^5$	iai^3/i^3
彭山	$tsai^3$	$tsai^5$	i^3
眉山	$tsei^3$	$tsai^5$	i^3
丹棱	$tsei^3$	$tsai^5$	i^3
洪雅	$tsei^3$	$tsei^5$	jie^3
夹江	tse^3	$tsai^7$	i^3
成都	tse^3	tse^2	ie^3
重庆	tse^3	tse^2	ie^3

南路话"者蔗也"读 - ai，同蟹摄二等字，这是南路话老派特征。新派读 - ei，成渝话读 - e。彭眉丹夹口语词"蔗"的旧读保存最稳固。与南路话同。

（9）果遇摄一等帮端系字韵母的读音。如：

	婆	多	坐	普	肚（去声）	炉
都江堰河西	pho^2	to^1	tso^5	phu^3	tu^5	nu^2
崇州	phu^2	tu^1	tsu^5	phu^3	tu^5	nu^2
彭山	phu^2	tu^1	tsu^5	phu^3	tu^5	lu^2
眉山	phu^2	tu^1	tsu^5	phu^3	tu^5	lu^2
丹棱	phʊ^2	tʊ^1	tsʊ^5	phʊ^3	tʊ^5	lʊ^2
洪雅	po^2	to^1	tso^5	phu^3	tu^5	lu^2
夹江	pho^2	to^1	tso^5	phu^3	tu^5	lu^2
成都	pho^2	to^1	tso^5	phu^3	tu^5	lu^2
重庆	pho^2	to^1	tso^5	phu^3	tu^5	nu^2

南路话果遇摄一等帮端系字韵母同为 - u。南路话这一特点，在崇彭眉丹保存，洪夹变为与成渝一致。都江堰河西话"婆多坐"为新派音，旧音是 - u。

（10）咸山宕摄入声一等开口见系读音。如：

	鸽	磕	割	各
都江堰河西	kə^7	khə^7	kə^7	kə^7
崇州	kə^7	khə^7	kə^7	kə^7

	鸽	磕	割	各
彭山	$kə^7$	$khə^7$	$kə^7$	$kə^7$
眉山	$kə^7$	$khə^7$	$kə^7$	$kə^7$
丹棱	$kə^7$	$khə^7$	$kə^7$	$kə^7$
洪雅	ko^7	kho^7	ko^7	ko^7
夹江	$kə^7$	$khə^7$	$kə^7$	$kə^7$
成都	ko^2	kho^2	ko^2	ko^2
重庆	ko^2	kho^2	ko^2	ko^2

成渝话这些字韵母为 - o，南路话为 - ə。除洪雅外，彭眉丹夹与南路话同。

（11）咸山开口入声一二等帮端系庄组、三等知章组字读音。如：

	答达	腊辣	插察	涉舌
都江堰河西	$tæ^7$	$læ^7$	$tshæ^7$	$sæ^7$
崇州	$tæ^7$	$næ^7$	$tshæ^7$	$sæ^7$
彭山	$tʌ^7$	$lʌ^7$	$tshʌ^7$	sai^7
眉山	$tʌ^7$	$lʌ^7$	$tshʌ^7$	sai^7
丹棱	$tʌ^7$	$lʌ^7$	$tshʌ^7$ 察 $tshæ^1$ 插	sai^7
洪雅	$tɑ^7$	$lɑ^7$	$tshɑ^7$	sai^7
夹江	$tʌ^7$	$nʌ^7$	$tshʌ^7$	sai^7
成都	$tʌ^2$	$lʌ^2$	$tshʌ^2$	se^2
重庆	ta^2	la^2	$tsha^2$	se^2

彭眉丹洪夹方言"涉舌"读–ai，与南路话、成渝话不同。南路话一二三等入声字的韵母皆读–æ，是相同的。

（12）曾一梗二开口入声帮端知见系字读音。如：

	北百	德	择策	格革
都江堰河西	pæ⁷	tæ⁷	tshæ⁷	kæ⁷
崇州	pæ⁷	tæ⁷	tshæ⁷	kæ⁷
彭山	pai⁷	tai⁷	tshai⁷	kai⁷
眉山	pai⁷	tai⁷	tshai⁷	kai⁷
丹棱	pai⁷	tai⁷	tshai⁷	kai⁷ 革 kə⁷ 格
洪雅	pai⁷	tai⁷	tshai⁷	kai⁷
夹江	pai¹	tai¹	tshai⁷	kai⁷
成都	pe²	te²	tshe²	ke²
重庆	pe²	te²	tshe²	ke²

丹棱"格kə⁷"音当是文读。彭眉丹洪夹方言读–ai，与南路话、成渝话不同。

（13）　咸深山臻曾梗入声三等开口知系（葉缉薛栉职）读音。如：

	涉	涩	舌	虱	色	测
都江堰河西	sæ⁷	sæ⁷	sæ⁷	sæ⁷	sæ⁷	tshæ⁷
崇州	sæ⁷	sæ⁷	sæ⁷	sæ⁷	sæ⁷	tshæ⁷
彭山	sai⁷	sai⁷	sai⁷	sai⁷	sai⁷	tshai⁷

	涉	涩	舌	虱	色	测
眉山	sai^7	sai^7	sai^7	sai^7	sai^7	tshai^7
丹棱	se^7	sai^7	sai^7	se^7（文）	sai^7	tshai^7
洪雅	sai^7	sai^7	sai^7	sai^7	sai^7	tshai^7
夹江	sai^7	sai^7	sai^7	sai^7	sai^7	tshai^7
成都	se^2	se^2	se^2	se^2	se^2	tshe^2
重庆	se^2	se^2	se^2	se^2	se^2	tshe^2

彭眉丹洪夹方言读 – ai，与南路话、成渝话不同。参见上第
（11）条。

（14）咸山摄入声三四等开口帮端见系（葉业贴薛月屑）读
– ie。如：

	别薛	贴贴铁屑	接叶节屑	揭月结屑
都江堰河西	pie^7	thie^7	tɕie^7	tɕie^7
崇州	pie^7	thie^7	tɕie^7	tɕie^7
彭山	piɛ^7	thiɛ^7	tɕiɛ^7	tɕiɛ^7
眉山	pie^7	thie^7	tɕie^7	tɕie^7
丹棱	pie^7	thie^7	tɕie^7	tɕie^7
洪雅	pie^7	thie^7	tɕie^7	tɕie^7
夹江	pie^1/^{7}	thie^7	tɕi^1 / tɕi^7	tɕie^7 / tɕi^7
成都	pie^2	thie^2	tɕie^2	tɕie^2
重庆	pie^2	thie^2	tɕie^2	tɕie^2

南路话、成渝话都读 – ie。彭眉丹洪夹方言基本同南路话。

（15）深臻曾梗入声三四等开口帮端见系（缉质迄职昔陌₃
锡）读 – i 或 – ie。如：

	集	笔	力	席	激
都江堰河西	tɕie^7	pie^7	nie^7	ɕie^7	tɕie^7
崇州	tɕie^7	pie^7	nie^7	ɕie^7	tɕie^7
彭山	tɕiɛ^7	piɛ^7	liɛ^7	ɕiɛ^7	tɕiɛ^7
眉山	tɕi^7	pi^7	li^7	ɕi^7	tɕi^7
丹棱	tɕi^7	pi^7	li^7	ɕi^7	tɕi^7
洪雅	tɕi^7	pi^7	li^7	ɕi^7	tɕi^7
夹江	tɕi^7	pi^7	ni^7	ɕi^7	tɕi^7
成都	tɕhi^2 新 tɕhie^2 老	pi^2	li^2	ɕi^2	tɕhi^2 新 tɕie^2 老
重庆	tɕi^2	pi^2	li^2	ɕi^2	tɕi^2

读音分为二组：南路话读 – ie，成渝话读 – i。彭山话读 – iɛ，同南路话；眉丹洪夹读 – i。彭眉丹洪夹方言与成渝相同，与南路话不同。

（16）深臻曾梗入声开口三等知章组（缉质职昔）字读音。如：

	支脂之	侄直/执掷织	尺	十失食石
都江堰河西	tsɿ^1	tsə^7	tʂhə^7	sə^7
崇州	tsɿ^1	tsə^7	tshə^7	sə^7

	支脂之	侄直/执掷织	尺	十失食石
彭山	tsʅ¹	tsə⁷	tshə⁷	sə⁷
眉山	tsʅ¹ / tsʅ³ 脂	tsʅ⁷	tshʅ⁷	sʅ⁷
丹棱	tsʅ¹	tsʅ⁷	tshʅ⁷	sʅ⁷
洪雅	tsʅ¹ / tʂʅ¹ 支	tsʅ⁷ / tʂʅ	tshʅ⁷	ʂʅ⁷
夹江	tsʅ¹	tsʅ⁷	tshʅ⁷	sʅ⁷
成都	tsʅ¹	tsʅ²	tshʅ²	sʅ²
重庆	tsʅ¹	tsʅ²	tshʅ²	sʅ²

南路话读 -ə，与止摄舒声字区别。成渝话读 -ʅ，与止摄字相混。彭山同南路，眉丹洪夹同成渝话，与南路话不同。洪雅有舌尖前、舌尖后音的变体，无音位意义。

（17）山臻摄入声合口一三等帮知系端泥组读音。如：

	夺山一	拨山一	不	突	物	出
都江堰河西	to⁷	po⁷	po⁷	tho⁷	o⁷	tsho⁷
崇州	tɵ⁷	pɵ⁷	pɵ⁷	thɵ⁷	ɵ⁷	tshɵ⁷
彭山	to⁷	po⁷	po⁷	tho⁷	o⁷	tsho⁷
眉山	to⁷	po⁷	pu⁷	tho⁷	u⁷	tshu⁷
丹棱	toə⁷	poə⁷	pu⁷	thʊ⁷	vʊ⁷	tshʊ⁷
洪雅	to⁷	po⁷	pu⁷	thu⁷	vu⁷	tʂhu⁷
夹江	to⁷	po¹	pu⁷	thu⁷	u⁷	tshu⁷
成都	to²	po²	pu²	thu²	vu²	tshu²
重庆	to²	po²	pu²	thu²	vu²	tshu²

南路话韵母同为 - o／- ɵ；成渝话分两组：臻摄一三等入声读 - u，山摄读 - o。从彭山到夹江，有一个逐渐向占优势的成渝话变化。眉山话臻一入读 - o 的字有"勃勿突率"。这一组字彭眉丹洪夹渐变为与南路话不同。

（18）山臻摄合口三四等、宕江开口二三等入声精组见系字读音。如：

	月	绝/决	屈	橘	脚	学
都江堰河西	io⁷	tɕio⁷	tɕhio⁷	tɕio⁷	tɕio⁷	ɕio⁷
崇州	iɵ⁷	tɕiɵ⁷	tɕhiɵ⁷	tɕiɵ⁷	tɕiɵ⁷	ɕiɵ⁷
彭山	io⁷	tɕio⁷ 绝 tɕyɛ⁷ 决	tɕhio⁷	tɕyɛ⁷	tɕio⁷	ɕio⁷
眉山	io⁷	tɕio⁷	tɕhy⁷	tɕy⁷	tɕio⁷	ɕio⁷
丹棱	ye⁷	tɕye⁷	tɕhy⁷	tɕy⁷	tɕio⁷	ɕio⁷
洪雅	io⁷	tɕio⁷ 绝 tɕye⁷ 决	tɕhyu⁷	tɕyu⁷	tɕio⁷	ɕio⁷
夹江	ye⁷	tɕye⁷	tɕhiu⁷	tɕy⁷	tɕio⁷	ɕio⁷
成都	ye²	tɕye²	tɕhio²	tɕy²	tɕio²	ɕio²
重庆	ye²	tɕye²	tɕhiu²	tɕiu²	tɕio²	ɕio²

南路话只有一组 - io，重庆话分三组，山摄 - ye，臻通摄 - iu，宕江 - io。彭眉丹洪夹依次渐向成渝韵母变化，但保持入声调。与南路话不同。

（19）曾梗入声三等合口见系、通入三精组见系（职昔屋₃烛）读音。如：

	域	疫	肃	局
都江堰河西	io^7	io^7	çio^7	tçio^7
崇州	iɵ^7	iɵ^7	çiɵ^7	tɕhiɵ^7
彭山	io^7	io^7	so^7	tçy^7
眉山	ye^7	i^7	su^7	tçy^7
丹棱	y^7	y^5	sʊ^7	tçy^7
洪雅	yu^7	i^7/io^7	su^7	tçyu^7
夹江	iu^7	i^7	çiu^7	tçy^7
成都	io^2	io^2	çio^2/çiu^2	tçy^2
重庆	iu^2	iu^2	çiu^2	tçiu^2

南路话与成都话老派同 – io。重庆话读 – iu。此组书面用字多，读音有普通话影响。彭山近南路，洪夹近重庆音，还是看得出的。

（20）通摄入声帮知系、端泥组读音。如：

	木	毒	竹	绿
都江堰河西	mo^7	to^7	tso^7	no^7
崇州	mɵ^7	tɵ^7	tsɵ^7	lɵ^7
彭山	mo^7	to^7	tso^7	lo^7
眉山	mu^7	tu^7	tsu^7	lu^7
丹棱	mʊ^7	tʊ^7	tsʊ^7	lʊ^7
洪雅	mu^7	tu^7	tʂu^7	lu^7
夹江	mu^7	tu^7	tsu^7	nu^7
成都	mu^2	tu^2	tsu^2	lu^2
重庆	mu^2	tu^2	tsu^2	nu^2

南路话山臻通摄合口入声字同读 – o（参见上第 17 条）；成渝话分为二：山摄入声字读 – o，臻通摄入声字读 – u。眉丹洪夹韵同成渝，但保持入声调。与南路话不同。

（21）彭眉丹洪夹方言音系与南路话音系相同，有五个声调（阴平、阳平、上声、去声、入声），古入声字今读入声调，如下：

	都江堰河西	崇州	彭山	眉山	丹棱	洪雅	夹江	成都	重庆
古入声调值	44	33	35	24	435	35	45	（同阳平）	（同阳平）

川西南路话入声调值多为中平调。重庆话、成都话入归阳平，是西南官话共同的特点。彭眉丹洪夹方言则入声调值逐渐升高到中升调，以至高升调，入声调独立与南路话同。

二 青衣江下游地区方言与南路话的差异

我们从以上 21 条语音特征中，提取出 9 个与成渝话不同的语音特点作为南路话特征[1]。根据以上列表，我们来比较青衣江下游地区方言在这 9 个特点中与南路话和成渝话的异同，然后再对它们与南路话的关系做出判断。

1. 南路话泥来母一二等字相混，三四等字区别（上节第 3 条）。重庆话则泥来母洪细皆混。彭眉丹洪方言与南路话同，洪混细分。位于该地区最东南端的夹江话泥来母洪细皆混，与乐山话同。这一条，除夹江话外，彭眉丹洪方言同于南路话。

2. 南路话蟹山摄舒声合口一等端组、山摄端泥组字读开口，

"堆腿端乱"等字读 – ei/ – an（上节第 5 条）。彭山话与川西南路话同。眉丹洪夹话读合口，与湖广话同。这一条，除彭山话外，眉丹洪夹方言不同于南路话。

3. 南路话果摄遇摄一等字同韵读 – u（上节 9 条）。彭眉丹与川西南路话同，洪夹与湖广话（成渝话）一致。这一条，彭眉丹洪夹方言的 3／5 同于南路话，2／5 不同于南路话。

4. 南路话麻三精组见系字韵母读 – i（上节 7 条），这是南路话的典型特征。彭眉丹洪夹方言同于川西南路话。其中洪雅、夹江部分字有新派读法，显示成渝话的影响。这一条，总的来说彭眉丹洪夹方言同于南路话。

5. 南路话有一大批韵母读 – æ 的入声字，咸山曾梗开口一二等帮端知系字、咸深山臻曾开口入声三等庄组字，韵母都读 – æ，如"答插舌白色"（上节 11、12、13 条），这也是南路话的典型特征。这些字湖广话分别读 – a（咸山摄一二等字）和 – e（其余）。这些字在彭眉丹洪夹方言中，一并读做入声调的 – ʌ 或 – ai。这一条，是彭眉丹洪夹方言与南路话和湖广话的最明显的不同。见后文的分析。

6. 南路话的又一大特点是有一大群韵母读 – o/ – io 的入声字，山臻曾梗通合口和宕江开口入声字大部分韵母读 – o/ – io。成渝话却大致三分：山摄合口一等和宕江摄开口二三等读 – o/ – io，臻通摄一等（三等知系）合口入声字读 – u，山臻摄合三四等精见系读 – ye/ – iu/ – y（上节 17、18、20 条）。成渝话韵母分组与南路话的分组不同。彭山话与南路话基本相同，眉丹洪夹方言韵母与成渝话近，而声调仍是入声调。第 18 条还显示了彭眉洪在山宕江摄字读音与南路话音近、只是臻摄字不同的特点。我们认为这一组字中，与成渝相同的读音是晚近的变化。

7. 南路话咸山深臻曾梗入声三四等帮端见系字同音 – ie，如"接结集节极积"音 tɕie。湖广话分为二组：咸山摄三四等开口帮端见系入声字读 – ie，深臻曾梗摄相应字读 – i（上节14、15条）。这一条，彭山话同南路话，眉丹洪夹韵母读音同于湖广话，但是声调是入声调。

8. 南路话深臻曾梗入声开口三等知章组字读 – ɚ/ – ə 或 – ʅ，不同于止摄的舒声字。在湖广话，这些字韵母读 – ʅ，与止摄的舒声字相混（上节16条）。这一条，彭山话同南路话，眉丹洪夹方言韵母音同于湖广话，但是声调仍是入声调。

9. 南路话中古入声字今独立成调。成渝话同西南官话"入归阳平"（上节21条）。彭眉丹洪夹方言尽管调值有不同，都是入声独立成调的。这一条同于南路话。

综上，在9项特征中，彭眉丹洪夹方言有3项（第1、4、9项）同于南路话，3项（第6、7、8项）一半同于南路话（韵母同于湖广话，声调入声独立同于南路话），2项（第2、5项）不同于南路话，1项（第3项）有3/5同于南路话，2/5不同。

从以上比较的结果看，9个语音特点中，彭眉丹洪夹方言有大半相似于南路话，特别是入声独立的特征。仔细观察又发现，在第2、3项中，彭眉丹洪夹方言的一部分同于南路话，一部分同于成渝话，应是强势方言成都话影响韵母元音的结果；而第6、7、8项，彭山话同南路话，眉丹洪夹方言的韵母同成渝话，但声调仍保持了入声调，更反映出这是强势方言在现代的影响。因为韵母元音易变，而声调具有相当的稳定性，是声韵调三者中

最稳定的部分。只有第5项中，彭眉丹洪夹方言中入声字的读音
－ai 既不同于湖广话，也不同于南路话，是它们自己发展出来的
独特的语音特征。对这一语音特点的分析，对于寻找彭眉丹洪夹
方言的历史发展线索有重要价值。

三　青衣江下游地区方言与南路话、湖广话的差异的历史形成

（一）四川方言音系的共同特征和差异

这三组方言都属于官话系统，入归阳平或入声独立这些特征
说明，它们与《中原音韵》入派三声的音系相对立，分化形成
了自己的特点。从现代四川方言看，无论是南路话还是湖广话，
古入声字的浊音清化的发生应早于调类的归并，以至入声字只有
调类的特征，没有塞音、塞擦音声母的清浊导致的声调阴阳之
分，所以在声调归并时入声调独立或整个地归入其他声调，不似
《中原音韵》系统的方言因声母清浊而分裂入声调的字，归入不
同的舒声调类。另外，在当时的官话方言中，原来《切韵》的
韵类已经有了相当的简化，例如重韵、部分一二三等、二三四等
和三四等以及韵尾 － m/ － n、 － p/ － t/ － k 等等，已经部分合并。
在浊音清化、轻唇化之后，声母也还保持着一些原有的分类，例
如知章组和庄组之间的分别（见后），以下我们对中古晚期四川
方言音构拟以这些预设展开。

彭眉夹丹洪方言与南路话、湖广话的最明显的差异是咸深山
臻曾梗开口入声一二三等字的差异。即本文第二节第 5 条指出
的：咸山曾梗开口一二等帮端知系字、深臻曾开口入声三等庄组

字，南路话韵母都读 – æ（入声），湖广话分别读 – a、– e（舒声），彭眉丹洪夹方言读做 – ʌ、– ai（入声）（本文一节 11、12、13 条）。下面对这一语音特点进行分析。

（二）三组方言的语音特征差异及其近现代形成的初步构拟

下面分别列出湖广话、南路话、彭眉丹洪夹方言中，咸深山臻曾梗开口入声一二三等字的分类情况，根据现代音与中古音的关系，试分析其历史演变过程。

下文中，前加星号表示方言中古晚期音的构拟，在《切韵》音系[5]的基础上合并而成，是基于这些方言的现代语音与《切韵》音系的比较，合并了部分在方言中没有差别的音类。并且假定此时三组官话方言还未分化，是共同的，约相当于宋末。排在最后的现代音是根据田野调查得来的当代方言实际读音。中间的近代音是二者之间的过渡时期，约相当于明末清初。由于湖广话是明清以后才从邻省移入四川的，所以这里的讨论只限于时间上历史发展的线索，关于四川方言空间的历史转移参见（周及徐 2012，2013）[1][2]。

（1）湖广话的变化：

中古晚 → 近代 → 现代

（1.1）咸山开一二入：＊ap/t→ a→ ʌ /o（帮端系庄组，– o 限一等见系：合磕割）

＊ɣap/t → ia→ iʌ（二等见系：夹鸭瞎）

（1.2）咸山开三入：＊iɛp/t→ iɛ → e（知章组 ＊tʃ –：涉哲舌）：→ iɛ → ie（帮端见系：接页业别烈揭）

（1.3）深臻曾开三入：＊iəp/t/k → e → e（庄组 ＊tʂ –：涩虱测）：→ i → i/ɻ（帮端见系/知章组：立及笔一/汁质）

（1.4）曾开一德：＊ək→ e → e（帮端见系：北则黑）

（1.5）梗开二陌麦：＊æk→ e → e（帮知见系：白泽客麦摘核）

（1.6）梗开三陌昔：＊iɛk→ i→ i/ɿ（帮端见系/知章组：逆璧惜益/掷石）

（1.7）麻开二：ɣa→ ia → ʌ/iʌ（帮知见系：巴茶牙）

湖广话的变化中，总特点是入声尾失去较早，失去韵尾后三等韵元音高化快，入声调因调值相近整个地归入阳平。

咸山一二等 a 与三等 iɛ 保持了元音的区别。曾一梗二为一组，高化为－e；深臻曾梗三等为一组，高化为－i。第二步（近代至现代），入声调消失，咸山一二等与麻二相并，咸山三、深臻曾三与曾一梗二相并，最后形成"ʌ、ie/e、i/ɿ"三组对立，古入声归于其中的局面。梗二三入高化很快，是成渝话语音特点。

湖广话分组不同：北京话同《中原音韵》，梗二入归皆来入，音－ai；曾一入归齐微入，音－ei；成渝话是两组合一为－e。中古晚期梗三入元音高化为－iɛk ＞ －i，与深臻曾三帮端见系合并，变化与北方官话同类型。

（2）南路话变化：

中古晚 → 近代 → 现代

（2.1）咸山开一二入：＊ap/t→ aʔ → æ/ə 入声（帮端系庄组，ə 限一等见系：合磕割）

＊ɣap/t → iaʔ → iæ 入声（二等见系，峡鸭辖）

（2.2）咸山开三入：＊iɛp/t→ iæʔ → æ 入声（知章组 ＊tʃ-：涉哲舌）

→ iɛʔ → ie 入声（帮端见系：接页业别烈揭）

（2.3）深臻曾开三入：＊iəp/t/k → æʔ → æ 入声（庄组＊tʂ-，涩虱测）

→ iəʔ → ie/ə 入声（帮端见系/知章组：立及笔一/汁质）

（2.4）曾开一德：＊ək → æʔ → æ 入声（帮端见系：北则黑）

（2.5）梗开二陌麦：＊æk→æʔ → æ 入声（帮知见系：白泽客麦摘核）

（2.6）梗开三陌昔：＊iɛk→iəʔ → ie/ə 入声（帮端见系/知章组：逆璧惜益/掷石）

（2.7）麻开二：ɣa →ia→ ʌ/iʌ（帮知见系：巴茶牙）

南路话的变化中，总特点是入声尾失去比较慢，入声三等韵的元音高化慢，入声调至今保存。

近代咸山一二等入声（2.1）变为 - aʔ/ - iaʔ，此时音系中咸山一二等与三等元音仍有区别，后来才由于入声调类一致，使咸山一二等主元音与其他的入声韵相混：- aʔ > - æ 入声。这说明南路话西部地区中，入声 - æ 在音系中的地位很强。

深臻曾三等入声韵（2.3）则在声母影响下有分化：保持 - i - 介音的主元音维持了原来的样子 - iə，在卷舌声母影响下失去 - i - 介音的主元音低化为 - æʔ。

曾一入（2.4）没有介音，所以主元音 - ə 大幅低化，最后与梗二入（2.5）相混为 æ。

梗三入（2.6）的变化与深臻曾入三同，只是主元音要低一些，后来在入声调的影响下同一了。

第二步（近代至现代）：在相同的入声调类影响下，合为两组 - æ/ - iæ、- ie/ - ə，保留入声调。而舒声调的麻二（2.7）则独立演变成为 - ʌ/ - iʌ，始终与入声韵相区别。最终形成今天"－（i）æ入声、－ie/ə入声、－（i）ʌ"分立的情况，前二者是入声韵，后者是舒声韵。

根据南路话今音分组情况，深臻曾入的主元音应相对于北京话/成都话更低，所以后来有－æ/－ie/－ə（成都－e/－i/－ʅ）。庚二三中古后分化了，梗二的主元音在原位－æ，梗三在－i－介音作用下高化。曾一和深臻曾三庄组在没有－i－介音的情况下，主元音大幅低化－əʔ ＞ －ɛʔ ＞ －æʔ，与咸山三等和梗二的入声韵合并，这是南路话语音在这一地区的特点。

湖广话和南路话的演变清楚了，彭眉丹洪夹方言的差别就好解释了。

（3）彭眉丹洪夹方言的变化：

中古晚 → 近代→ 现代

（3.1）咸山开一二入：＊ap/t→ aʔ → ʌ/ə 入声（帮端系庄组，ə限一等见系：合割）

＊ɣap/t → iaʔ → iʌ 入声（二等见系，峡鸭辖）

（3.2）咸山开三入：＊iɛp/t→ iæʔ → ai 入声（知章组 ＊tʃ-，摺涉哲舌）

→iɛʔ → ie 入声（帮端见系：接页业别烈揭）

（3.3）深臻曾开三入：＊iəp/t/k→æʔ → ai 入声（庄组 ＊tʂ-，涩虱测）

→iəʔ → i/ʅ 入声（帮端见系/知章组：立及笔一/汁质）

（3.4）曾开一德：＊ək→æʔ → ai 入声（帮端见系：北则黑）

（3.5）梗开二陌麦：＊æk→æʔ → ai 入声（帮知见系：白泽客麦摘核）

（3.6）梗开三陌昔：＊iɛk→iəʔ → i/ʅ 入声（帮端见系/知章

组：逆璧惜益/掷石）

（3.7）麻开二：＊ɣa→ ia→ ʌ/iʌ（帮知见系：巴茶牙）

彭眉丹洪夹方言演变中，总特点是入声尾失去比较慢，入声调至今保存。除咸山一二等字外，低元音入声韵变为 –ai。

彭眉丹洪夹方言特点是：深臻曾梗三入帮端见系（3.3）读 –i/–ɿ，咸山一二入（3.1）字读 –ʌ，咸山三等知系（3.2）、深臻曾庄组（3.3）和曾一梗二入声（3.4、3.5）全读 –ai。深臻曾梗三入读 –i/–ɿ，可能是成渝话的现代影响。（参见第一节 16 条）咸山一二等入声字与麻韵元音同为 –ʌ，但不同的是保持入声调。我们认为它是 aʔ ＞ –ʌ，而不是 æʔ ＞ –ʌ，是因为如果是后一种情况，则它会同其他字一起变：æʔ ＞ –ai，而事实没有如此。（参见第一节 11 条）。彭眉丹洪夹方言与南路话的不同在于：除了咸山一二等入声，在南路话中读 –æ（入声）的字，彭眉丹洪夹方言中都是读 –ai（入声），特别是曾一入读 –ai，异于湖广话、南路话和北京话，也异于《中原音韵》（入齐微部 –ei/–uei）。这可用以下语音变化解释：

彭眉丹洪夹： –æʔ ＞ –æᵐ ＞ –ai（入声调，韵母同蟹摄二等字元音）

南路话： –æʔ ＞ –æ ＞ –æ（入声调，韵母成为独立的入声韵）

二者经历了共同的阶段然后分化。（参见第一节 11、12、13 条）彭眉丹洪夹方言的入声韵 –ai 的 –i 尾，应是喉塞尾演化的痕迹。而南路话的喉塞尾则消失了。

（三）结　论

从湖广话、南路话和彭眉丹洪夹话三组方言的语音特征及其近现代发展的探讨可见，近代时期彭眉丹洪夹话等青衣江下游地区方言与南路话的现代语音表现虽然不同，两者的音韵结构关系是一致的。加上南路话具有的其他音韵特点也与彭眉丹洪夹方言等一致（参见本文第二节1、4、9等项），所以青衣江下游方言应是南路话的一个分支。一群方言既有相同的音韵结构和共同的语音特征，又有可解释的语音分歧演变，这更说明四川南路话在当地的久远历史。从这些语音特点，如：入声独立，知章组与庄组分立，果摄与模韵同韵 – u，曾一梗二入读 – æ 或 – ai，等等，可推知南路话约在宋末就已从官话中分化，逐渐形成并分布于四川及周围地区，早于湖广话来到四川。

参考文献：

［1］周及徐. 南路话和湖广话的语音特点［J］. 语言研究，2012（3）.

［2］周及徐. 从移民史和方言分布看四川方言的历史［J］. 语言研究，2013（1）；人民大学报刊复印资料. 语言文字学，2013（5）.

［3］何婉，饶冬梅. 四川成都话音系词汇调查研究［M］. 成都：四川大学出版社，2013.

［4］杨时逢. 四川方言调查报告［R］. "中央研究院"历史语言研究所，1984.

［5］郑张尚芳. 上古音系［M］. 上海：上海教育出版社，2004.

［6］黄雪贞. 西南官话的分区（稿）［J］. 方言，1986（4）

［7］中国社会科学院，澳大利亚人文科学院. 中国语言地图集. 香港朗文出版公司，1987.

（四川师范大学文学院　成都 610068）

The Phonetic Characteristics of the Dialects in the Lower Reaches of the Qingyi River in Sichuan Province and their Historical Development

Zhou Jixu

(College of Liberal Art, Sichuan Normal University)

Abstract: The dialects in Pengshan, Meishan, Danling, Hongya and JiaJiang counties in the lower reaches of the Qingyi River in the southern area of Sichuan province are different from the adjacent Nanlu dialects which are widely distributed in southwest Sichuan. Inspecting their phonetic characteristics, their phonological constructions are in conformity with each other. Our study has explained that the phonetic difference between the dialects in the lower reaches of Qingyi River and the Nalu dialects is formed by the phonetic variations in modern times. The dialects in the lower reaches of Qingyi River are the branches of the Nalu dialects in the southern area of the Sichuan province.

Key words: Sichuan dialects, Qingyi river, phonetic characteristics, historical development

语言地理学的性质透视和方法实践

张　驰①

　　摘　要　本文针对学界近年来"语言地理学"和"地理语言学"的术语争论，通过对语言地理学性质的重新认识，我们认为语言地理学在性质上应归属于地理学的门类之下。由此使我们能够看到，语言地理学的研究目标是要揭示语言与空间中要素之间的相关性，并以空间观和区域观建立起相应的研究范式。在这样一种地理学眼光的统摄之下，以 GLOTTOGRAM 法为例，通过对特定区域内方言状况的分析，来实践语言地理学的一些理论和方法。

　　关键词　语言地理学；性质；方法；GLOTTOGRAM 法

---

　　①　作者简介：张驰，北京语言大学博士在读，研究方向：方言学、语言地理学。

一 语言地理学的性质

在分析和介绍语言地理学的性质之前，我们需要先来厘清对地理学性质的认识。长期以来，提到地理学这一学科，我们的印象大概还停留在中学地理课本上的天文、地质、气象、植被、能源、城市、人口等专题内容——所谓的"自然地理"和"人文地理"——的拼凑。

就这些问题，地理学界也经历了上百年的论争。直到1874年，地理学作为由专业教师教授的高级研究领域出现于德国，通过李希霍芬、格兰德、拉采尔、森普尔、白兰士、麦金德、赫伯森、鲁尔巴哈等众多国家众多学者的研究和讨论，使"什么是地理学"这一问题，回响于19世纪末20世纪初的地理学界。后来帕蒂森在回顾地理学史时，提出了四个传统：地球科学传统、人地关系传统、区域研究传统和空间传统。古典地理学时期，地球科学传统占据主要地位。进入近现代之后，则以人地关系传统为主导。20世纪初至中叶，区域研究传统备受欢迎。随着计算机等现代科技的兴起，研究数学和运动的空间传统则非常流行。从研究传统的嬗变中，我们发现，区域性和空间性是现代地理学的两大特性，也是最本质的思维特征。

因此，我们比较倾向于采用赫特纳和哈特向的观点来作为对地理学性质的认识：

直到目前，地理学中流行的还是物的观点。地理学的考察方式，常常过分偏重个别事物的地理分布，代替空间的充填以及地区和地点的特征。但是，地理学不应是关于各种不同事物的地区分布的科学，而应是关于充填空间的科学。它是空间科学，正如历史学是时间科学一样。[1]162

地理学是描述和解释作为人类世界的地球各地方之间变异特性的科学。[2]46

一言以蔽之，地理学是一门研究地表空间填充要素之间的相互关系的学科。其主要职能是探索人类在社会中的相互作用，以及局部发生变化的环境中的相互作用。

在对地理学性质已有的认识基础上，我们回顾上世纪末本世纪初以来人们对于语言地理学的重新咀嚼，不难发现，学界对语言地理学性质的认识至今仍存在着很多分歧，这也造成了研究视角和路径方法的迥异。

关于"语言地理学"与"地理语言学"两个术语的选用问题，就有不少争论。说语言地理学是一种地理学，并不因为我们把"地理学"放在中心语的位置上——这种通过名称的偏正关系来探讨性质归属的做法其实是一种循环论证——而应该是按康德所说的对知识的逻辑划分。每一种逻辑定义的领域都提供了一种描述和展示人类经验特定部分的重要性的方法，并且可以通过实验性的方法来建立新的经验。

术语之争的背后，实质是性质认识和研究范式的差异。我们不难看出，"地理语言学"多被当作一种方言学中的研究方法来使用。这种研究方法主要具有以下特征：

1. 重视方言结构的描写；

2. 通过具有差异的方言特征的地理分布来探索方言之间的结构流变；

3. 通过特征的聚合找出方言的分界线，试图区分不同的方言区域；

4. 在语言观上，认为语言的地理差异实际上反映的是同一语言历史分化的结果①。

其实这跟史语所时期赵元任等学者以来的方言学研究传统几乎如出一辙，我们甚至可以说"地理语言学＝描写方言学≈历史语言学"。

如果说"地理语言学"是一种研究方法的话，那么我们认为，语言地理学则是一个学科分支，它应归属于地理学的学科之下。上文提到，地理学是关于空间填充的学科，重在研究空间填充要素之间的相互关系和作用。因此，语言地理学不应只是关于语言的地区分布的学科，而更应是关于语言在空间填充中的关系的学科。它与地理学的其他分支如经济地理学、历史地理学等的区别在于，我们把语言信息作为地理信息之一，将其放置于各个要素所形成的关系网的中心，以语言为出发点，探讨它与其他相关要素的相互关系和相互作用。正如有学者所说，"语言地理学并不是集中于某个特定目的上的研究领域，其更宽泛的目的是通过语言和地理空间的关系，去思考人类的存在形态。"[3] 所以，语言地理学具有与"地理语言学"不同的一些特点：

1. 重视方言原始形式的描写；

2. 以特征集的聚向分布构建方言的地理模型；

3. 将地理学与历史语言学、文化人类学等多学科结合在一起，从自然和人文地理（社会发展、族群迁徙、人口变化等）

---

① 根据张维佳教授语言地理学课程笔记整理。

来解释方言特征差异及其空间流变；

4. 语言观上，认为语言的地理差异实际上反映的是不同语言接触的结果①。

可见，语言地理学应该是一门向前看的学问，它既需要关注当下的语言生态和社会现状，也需要运用历史的眼光从过去看现在、从现在看未来。

这也让我们意识到，语言地理学就其考察方式来说是一门地理学科，但并不等于语言学工作者就不能从事这项研究。相反，它的兴趣主要还是在于语言。材料的获得、事实的确定，都需要使用语言学的手段。因此，语言地理学的工作大部分落在语言学工作者的手上，这是有道理的。正如同，语言史性质上作为一种史学，但同样也是由语言学工作者来研究的。

二　语言地理学的目标和方法

虽说"语言地理学并不是集中于某个特定目的上的研究领域"，但它并不是漫无目的地做一些"随文释义"式的研究。澄清语言地理学的性质归属，最重要的就是让我们用地理学的空间思维去解决语言学中的问题。在空间填充中的多个要素中，语言是其中的一种要素，语言信息是地理信息之一。我们的研究目标就是要揭示语言与同一空间的其他要素之间、语言与其他空间的要素之间的相关性。以问题导向的分析取代传统的时间叙述，要求我们不能再满足于与方言学如出一辙的描写、对比、分区，仅

---

① 根据张维佳教授语言地理学课程笔记整理。

凭语言地图也不能成为语言地理学的"认证标志"。以空间观和区域观考察语言状况和演化过程，意味着不是把它们理解为语言结构和语言变化过程的本身，也不是理解为它们随时间发展，它绝不是把这些部分拼凑起来，弄成某种权宜的组织。

具体而言，笔者认为在接下来的研究中，我们在对各地方言的田野调查和共时描写已经积累了大量资料的基础上，语言接触、语言变异、语言文化以及社会语言学中的许多热点问题，都应该成为语言地理学所应关注的最重要的主题。这并不是说谱系树理论影响下的传统方言学的研究方法需要被摒弃（这些方法始终是我们进行学习和研究的基础）。而是说，近半个世纪以来，通讯技术和交通事业极速发展，一方面，人们可以快速地、自由地进行空间移动和迁徙；另一方面，以广播、电视和网络为媒介的声像传播快速取代了以报刊、杂志、书信为媒介的文字传播。在这样的潮流下，随着我国城镇化进程的推进，由语言接触所造成的语言演变将显著于语言分化所带来的变化。因此，在对各地语言状况有了较为清楚的描写的基础上，语言地理学的目光也应投向语言接触，投向语言与其他要素的关联上。

在大数据时代的今天，人们的思维方式已经开始逐渐由探究事物的因果关系转变到寻找相关关系（如图1）。既然语言与社会息息相关，社会又是一个复杂的集合体，那么任何一种方法对于我们考察社会和语言的变迁都不是万能的。研究的问题因对象的不同，使用的方法就应该有所差异。为了达到上述的研究目标，语言地理学需要在语言学、地理学、地图学、社会学、历史学、人类学、民俗学甚至数学等学科中寻找支持。

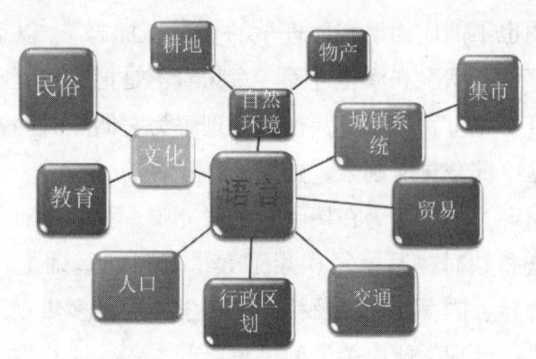

图 1

这种思路跟法国年鉴学派的理念颇为相似：传统史学的解释遵循叙事的逻辑，发生在前面的事件为后面的事件提供解释。年鉴学派则以人类活动整体的历史取代以政治事件和英雄人物为主体的历史，以问题导向的分析取代传统的时间叙述，从而与多学科合作：地理学、社会学、心理学、经济学、语言学、人类学……因此，在语言地理学的研究方法上，我们可以借鉴年鉴学派的一些理念，以自己所要研究的问题为导向，结合相关学科的理论，采用多种不同的研究方法，从而达到自己的研究目标。例如，我们可以使用历史层次理论分析同质系统的演化和异质系统的竞争，解剖出方言中叠置的历史层次，并探寻不同社会因素对不同历史层次的影响；使用 GLOTTOGRAM 法来展示某区域的社会方言地理状况；使用匹配与回归、阶曲线模型等理论来研究两种或多种语言的接触和影响；使用 GIS 手段来计算步行成本，运用中心地理论来考察村落和集市的分布形态，从而探寻某区域内人口的流动方向以及接触度……

三　以 GLOTTOGRAM 法为例的实践

在上文提到的多种方法中，我们选取 GLOTTOGRAM 法为例，对语言地理学的理论进行实践。

笔者对四川省西昌市安宁河干流两岸的九个乡镇（如图2）进行了调查，每个方言点按年龄分层，选取六名男性发音人，按年龄层从高到低依次编号：

编　号	年　龄　层
A	60 岁及以上
B	50 – 59 岁
C	40 – 49 岁
D	30 – 39 岁
E	20 – 29 岁
F	10 – 19 岁

我们选取了 397 个单字进行调查，采用读字表的形式进行，除发音人读错字音时对其进行干涉外，一般均以发音人的当场发音为采录。另外，也选取了 164 个词语进行调查，采用向发音人描述词义或展示图片，由发音人自己说出当地方言词语的方式进行。

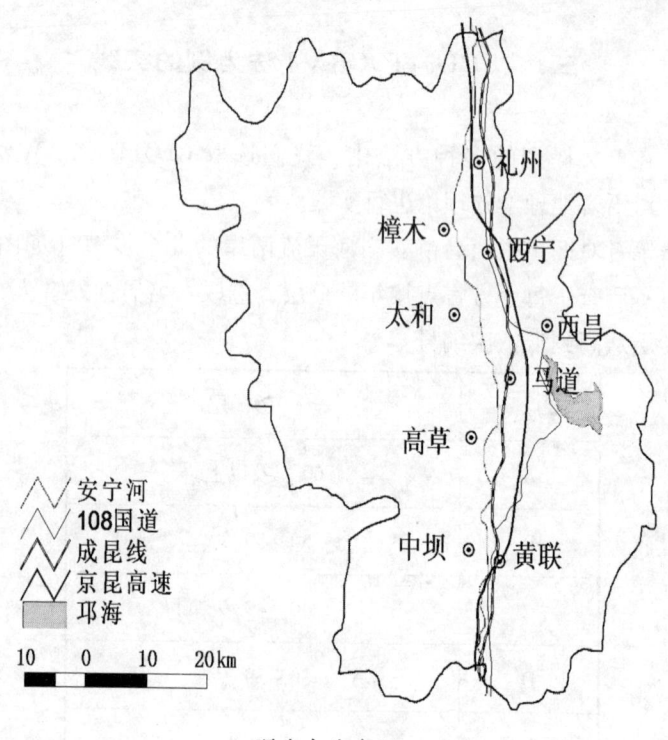

调查点分布图

图 2

从目前的调查情况来看，该地区的方言不论在地理上还是年龄上都呈现出对外的一致性和内部的差异性。鉴于篇幅所限，本文暂不对词汇调查进行分析，我们这里只选取一些具有典型性的单字音来展示其差异性，从而探寻西昌安宁河流域单字音演变的轨迹，并试图结合空间中的各种因素进行分析。

（一）合口介音的出现

表一　●短：tan3①；○tuan3

	礼州	樟木	西宁	太和	西昌	马道	高草	黄联	中坝
A	●	●	●	●	●	●	●	○ * ②	○ *
B	●	●	●	●	●	●	●	○ *	○ *
C	●	●	●	●	○	●	●	○	○ *
D	●	●	●	●	○	●	●	○	○
E	●	●	●	○	○	●	●	○	○
F	○	○	○	○	○	●	●	○	○

从表一可见，以"短"字为代表的端组山摄合口一等舒声字，大部分发音人读为开口，丢失了/u/介音。而西昌城区年龄层B以下，以及农村地区的年龄层E、F的发音人读为合口。在老派西昌话中，端系的蟹止山臻摄一等合口字均有丢失/u/介音的现象；而以成都话为代表的湖广话③中，仅臻摄读为开口，其

---

① 在未作特别说明时，本文国际音标后的数字代表调类，分别是1：阴平；2：阳平；3：上声；4：去声。

② 黄联、中坝的调查对象为操西南官话的客家人，他们都是双方言者，在内部交流时使用客家话，与外界交流时使用西南官话。所使用的西南官话又分为湖广话和西昌话，表中带＊号的记音为湖广话，性质与西昌话不同，特标记之。下同。另，樟木话（不论年龄）各声调调型与湖广话相似，而与西昌话迥异，表中不再专门标注。

③ 湖广话：四川人对成都和重庆等地方言的俗称，一般指以成都和重庆两地的方言为代表的通行于成渝地区的方言。它具有西南官话的共同特征，例如有四个声调、古入声字归阳平；也有自己的一些特征，例如不分平翘舌声母、不分鼻边音声母、高元音后的后鼻音韵尾变为前鼻尾、调值相似等等。（周及徐. 南路话和湖广话的语音特点——兼论四川两大方言的历史关系 [J]. 语言研究，2012，3）

余均保留了/u/介音，读为合口；普通话也均为合口。可见，"短"字读音由［tan3］变为［tuan3］，是受了湖广话或者普通话的影响。

　　但是，需要特别注意的是，黄联、中坝两地，从年龄层A开始的老年人便一直保留着/u/介音，到了最年轻的F层反而失去了。这并不是一种逆向的演变，而是发生了一次语言的替换。上文的脚注中已经提到，黄联、中坝的这些客家人均为双方言者，他们与外界交流时并不使用客家话，表一中黄联、中坝两列带﹡号的是湖广话，不带﹡号的是西昌话。因此，讲湖广话的老年人将"短"字读为合口是理所当然的，他们的晚辈即使改用了西昌话（主要是声调上），但在韵母上继续保留合口也属正常。可是到了最年轻的一代，已经在韵母上也开始受到老派西昌话的影响。可以认为，年轻一代已经彻底放弃了湖广话，而选用了西昌话作为与外界交流的方言。

　　（二）韵母方面的异读

表二　茂：●moŋ4；○mɑu4，□mɔ4

茂	礼州	樟木	西宁	太和	西昌	马道	高草	黄联	中坝
A	●	●	●	●	●	●	●	●﹡	●﹡
B	●	●	●	●	●	●	●	●﹡	●﹡
C	○	○	●	●	●	●	●	●	●﹡
D	○	○	●	□	○	□	●	○	●
E	○	□	□	□	○	□	○	□	○
F	○	○	□	○	○	□	○	□	○

　　从表二中可见，"茂"字读为 [moŋ4] 是老派形式，读为
[mɑu4] 和 [mɔ4] 是新派形式，三种形式声母和调类相同，区
别在于韵母。老派西昌话中，以"茂"为代表的几个明母侯韵
字都存在类似的变化，如"贸、某、亩"等。调查中我们发现，
西昌地区的许多乡镇，有复元音单化的现象，如/ɑu/ > /ɔ/，
/ai/ > /ɛ/。因此，当年轻人放弃 [moŋ4] 的读法，而改用
[mɑu4] 时，若遇本地方言有这样的音变，便自然将 [mɑu4]
折合为 [mɔ4]。由此可以确定，[mɔ4] 是 [mɑu4] 的变体形
式，均属新派读音。老派成都话中，"茂"也读作 [moŋ4]。所
以，大致可以推测，年轻人中发生的音变，应该是受普通话的影
响。同样也是在异质系统的竞争中选择了普通话的形式，而非语
音自身的演变。

　　从横向来看，在 C、D、E、F 年龄层内比较 [mɑu4] 与
[mɔ4] 的音值差异，也可看出西昌各方言点间地理上的区别。
这种区别便是由语音自身演变规律造成的。但是，这种地理上的
横向差异相比年龄层上的纵向差异，则显得小很多。在以"茂"
为代表的这类音变中，我们可以将地理差异认为是"下位差
异"，年龄差异看作"上位差异"。

　　同理，"备"字的音变也在于韵母的替换，造成变化的原因
也相同。与"茂"略有区别的只是在老派读音中，依据韵母擦
化程度的不同存在几种变体，而新派则只有一种语音形式。

表三　备：●pji4，■pi4，▲pzʅ4；○pe4

备	礼州	樟木	西宁	太和	西昌	马道	高草	黄联	中坝
A	●	●	●	●	■	●	▲	●*	●*
B	○	●	●	○	■	▲	○	○*	●*
C	●	○	○	○	○	○	○	○	○*
D	○	○	○	○	○	○	○	○	●
E	○	○	○	○	○	○	○	○	○
F	○	○	○	○	○	○	○	○	○

（三）声韵调均存在差异的异读

表四　酿：●ʐɑŋ3；○liaŋ4

酿	礼州	樟木	西宁	太和	西昌	马道	高草	黄联	中坝
A	●	●	●	●	●	●	●	●*	●*
B	●	●	●	●	●	●	○	○*	●*
C	○	○	●	○	○	○	○	○	●*
D	○	○	○	○	○	○	○	○	○
E	○	○	○	○	○	○	○	○	○
F	○	○	○	○	○	○	○	○	○

　　和上文提到的音变类似，"酿"字新老派之间声母、韵母、调类上全都不同，其异读情况也是通过选择与替换实现的，而非语音自身演变。"酿"字的演变，连诸如［zɑŋ3］或者［liaŋ3］的中间过渡形式都没有，新派读音直接选择了与普通话保持声

类、韵类、调类都接近的形式。究其原因，推测与"酿"字书面化程度较高有关。可是，新派的读音并未读作鼻音［niaŋ4］，声母为边音，是由于西昌话中泥来母字一律读作边音/l/，音系中不存在鼻音/n/。由此可见，在音形的选择与替换过程中，依然要以当地音系为基础进行一定的折合。为某个字或某些字单独创立一个音位的"成本"太高。

（四）入声字的舒声化

以往关于西昌方言的研究中，基本都记录了西昌话中入声独立的现象。但在我们的调查中，即使最年长的发音人，也已没有了独立的入声调。

"属"字的情况较为简单：

表五　属：●ʂu2，■su2；○ʂu3，□su3

属	礼州	樟木	西宁	太和	西昌	马道	高草	黄联	中坝
A	●	●	●	●	●	●	●	●*	●*
B	●	●	●	●	●	●	●	●*	●*
C	●	●	●	○	■	○	●	●	●*
D	●	●	○	○	□	○	●	●	●
E	●	○	○	○	□	○	○	○	●
F	○	○	○	○	□	●	○	○	○

四种语音形式中，［ʂu2］、［su2］为老派，［ʂu3］、［su3］为新派，年龄分野大致在 C 层。差异在于老派入归阳平；新派该字归入上声。地理上主要表现为城乡差异：农村以及城关 A、

B层声母保留了卷舌音，城关 C 层及以下变为龈音。西昌 C 层可看作过渡形式，声母变为龈音，声调依然保持为阳平。湖广话较典型的特征就是入归阳平，如今我们调查所得的材料中，老派入声字也归入阳平，不论这是受湖广话影响还是音系内部自身的演变①，都可以确定，新派归入上声是受普通话影响。

"壁"字情况类似于"属"，实心图标代表老派读音，空心图标代表新派读音。只是在地理上存在较多的变体，这些不同变体也是因韵母的擦化程度不同而造成的。另外，该字新派读音的出现率比"属"字较低。初步推测，是因为"属"字的书面化程度较高，故而易受普通话影响。

表六　壁：●pji2，■pi2，▲pzʅ2；○pji4，□pi4，△pzʅ4

A	●	●	●	●	■	●	▲	●＊	●＊
B	●	●	●	○	■	▲	●	●＊	●＊
C	●	●	●	●	■	▲	●	▲	●＊
D	○	●	●	●	□	△	○	▲	○
E	●	○	△	●	□	○	□	○	△
F	○	●	○	□	□	●	○	△	□
壁	礼州	樟木	西宁	太和	西昌	马道	高草	黄联	中坝

"墨"字的舒声化既涉及调类，又牵涉到韵母。

---

① 通过研究我们发现，西昌话入归阳平是音系内部自身演变的结果，而非受湖广话的影响。本文不作深入讨论。

表七　墨：●me2；□mo2，△mo4

墨	礼州	樟木	西宁	太和	西昌	马道	高草	黄联	中坝
A	●	●	●	●	●	●	●	●*	●*
B	●	●	●	●	●	●	●	●*	●*
C	□	●	●	□	●	●	●	●	●*
D	□	□	●	●	●	●	●	●	●
E	□	△	●	△	□	△	□	△	△
F	△	△	●	△	△	●	△	△	□

演变方向为：［me2］＞［mo2］＞［mo4］。老派成都话中，该字亦读为［me2］。可以注意到，整个演变过程中，没有出现［me4］的形式，从中间的过渡阶段［mo2］看出，普通话的影响首先作用于韵母，其次作用于调类。

中间过渡形式更多的情况，可以"秩"为代表。

表八　秩：●tʂhʅ2，■tshʅ2；○tʂhʅ4，◎tshʅ4；□tʂʅ4，△tsʅ4

秩	礼州	樟木	西宁	太和	西昌	马道	高草	黄联	中坝
A	●	●	●	●	●	●	●	◎*	●*
B	●	●	●	●	●	■	●	●*	■*
C	●	●	●	●	■	●	○	●	●*
D	●	●	●	◎	●	○	●	●	●
E	●	□	○	□	△	□	○	□	○
F	□	○	●	□	△	●	●	◎	□

若以区别特征来表示表八的演变，首先是［+送气］［阳平］＞［+送气］［去声］，再进一步才是［+送气］［去声］＞［-送气］［去声］。同时，地理的横向差异上也同样存在声母卷舌与非卷舌的区别，兹不赘述。

值得一提的是，◎所代表的音形［tshʅ4］，与"次"字同音，在"顺序"这一意义上，"秩序"与"次序"意义接近，所以"秩"有时可能训读为"次"。我们特意保留了黄联A层发音人的这一发音，用以说明这种情况。

（五）地缘接触上的影响

表九 车：●tʂhai1，■tʂhɛ1；○tʂhe1，△tshe1

	礼州	樟木	西宁	太和	西昌	马道	高草	黄联	中坝
A	■	○	●	●	●	●	○	○*	○*
B	●	●	○	○	○	●	●	■*	○*
C	■	○	●	■	△	■	●	●	○*
D	■	○	●		△	■	■		○
E	○	○	■	●	△	■	■	■	
F	■	○	●	○	△	■	●	●	■

老派西昌方言，知三照三为卷舌音；知二照二低元音为卷舌音，高元音多变为龈音。韵母方面，麻三章组字多读为/ai/韵，/ɛ/韵是在其基础上复元音单化的结果。这一系列字除"车"之外，还包括"遮、者、扯、蛇、射、赊、社"等字。而以成都话为代表的湖广话，基本没有这些特征，知系字一律读为龈音，麻三章组字读为/e/韵。成都话的这条特征至少在上世纪

四十年代开展调查的《四川方言调查报告》中便有记载[4]。

之前我们便提到，樟木的所有发音人以及黄联、中坝的老年人都使用的是湖广话，不仅调型与西昌话有区别，麻三章组字的发音上也有一定区别。但是，他们的发音又不与湖广话完全相同。首先以樟木话为例，"车"字韵母读为/e/，这与湖广话一致，但声母却都为卷舌音。可见，它在韵母上保留了湖广话的特征，而声母上却受到了老派西昌话的同化影响。同样，黄联、中坝两地，操湖广话的老一代也有着与樟木话相同的特征，但当年轻一代换用了西昌话与外界交流时，语音形式就开始逐渐向西昌话靠拢，最后保持一致。

通过对目前所掌握材料的分析，我们大致可以管窥出以下结论：

1. 地域差异与年龄差异同时存在，连续式音变在地域差异中体现较为明显，词汇扩散式音变在年龄差异中体现较为明显。

2. 当下的语音变化，年龄差异相比地域差异更为明显，大多数时候，年龄层间是音位与音位的差异，而同一年龄层的不同方言点间则是音位变体的差异，年龄差异大都处于上位差异的层面。

3. 西昌地区的语音，既受湖广话影响，也受普通话影响，同时在边界地带也受地缘上相邻方言的影响，如月华的语音受冕宁话影响。

4. 西昌地区存在方言"岛中岛"的现象，语言生态复杂。西昌话在整个川西南地区就是一个方言岛，而在西昌地区内部，还存在着樟木的湖广话方言岛和黄联、中坝的客家话方言岛，它们都被西昌话所包围。

5. 安宁河两岸的语音没有明显的差别或对立，安宁河流向与同言线并不重合。

6. 并非离西昌城区越近语言就越新、越远语言就越老。在这样微观的视野中，我们反而发现，离西昌较近的西宁、马道等地往往保留老派形式较多，反而较远的礼州、月华、黄联、中坝等地相比起西宁、马道来，老派形式还略少。

四　空间因素的分析

我们的调查不仅只是让发音人念字读词，还会以闲谈的方式在发音人未察觉的情况下，了解一些语言学之外的社会状况、风土人情。这些信息是我们以空间观来分析语言演变和语言生态所必不可少的。

我们可就上文所得的一些结论，结合地理空间中各方面的因素来进行简要分析。

（一）赶集与出行

通过访谈，我们了解到，随着经济和交通的发展，安宁河干流两岸乡镇的赶集时间已发生了较大变化。原来成系统的日期安排，如今已经开始变得杂乱。究其原因，主要在于交通工具的改进导致出行效率的提高，人们只需花费较少的时间成本就能换取预期的空间位移。因此，以购物这一目的为例，即使在本地的闲场日，也能较为便捷地前往上级中心地进行采购。各地具体出行情况如下：

地点	赶集日期	本场之外常去地	出行方式	所需时间
礼州	小场周一至六，大场周日	西昌	汽车①	50 分钟
樟木	小场周一至六，大场周日	西昌	汽车	40 分钟
西宁	小场周一至六，大场周日	西昌	汽车	30 分钟
太和	每日	西昌	汽车	15 分钟
			电动车	25 分钟
马道	每日	西昌	汽车	25 分钟
		裕隆	电动车	20 分钟
裕隆	农历双日	西昌	汽车	30 分钟
		高草	电动车	15 分钟
高草	农历双日	西昌	汽车	40 分钟
		裕隆	电动车	15 分钟
黄联	农历双日	西昌	汽车	60 分钟
		西溪	电动车	15 分钟
中坝②	农历双日	西昌	汽车	60 分钟
		黄联	电动车	15 分钟

　　从此表大致可以看出，太和、马道已经有固定的商业街，每日均可进行采购，也就相当于赶集的形式已经消失。礼州、樟木、西宁三地周一至周六的小场，能够在商店、市场买到普通生

---

　　① 本表中的汽车指公交车，其后为相应的公交车行驶时间。若出行使用私家车，则通行时间相应缩短。

　　② 中坝本地无集市，赶集在佑君镇。

活用品和蔬菜；大场则为正式赶集日，另有活禽、活畜及各种肉类出售，这也是固定商业街开始形成、赶集的形式即将趋于消失的表现。裕隆、高草、黄联、中坝还存在较完整的赶集形式，但频率较高，隔天一次。这四地的赶集日都相同，意味着闲场日有采购需要的话，便需前往上一级中心地——西昌城区。即使乘公交车前往城区，单边出行时间也能控制在一个小时之内，票价最高 7 元，出行成本不算太高。

大体来看，按照与西昌城区交流的频繁度来排列：太和、马道＞礼州、樟木、西宁＞裕隆、高草、黄联、中坝。这样的顺序，一方面与空间距离有关，另一方面与各乡镇经济、社会状况有关。例如，太和镇有一规模较大的钒钛开采冶炼基地，惯称"太和铁矿"，除了本地土著居民外，该地还有至少四五千人的外来人口，大多都使用湖广话。马道是西昌铁路货运的枢纽，经济发展程度也较高，但与西昌之间隔着一座大山，相比太和而言，出行成本稍高。礼州虽然空间距离上离西昌较远，但自古以来是西昌的重镇，古代南方丝绸之路上重要的驿站，如今还留存有较为完整的明代古城，因此相比樟木、西宁来说，经济、文化都更为发达。礼州的人群若有采购需要，便会直接前往西昌，而非就近选择西宁。相较而言，中坝经济发展程度较低，若当地不能满足其采购需求，人们会首选比其稍好且距离较近的黄联，若还无法满足，则会选择西昌。

众所周知，语言传播的实质是人群的流动。在安宁河两岸，各乡镇的地形基本都为河谷平原，因此地形因素对以上乡镇的制约便显得没有那么明显。诸多相关因素中，经济因素的相关性最高，其次才是地理上的因素。这便可以解释为何并非离西昌城区越近语言就越新、越远语言就越老。同理，由于安宁河上较早就有桥梁的修建，且水流较为平缓，即使没有桥梁的地方也可利用渡船在两岸来往，所以两岸的语言并未出现明显的差异，甚至有些地方具有高度一致性。如，黄联、中坝两地虽在河流两岸，但均为客家人聚居地，交流密切，其内部一致性远远大于同侧河岸的邻近乡镇。

（二）城区的外来移民

西昌城区新派方言中，卷舌音的消失大概与城区大量的外来人口有关。这些人口以操湖广话者居多。从历史上来看，民国前就陆续有外来移民迁入（具体数据待考），民国以后则规模更大。1938 年，二十四军军长刘文辉派军参谋长兼 136 师副师长杨学端来西昌，设二十四军宁属行营，划宁属八县归西康建省，史称"划宁归康"。1950 年 3 月 26 日，西昌解放，仍属西康省。这期间，便有不少西康省其他县市的移民来到西昌支援建设。直到 1955 年，西昌改隶四川。[5]39 1964 年以后，攀西地区的三线建设逐步展开，磨房沟电站、军民两用飞机场、卫星发射基地，还有成昆铁路的 367 公里路段，都在西昌、凉山州境内。1964 年 9 月底进入西昌的建设单位有 53 个、4.8 万余人，以后又陆续增加。至 1965 年，参加攀钢建设者有 8 万人，修筑成昆铁路的铁道兵及铁道部第二工程局、成都铁路局等部门职工共 20 多万人，分布在凉山州的甘洛、越西、喜德和西昌专区的冕宁、西昌、德昌、米易、盐边等县。[6]虽然已无法统计三线建设结束后继续留在西昌的外地人有多少，但从目前城区的语言状况来看，使用湖广话的人估计可达到 40% 左右。在两种方言长期的接触中，使得它们开始发生变异。

（三）语言观、教育程度、生活经历

为何西昌城区的新派方言被湖广话同化，失去了卷舌音，而不是反过来让城区的湖广话受到西昌话的同化，产生卷舌音呢？恐怕这与语言的通行范围以及人们的语言观有关。

通过访谈我们了解到，依据年龄层的不同，语言观也在发生变化，人们对于不同的语言有着不同适用范围的区分。在老年人中（大致为 A、B 层），普遍认为"西昌人就该说西昌话"，这样的观念不仅是为了交流的方便，更带有一种区域认同的色彩。许多老年人将外地嫁来西昌、说外地口音的人称为"外世人"。调查中，一位老年发音人感慨现在年轻人的口音不纯正，被他评价为"倒洋不土的"。他甚至举出一个较为极端的例子：过去他们将"爹"和"爸"区分得很清楚，"爹"用于称呼亲生父亲，"爸"用于称呼继父，不能相混。可是现在的年轻人一律称父亲都为"爸"。中青年人的语言观则有所不同，大致从 C 层往下，基本都是在"文革"结束后多多少少接受过学校普通话教育的人，在大多数人心目中，他们并不认为普通话与西昌话有冲突，可以清晰地认识到两者有不同的适用范围，究竟选择普通话还是西昌话，大都是视交谈对象而定。也就是说，首先考虑的是交流方便，除此之外其他因素倒并不在乎。但是，西昌话和以湖广话为代表的区域共同语之间仍有一些对立。例如，一个家庭其他成员全部使用西昌话的孩子，自己一般不会改用湖广话。反之，一个居住在西昌、家庭其他成员使用湖广话的孩子，倒有一些改用了西昌话。归根结底，还是处于交流的需要。西昌话与湖广话虽然性质不同，但是能够较为顺利地进行交流，所以一个西昌话使用者没有必要刻意改用湖广话。即使也有城区居民觉得西昌农村的方言"土"，但也不会放弃使用西昌话，最多只是在声韵上逐渐向湖广话靠拢。再年轻的一代人，若是经过稳定且良好的学校教育，往往就会在不经意间受到普通话的影响，这一点在入声字的韵类和调类上表现尤为突出。语音的变化往往以词汇扩散的方式进行，使用频率低或书面化程度高的字往往先发生变化。另外，我们还必须注意到，并非随着年龄的降低，新派语音的出现率是线性增高的。虽然大的趋势是这样，但是同为青年人的 E、F 两层中，20 多岁的人往往比 10 多岁的人语音更新，这是因为，10 多岁的人大多还在当地就近读中小学，语言环境较为简单；而 20 多岁的人，要么进城或到外地务工，要么到外地读大学，与外界接触和交流极其频繁。甚至有一些人到了外地便能很快学会当地方言，成为多方言者，语言变化相对更为剧烈一些。

对于客家的老年人而言，他们将当地操西昌话的土著称为"宝十三"①，认为西昌话"土"，因此对外交流时使用湖广话，绝不使用西昌话。而年轻一代的客家人，由于校园生活或者进城打工等生活状态，从小便长期跟使用西昌话的人群接触，他们对于改用西昌话并没有太大的违和感，即使有人会觉得"宝十三"很土，但也与城里人类似，只是在声韵上向城区新派话靠拢，而并不会像自己的长辈一样继续选用湖广话。

经过以上分析，我们可以大致推断，普通话与区域共同语的湖广话同时在影响着西昌话，但其作用方式和影响层面并不相同。湖广话多是以地缘接触的横向方式在起作用，影响范围大致

---

① 据说客家人迁来黄联附近时，当地有十三家西昌土著人，故称为"十三宝"或"宝十三"。（李瑞禾，2005）

只局限于城区中青年人；而普通话则是以立体空间的纵向方式在起作用，以教育和媒体的影响最为突出，其次是网络和移动通讯（即使有些人并不能很好地使用普通话，但上网或发短信打字则需要掌握每个字的普通话拼写），影响范围几乎可以覆盖到整个城乡地区的每一个人，只是视个体差异，作用的深度不同。

参考文献：

[1] 阿尔夫雷德·赫特纳. 地理学 [M]. 北京：商务印书馆, 1983.

[2] 理查德·哈特向. 地理学性质的透视 [M]. 北京：商务印书馆, 1963.

[3] 大西拓一郎. 语言地理学的研究目标是什么 [J]. 语言教学与研究, 2011 (5).

[4] 杨时逢. 四川方言调查报告 [M]. 台北：商务印书馆, 1984.

[5] 凉山彝族自治州地名领导小组. 四川省凉山彝族自治州西昌市地名录 [Z]. 西昌：西昌人民印刷厂, 1984.

[6] 凉山日报社编辑部. 三线建设[N]. 凉山日报, 2009 – 9 – 10(A02).

（北京语言大学语言政策与标准研究所　北京 100083）

The Property and Practice of Linguistic Geography

Zhang Chi

(Beijing Language and Culture University, Institution of Chinese Language Policy and Standard)

Abstract：Based on the controversy between the terms " Geographical linguistics " and " linguistic geography ", comprehending the property of Linguistic geography, we maintain that Linguistic geography should be a branch of geography. Thus it is observed that the aim of Linguistic geography research is to reveal the relevance of the elements in language and space, and to establish a model based on the views of multidimension and region. With GLOTTOGRAM, this paper puts some linguistic geography theories and methods into practice by analyzing dialect situation in specific regions on the geographical view.

Keywords: Linguistic – geography; property; methods; GLOTTOGRAM

四川中江话非晓组字演化分析

饶冬梅*

摘　要　四川中江话中非晓组字具有较为特殊的演化规律，二者在一定情况下相混。非晓组字在 - oŋ 韵前声母均为 x - ，其他韵母前声母一般读为 f - ，但个别情况下，二者也存在换读现象。由于 f/x 具有相同的声学特征，同时，二者听感上的相混也为发音相混提供了音感条件。从非晓组读音的地理分布情况看，中江话非晓组字的混读规律与湖南部分地区相同，由于历史移民的影响而使得两种方言之间产生了比附演变。

关键词　汉语方言；非晓组；混读；演变

四川中江县位于川中丘陵地区西部，属德阳市。东与绵阳市

---

* 作者简介：饶冬梅，女，西华大学人文学院讲师，文学博士。

相连，总面积 2063 平方公里，绝大部分为丘陵，龙泉山脉纵贯境域西部，成为涪江与沱江水系的分水岭，全县人口约 143 万。

一　中江话非晓组分混规律

何大安（2004）考察了西南四省中关于 x/f 的分布情况，进一步分析了非晓组的混读规律，并将四省非晓组的混读规律分为四类，加上两种次类，一共 6 类[1]：

（1）RA　X＜ f/__u
　　　　　　　 x

（2）RB　X＜ x/__o,oŋ
　　　　　　　 f

（3）RC　F＞xu

（4）RD　X＞f

（5）RA－1　F＜ x/uV
　　　　　　　　 f

（6）RB－1　F＜ x/__oŋ
　　　　　　　　 F

其中，R 代表演变类型，X 代表古晓组合口一二等字，F 代表古非组字。符号"＞/＜"的左边代表变化项，右边则代表生成项和条件项。第一种类型即晓组合口字一二等字在韵母 u（遇合一）前读为 f，其他条件下仍读 x。第二种类型为晓组合口一二等字在 - o，oŋ 韵前读 x，其他条件下读 f。第三种类型古晓组合口今读 x，古非组字今也读 x，和晓组基本混读；第四种类型古晓组字和非组字今均读成 f。

四川大部分地区非晓组混读情况为 RA 类型，而中江话中非组与晓组合口字混读规律与周边方言差异较大，具有其自身规律，《四川方言调查报告》（以下简称《报告》）（杨时逢 1984）关于中江一点 f/x 调查情况为："晓匣母合口字大都 f/x 不分，全部读作 f；果通 o，oŋ 韵的字，全部读为 h，如红、宏读为 hoŋ，不同于风、冯 foŋ。"[2] 何大安（2004）根据《报告》调查结果，将中江话归属为 RB 类型。

笔者对中江话晓匣组字读音的调查结果与报告一致，即晓组合口除在 –oŋ 前仍读 x 外，与其他韵母相拼时读为 f 声母。但《报告》中并没有专门分析非组字的特点及其在中江话中的演变情况，根据笔者的调查数据，中江话非组字的演化情况为：非组字绝大部分今仍读 f，但在 oŋ 前读成了 x，如"风、峰、逢、奉、凤、冯"等，一律读为 oŋ 韵。由于"非组字在 oŋ 前读成 x 声母"这一材料在《报告》中并未得到系统体现，因此，中江话所存在的这种语音实际情况除了可以归纳到何大安先生所说的 RB 类型，还应该同时归纳到他所划定的 RB – 1 次类，即非组清唇擦音字今在 –oŋ 前都读成了 x，其他仍读 f。

$$\text{RB} - 1 \qquad \text{F} < \begin{array}{l} \text{x/\_oŋ} \\ \text{F} \end{array}$$

我们将两种类型的混读规律总结至下表：

表1　中江话 f/x 语音演变规律简表

声母 韵母	非　　组		晓　　组	
	f	h	f	h
u	+		+	
oŋ		+		+
其它	+		+	

由上表可看出中江话中 oŋ 与 x、u 与 f 的紧密关系。也就是说，中江话之所以具备两条规律，比如 RB－1 型，主要还是 oŋ 韵前的非组字都混读成了 x。那么中江话中 f/x 演变的规律和二者产生混读的原因究竟是什么？

二　中江话非晓组字变读规律及原因分析

乔全生（2005）分析晋语中非组白读为 x 的原因时认为："非组从帮组分化，不同地区有不同的演变过程，一支先由 p/b 演变为 pf，再演变为 f，另一支由 fu 再继续演变为 hu。"[3] 这种说法似乎可以解释非组读 x 的历史过程，但对于中江话中 f/x 的交叉混读现象缺乏解释力。刘雪霞（2006）认为，"从音理上看，主要由于 u 介音使得发音部位前化或后化，维系着音系结构的平衡。即 f 发音位置靠前，而 u 发音位置靠后，要么丢掉 u 来发音，要么 f 被 u 靠后的发音位置同化而发成 x。"[4] 我们观察中江话中的 f/x 现象也基本符合此音理解释，但中江话中 f/x 与韵母的组合关系，不仅仅涉及到 u 介音，还与 oŋ 等韵母有密切关联，两个声母之间的混读是否就是靠介音 u 来推动的？我们还需进一步探究二者混读的原因以及与韵母组合之间的关系。

从发音学的角度来说，f/x 都属于擦音，发音方法同。朱晓农（2010）将两者都归为呼音，与擦音中的咝音相对。即发音时通过声道收缩点/阻碍点时造成的"通道湍流"。从被动调音部位来说，呼音的被动部位在口腔两头，前面的是从唇到上齿沿，后面的部位是从硬腭到喉，中间跳过了齿/龈。从这个角度上来说，f/x 具有相同的声学特征。

司玉英（2006）在对儿童普通话语音习得的个案研究中发现，儿童在习得 f/x 时也有交叉现象，即 f/x 相互替换，并同时伴以脱落和增音。如"回家［fei］"、"麻烦［xuai］"等。[5]徐亮（2010）等根据对儿童习得个案的跟踪分析也发现此现象，即 f/x 两个音有替代现象，如"飞机［huei tɕi］"。[6]从音理上来说，f/x 有着某种互变关系。如果这种变化仅仅是由于发音人的偏误，即可能是为了使发音更省力等因素而产生音变，那么 f/x 的关系可能是较单纯的替代关系。但语言事实是两者存在复杂的交叉关系，呈现出多种类型。John Ohala（1983）认为："虽然发音人发音上有一定偏差，但听音人也有可能产生听音的偏误，但由于他们可以从听觉上矫正一些不形成对立的语音偏差，因此最终实现目标值"。[7]189-216 即音变的产生可能不仅仅是发音上的相似，甚至发音上可能有较大的差异。

从声学和听感入手，学者们经常采用区别特征来描写音段，Jokobson、Fant 和 Halle（1952）曾设计过 12 个区别特征。孙越川（2011）选取了其中"钝/锐"这一组对立的声学特征来试图解释 f/x 在听感上的相近。"'钝'是指频谱中，能量主要集中在低频区；'锐'则指在频谱图上，能量主要集中在高频区。"从发音角度上看，两者都具有'钝'的区别特征，能量集中于同一个区域，听感上容易使人错误感知。[8] 我们赞同这种推断，且在本次方言调查录音的过程中我们也发现，调查发音人口语中发出 fu 音，但他本人却感觉自己读的是 xu。因此，听感上 f/x 的易混为发音上二者的混读提供了音感上的条件。

我们在对德阳各区县方言 x/f 混读规律的总结过程中，结合调查走访的实际发现，f/x 混读规律总是经常出现一些例外，而这种例外恰恰说明了由于听感上的混淆，人们在对 f/x 二者声母的把握上也容易出错，并不是能够完全遵循本地方言的一般混读规律。如中江话一般规律为晓组混读为 f，但实际上我们偶尔也听到有人将 f 读为 x，在清末中江人刘三省编撰的《跻春台》中有一处别字书写的例子："何犯于"误作"何患于"。[9] 笔者对中江话音系进行正式调查录音之前，曾对中江地区的方言概况进行调查走访，中江县城区话中一般规律为晓组混读为非组，将 x 读成 f，但也有不少人在自由交谈过程中将 f 读为 h，即非组部分字混读为晓组，如"发、法、伐、房、芳、仿、放、飞、肥、非、匪、付、父、府、福、佛、夫、符、复、服、凡、反、翻、犯、范、繁"等字，这些字一般较为常用，在口语中常常读为 x 声母，后带上 u 介音。这说明 f/x 由于音理上的互变关系，使得无论是语言习得者还是有固定混读规律感的人都可能在说话过程中产生发音"失误"。

但是 u 介音的作用在混读过程中是固定的且不可忽视的。李蓝（1995）认为，"多数情况下，u 总是要求其声母是 f，而韵母 oŋ 的作用则不同，与 u 相反，在大多数情况下它几乎是强制式的要求前面的声母是 x。"[10] 我们发现，旌阳、罗江、绵竹、广汉、什邡五个点的 X/F 混读规律基本同，呈现 x > f/___ u 的主要特征，何大安先生将其中 u 的特征界定为"［＋音节性］";[1]中江话中，晓组合口混读为 f 的规律不仅仅限制于 u，因此其体现出［±音节性］，规律的限制减少使其演变条件一般化，从而使得音变的条件放宽了。将两者进行比较，可以看出，元音 u 的异化效力先于介音 u，而介音 u 的异化则蕴涵了元音 u。

从 f/x 的拼合规律看，当 f 混读为 x 时，会自动滋生介音 u；当 x 混读为 f 时，原有的介音 u 会自动与声母合并。不仅在方言中此现象普遍，在儿童习得语音的过程中也通常存在此现象，因为我们认为这种现象可以从音理上找到解释。

孙越川（2011）认为："x 和 f 虽然有相同的声学特征，但在合口韵前被错误感知的几率要远远大于开口韵。这是由于 f 和 u 都具有［＋唇音化（libial）］特征，发元音 u 时，由于圆唇发音，声腔拉长，声道共振频率降低，能量主要集中在低频区，因此其也具有了"钝"的声学特征。如果音节是 xu 的拼合，由于 x 的发音部位在舌根，从 x 到 u 发音的通道较长，发音过程中会降低舌根声源的语音响度，同时扩大了唇收紧点语音的感知响度，易被错误感知为唇音。"[8] 但这仅从听音的角度解释了在元音 u 前，x 容易被错误感知为 f，但从发音者的角度来说，为什么在非晓组混读的大部分类型中，通常选择以 fu 音节来发音？从发音省力的角度来说，既然 f 和 u 都具有［＋唇音化（libial）］特征，主要发音收紧点都在唇部，相比 xu 发音从舌根到唇部的发音距离更省力，加之从听感上 fu 与 xu 的相近，使得 f 与 u 有了相当密切的发音关系。但同时另外一个问题随之而来：为什么 f 与 u 关系紧密，却排斥 u 介音的韵母？而 f 舌根化后常常要滋生一个 u 介音？何大安先生（2004）曾提到有许多"把 f 读得比较软成竟带双唇倾向的方言"，[1]他认为这是语音性的变读，因此没有列入讨论范围。我们认为这种"双唇倾向"实际上就是圆唇化的过程，大致过程为：f > φ > x^w > xu，其中第二步双唇擦音 φ 是关键，影响着 u 介音的滋生。相反，当韵母是 u 作为介音的合口呼韵母时，f 与 u 具有排斥效应，u 的唇音化特征阻止了韵母读音的实现。

中江话中，oŋ 韵母前 f 混读为 x。原因主要在于：o（u）及舌根鼻音 ŋ，发音部位均在口腔较后的位置，声母 x 也为舌根音，发音也靠后，因此从发音学的角度来说，三者发音位置相近。相对 f 靠前的发音位置，oŋ 韵母更倾向选择 x。

三　中江话非晓组字与湖广方言之间的协同演变

何大安先生认为 F/X 在西南地区，一般有两种演变方向，一种是都演变为 X，一种是都变成了 F。其中，RA/RB/RD 都是朝 F 的方向变，只是程度不同；RB－1/RA－1/RC 都是朝 X 方向变，也存在程度的不同。何将这种变化规律简化为：

X > RA > RB > RD > F

F > RB－1 > RA－1 > RC > X

何认为四川、云南和湖北的西南官话，变化都比较单纯，一般都只具备 RA/RB/RC 中的一种规律，但湖南和临近湖南的湖北、赣方言情况较复杂，将 X/F 的混读规律交织在一起，形成音韵妥协的现象。同时，何提到，这种现象极有可能和湘语型的 RB 与西南官话的 RA 类型的交汇传播有关。

中江话一方面非组字有部分向 X 演变，另一个规律又表现出晓组字今向 F 的演变，RB 和 RB－1 两种混读规律交织其中，两种演变方向拉锯，形成音韵妥协现象。何大安先生认为 RB 在本质上是一条消极的规律，因其只限制哪些音不能发生变化，即限制 X 在 o，－oŋ 前读为 x，其他混读为 f。他认为 RB 类型在湘语、西南官话及赣语中都存在。在湘语和西南官话中，RB 规律涉及的音韵部分都是读成 － oŋ 的通摄字，而在赣语内部是读成 － oŋ 的宕摄字，三地之间的内部音韵结构有差异，虽然在类型上属于同一种类型，但是何大安认为这只是一种比附演变。反过来我们是否可以认为，既然这条规律可以越过方言间的地域鸿沟，那么中江话呈现的 RB 规律应是越过了和其毗邻的旌阳区等地，受到元明清时期湖广移民方言底层的影响或刺激，呈现出和其相隔遥远的方言之间的比附演变。

何大安先生将赵元任等（1948）和杨时逢（1969、1974、1984）的湖北、云南、湖北、四川四省方言调查报告的数据进行归纳，其中与中江话同属 RB 类型的四川地区有武圣、永川、乐至、遂宁、巫溪五个点，而湖南地区属于该类型的共有 32 个点，湖北地区有麻城、蒲圻等 8 个点。李永新（2009）指出，湘江流域方言中非晓组字的混读情况为：“湘江流域，许多方言古晓母合口字今读 f 声母，由 f 与普通话中 xu － 对应”。[11] 四川地区今具有这种类型的方言点主要为中江及毗邻的丘陵地区乐至、遂宁两地，其余三个点为川东重庆一带。崔荣昌先生曾经调查过中江地区的“老湖广话”，经过实地的调查走访，他认为在中江县内多个乡镇仍保留有湘方言岛。在调查中江境内“老湖广话”的代表永兴话时，崔先生记录了永兴话的非晓组读音情

况：中古晓匣两母（包括邪母个别字）在合口韵前一律读 f - ，
而非、敷、奉三母的通摄合口三等字一般读 x - ，临近的金堂竹
篙话也具有这一特点。[12]这一特征与笔者调查的中江城区话规律
相同，说明中江境内 RB 类型的混读规律较为普遍。中江、乐
至、遂宁三县毗邻，历史上曾在很长一段时间属于同一行政辖
区，因此在方言特点上较为接近。同时，这三地也是元明清时期
湖广移民来川较为集中的地区，又由于该地地处丘陵地带，地理
位置相对偏僻，其语音面貌中的湖广话特征得以保留。因此，我
们推测：中江话独特的 f/x 混读现象是由于历史上的湖广移民尤
其是湖南湘语所形成的方言植入性特征。

参考文献：

[1] 何大安. 规律与方向——变迁中的音韵结构 ［M］. 北京：北京
大学出版社，2004.

[2] 杨时逢. 四川方言调查报告 ［M］. 台北："中央研究院"历史语
言研究所，1984.

[3] 乔全生. 晋方言轻唇声母的演变 ［J］. 语文研究，2005（1）.

[4] 刘雪霞. 河南方言语音的演变与层次 ［D］. 复旦大学博士学位论
文，2006.

[5] 司玉英. 普通话儿童语音习得的个案研究 ［J］. 当代语言学，
2006（1）.

[6] 徐亮，杨巍，戚国辉. 汉语学龄前儿童普通话辅音音位习得的自
然音系学分析 ［J］. 宁波大学学报（人文科学版），2010 年（3）.

[7] Ohala, J. J. The origin of sound Patterns in vocal contractions. InP.
F. MacNeilage（ed.），The Production of speech. NewYork：SPringer - Verlag，
1983.

［8］孙越川. 四川西南官话语音研究［D］. 浙江大学博士学位论文, 2011.

［9］张一舟.《跻春台》与四川中江话［J］. 方言, 1998（3）.

［10］李蓝. 西南官话内部声调与声母的异同［D］. 中国社会科学院语言研究所博士学位论文, 1995.

［11］李永新. 湘江流域汉语方言地理学研究［D］. 湖南师范大学博士学位论文, 2009.

［12］崔荣昌. 四川境内的湘方言［M］. 台北："中央研究院"历史语言研究所, 1996.

（西华大学人文学院　成都 610039）

The Evolutionary Analyses of the Characters with Initials f - and h - in the Speech in Zhongjiang, Sichuan

Rao Dongmei

（Humanity Department, Xihua University）

Abstract: The characters which belong to the consonant group of Fei（非）and Xiao（晓）in Zhongjiang dialect have some special evolutionary rules and those characters of the two groups usually mix with each other. Characters of Fei group are read as x - before - oŋ, and are read as f - before other vowels. However, they could also exchange sometimes. As f/x share the same phonetic characteristics and similar auditory impressions, it is possible for them to mix with each other phonetically. Viewing their geographic distribution, we can see that this phenomenon in Zhongjiang, Sichuan is the same with some places in Hunan Province. And it is the historical immigration that made the two dialects go on the same evolutionary way.

Key words: Chinese dialect; initial $f-$; initial $h-$; merge; evolution

成都话单字调的社会语言学研究

何婉*

　　摘　要　成都话作为西南官话的代表，我们可以利用社会语言学研究的思路和方法来考察成都话单字调，本文从年龄、性别、家庭背景和语言背景四个方面对成都话单字调进行分析研究，利用实验语音学的方法分别画出各自的声调曲线，利用统计学的原理对其结论进行显著性的比较，从而更加清楚地了解和分析成都话单字调，并且能够在一定程度上推测成都话单字调的发展趋势。

　　关键词　成都话；声调曲线；语言背景；统计

　　语音统计可以有整体的统计分析，还可以进行分组统计，按

---

　　* 作者简介：何婉，女，四川大学海外教育学院讲师，四川师范大学博士生在读，研究方向为四川方言。

照不同的标准将发音人分类并对其语音进行分析，我们可以对这种语音有更加深入和详细的了解。

一 概 述

通过对成都话声调的语音实验数据的较大样本的统计分析，我们将成都话单字调调值描写为阴平 35，阳平 31，上声 52，去声 212，这和以前的成都话单字调调值有一定的区别[1]，并且已经区分了成都话四个声调的"声调目标"和"声调的羡余成分"。两者对于声调的区分作用以及它们各自的稳定程度不同，声调的特征显现在"声调目标"上。

有了成都话四个声调总体统计分析，我们还可以参照社会语言学的研究思路和方法，根据不同的分类标准对发音人进行更加细致的统计分析。分类标准主要包括以下四个方面：（1）不同性别的分组统计；（2）不同年龄的分组统计；（3）不同家庭背景的分组统计（父母是否为成都人讲成都话）；（4）是否从小学习普通话的分组统计（是否经过系统的普通话学习和训练并经常使用）[2]74。

在声学实验和统计分析方面均使用和成都话单字调统计分析相同的方法和步骤。即：发音样品的选择和制作；声学实验中声学参数的提取；语音数据的相对化；相对化数据的统计分析。

二 语音样本的分组统计分析

我采用对全部语音样品进行声学实验和统计分析相结合的方

法，分别测算 38 位发音人每人 4 个声调，每个声调各 9 个测量点的 T 值数据，一共得到 38 * 4 * 9 = 1368 个测量点的 T 值数据。然后再根据发音人背景按照不同的分类原则进行不同的分组，再计算出各组每个声调各个测量点的平均值。最后画出声调统计图[3]283 - 285。

分别按照发音人的不同性别、不同年龄、不同家庭背景、不同语言背景进行了分组。

（一）不同性别的分组统计分析

在我调查的 38 位发音人中，有 15 位男性，23 位女性，他们的基本声调情况见图 1：

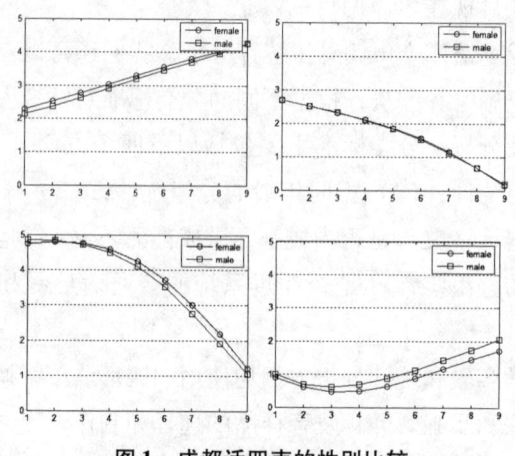

图 1　成都话四声的性别比较

阴平：男性女性都读为中升调，男性的起点值为 2.14，终点值为 4.25；女性的起点值为 2.29，终点值为 4.23。女性的声调曲线除了最后一个终点值略小于男性，T 值相差略为 0.15 左右，女性的声调曲线在男性的上方，终点基本重合。

阳平：男性女性都读为降调，男性的起点值为 2.68，终点值为 0.18；女性的起点值为 2.68，终点值为 0.14，前面两个点重合，第三、四、八个点 T 值相差 0.1，其他点 T 值相差 0.4 左右。女性声调整体依然在男性上方。

上声：男性读高降调，起点值为 4.85，终点值为 1.05；女性读为升降调，起点值较低为 4.74，第二个点读为 4.80，终点值为 1.21，起点基本重合，T 值差别在 0.03 到 0.25 之间，总体来看，女性声调在男性声调上方。

去声：男性女性都读为凹调，男性起点值为 1.00，折点值为 0.61，终点值为 2.06；女性起点值为 0.90，折点值为 0.47，终点值为 1.72。男性声调在女性声调上方，T 值差起点最小为 0.09，然后逐渐增大，折点为 0.14，终点最大为 0.34。

总的来看，阴平、阳平、上声三个声调，女性声调均在男性声调上方，去声刚好相反。为了检测这种性别的显著性，我们对各个声调曲线上的 9 个点的数据进行了单因素方差分析。四个声调共 36 个点，在 *0.05 的水平上差异不显著，详见附录，所以从性别的角度看，四个声调的差异是不显著的。

（二）不同年龄的分组统计

我把发音人划分为六个年龄段：age1. 20 岁以下；age 2. 21 －30 岁；age 3. 31 －40 岁；age 4. 41 －50 岁；age 5. 51 －60 岁；age 6. 60 岁以上。他们的基本声调情况见图 2：

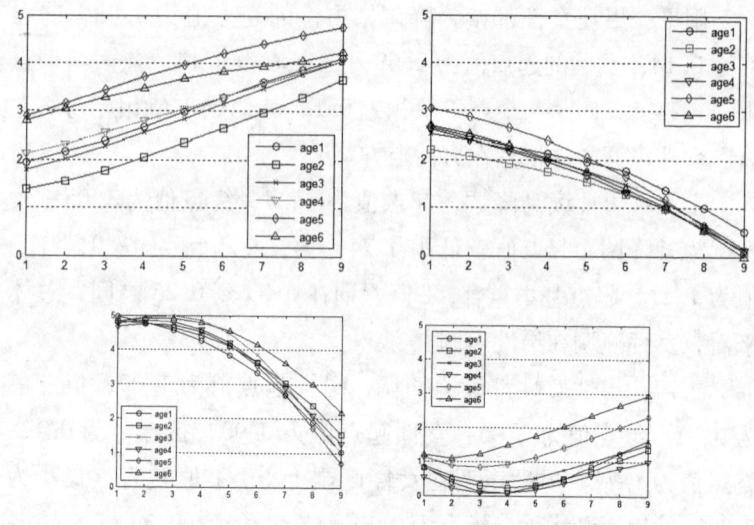

图 2　成都话四声不同年龄段比较

阴平：六个年龄段都读为中升调，不同年龄段无序分布，没有规律。40 岁以下的三个年龄段终点升幅分别为：2. 15，2. 28，2. 27，都在两度以上，40 岁以上的三个年龄段终点升幅分别为：1. 93，1. 87，1. 43，都在两度以内，60 岁以上组的升幅最小，升幅随年龄变小而逐渐增大，升调跨度从一度扩大到两度。

阳平：六个年龄段都读为中降调，不同年龄段交织在一起，分布无序。50 到 59 岁起点最高，20 到 29 岁年龄段起点最低，其他四个年龄段起点基本重合，终点除了 20 岁以下年龄段略高，其他年龄段都基本重合。起点终点的 T 值差也比较接近，最小的是 20 到 29 年龄段，为 2. 12，最大的是 50 到 59 年龄段，为 2. 96。

上声：六个年龄段都读为高降调，起点基本都重合，终点从低到高依次为 50 到 59 年龄段最低，为 0.70，30 到 39 年龄段，为 1.01，20 岁以下年龄组，为 1.03，40 到 49 年龄段，为 1.27，20 到 29 年龄段，为 1.54，60 岁以上年龄段最高，为 2.17，从声调的高低来看比较混乱，不能寻找到规律。

去声：六个年龄段都读为凹调，但是声调下降的时间不同，九个点中 60 岁以上年龄段只有一个点为下降趋势，50 到 30 三个年龄段都有两个点为下降趋势，30 岁以下两个年龄段有三个点为下降趋势。可见 30 岁以下发音人声调更具有凹调的特征，随着年龄的增加，降调越来越不明显，60 岁以上发音人的发音也可记为升调。50 岁以上的两个年龄段声调最高，大部分都处在 2 度以上，其他四个年龄段发音比较接近，声调缠绕在一起，大部分都处于一度。

由于分为六个年龄段不能很好地看出差异的规律，我又以 40 为界将年龄分为两段，见图 3：

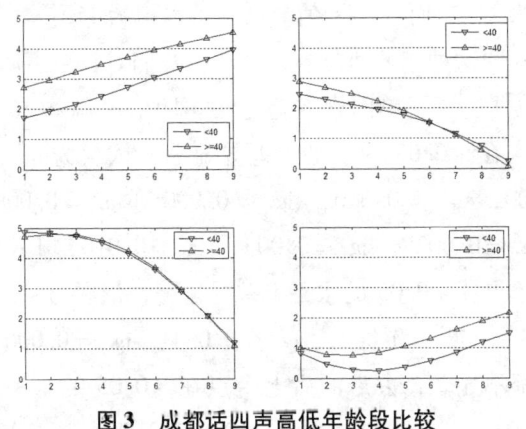

图 3　成都话四声高低年龄段比较

阴平呈现为中升调，小于 40 岁（下面简称 A 组）的年龄组

起点值为 1. 70，终点值为 3. 94，大于 40 岁（含）（下面简称 B
组）的年龄组起点值为 2. 71，终点值为 4. 51，B 组起点比 A 组
高一度，终点比 A 组高半度多，总的来说年龄越年轻调值越低，
A 组调值可以拟为 24，B 组调值可以拟为 35，阴平调值呈现下
降的趋势。

阳平 A 组 B 组都呈现中降调，A 组起点值为 2. 46，终点值
为 0. 25，前后相差 2. 21，B 组起点值为 2. 89，终点值为 0. 07，
前后相差 2. 82，A 组的起点值更低，终点值更高，降调的幅度
更平缓。

上声 AB 两组曲线基本重合，T 值相差依次为 0. 15，0. 03，
0. 04，0. 08，0. 09，0. 07，0. 03，0. 04，0. 08，B 组第二个点略
微升高，有一点先升后降的趋势，而 A 组完全是一个降调。

去声 AB 两组起点基本一致，但是 A 组的终点比 B 组低了
0. 69，超过了半度，去声的发音趋势是整体调值下降，B 组的调
值可以拟为 213，而 A 组调值更低，可以拟为 112。

为了检测这种年龄两分的显著性，我们对各个声调曲线上的
9 个点的数据进行了单因素方差分析。四个声调共 36 个点，阴
平的九个点在 * 0. 05 的水平上差异显著，依次为 sig. = 0. 000，
sig. = 0. 000，sig. = 0. 000，sig. = 0. 000，sig. = 0. 000，sig. =
0. 001，sig. = 0. 002，sig. = 0. 005，sig. = 0. 016，阳平的前三个
点和后两个点在 * 0. 05 的水平上差异显著，依次为 sig. = 0. 025，
sig. = 0. 030，sig. = 0. 042，sig. = 0. 034，sig. = 0. 006，上声九
个点差异都不显著，去声的后七个点在 * 0. 05 的水平上差异显
著，依次为 sig. = 0. 031，sig. = 0. 007，sig. = 0. 006，sig. =
0. 005，sig. = 0. 006，sig. = 0. 013，sig. = 0. 026。从四个声调来

看，有 21 个点差异显著，也就是说 58.3% 的点差异显著。可见年龄以 40 为界，差异是比较显著的。

（三）不同家庭背景的分组统计

根据不同的家庭背景，我们将发音人分为两类，一类是父母均为成都人，称为老（地道）成都人。一类是父母有一方或者双方均不是成都人。称为新（非地道）成都人。他们的基本声调情况见图 4：

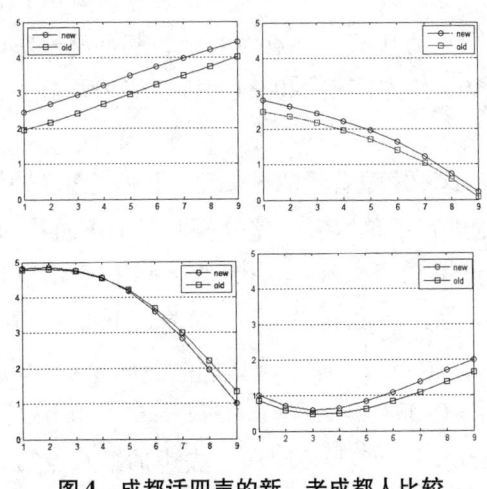

图4　成都话四声的新、老成都人比较

阴平：两者都是中升调，新成都人的曲线在老成都人的上方，前面七个点 T 值差在 0.49 到 0.53 之间，最后两个点 T 值差为 0.46 和 0.40，总的来看两条曲线走势相同，近似于两条平行线。

阳平：两者都是中降调，新成都人的曲线在老成都人的上方，新成都人起点略高为 2.83，老成都人的起点为 2.50，随后两条曲线越来越靠近，终点两者基本重合，T 值仅相差 0.13。

上声：两者都是升降调，新成都人起点为 4.80，老成都人起点略低为 4.76，第二个点为折点，新成都人为 4.83，老成都人为 4.79，第一到第五个点两条曲线基本重合，仅相差 0.007 到 0.04 之间，从第六个点开始老成都人读音略高，老成都人终点为 1.34，新成都人终点为 0.99。但是两条曲线的基本走势完全相同，也是四个声调中两者读音差别最小的一个声调。

去声：两者都是凹调，新成都人的曲线在老成都人的上方，新成都人起点为 1.01，折点为 0.58，终点为 2.01；老成都人起点为 0.85；折点为 0.47，终点为 1.66，起点值相差 0.16，折点值相差为 0.10，终点值相差 0.34，折点值相差最小，终点值相差最大。

为了检测这种家庭背景的显著性，我们对各个声调曲线上的 9 个点的数据进行了单因素方差分析。四个声调共 36 个点，阴平的第一个点第二个点在 * 0.05 的水平上差异显著，依次为 sig. = 0.046，sig. = 0.047，阳平的前六个点在 * 0.05 的水平上差异显著，依次为 sig. = 0.014，sig. = 0.021，sig. = 0.030，sig. = 0.037，sig. = 0.037，sig. = 0.039，上声九个点在 * 0.05 的水平上差异不显著，去声的第八点第九个点在 * 0.05 的水平上差异显著，依次为 sig. = 0.046，sig. = 0.032。在 36 个点中有十个点差异显著，有二十六个点差异不显著，上声的差异最不显著，阳平差异最显著，阴平、去声都只有两个点差异显著，所以可以认为差异不显著。总的来看，从家庭背景的角度来分析，除了阳平差异显著外其他声调差异都不显著。

2.4 不同语言背景的分组统计

根据发音人是否受过系统的普通话学习和经常使用普通话分

为两类：一类是没有学习过普通话也不经常使用普通话的发音人，称为不会普通话组。一类是学习过普通话并且经常使用普通话的发音人，称为会普通话组。他们的基本声调情况见图5：

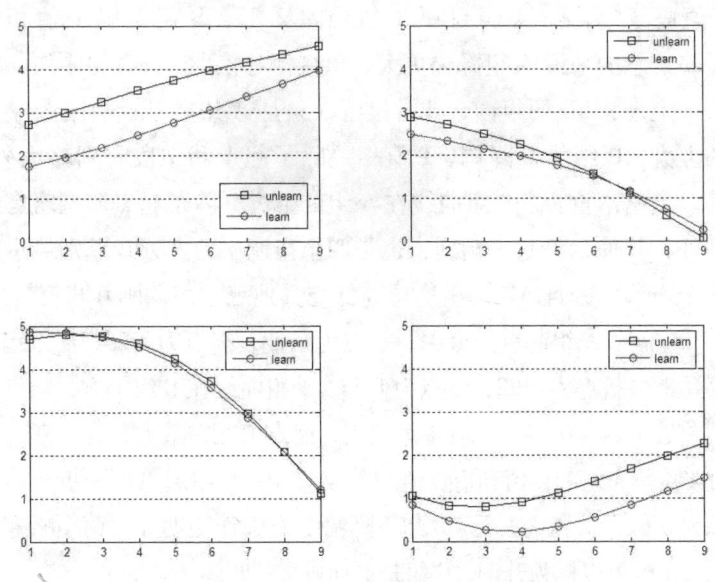

图5 成都话四声的是否学习过普通话比较

阴平：两者都是中升调，未学过普通话的发音人曲线在学过普通话发音人①曲线上方，A组起点值为2.72，终点值为4.53，B组起点值为1.74，终点值为3.96，九个点的T值分别相差0.99，1.03，1.07，1.05，0.98，0.90，0.80，0.69，0.57，前三个点T

---

① 未学过普通话发音人下面称为A组，学过普通话的发音人下面称为B组。

值相差逐渐增大，从第四个点开始 T 值相差逐渐减少，终点相差最小。总的来看，A 组的曲线明显高于 B 组，相差接近 1 度。

阳平：两者都是中降调，前五个点 A 组 T 值高于 B 组，第六第七个点 AB 两组 T 值几乎重合，仅相差 0.04，后两个点 B 组 T 值高于 A 组，A 组首尾 T 值相差 2.82，B 组首尾 T 值相差 2.23，总的来说 A 组降幅更大，B 组相对较小，降调更平缓。

上声：AB 两组读音非常接近，只是 A 组刚开始有一个小小的上升，B 组为高降调，T 值相差除了起点和中段差别略大外，其余点基本重合。B 组曲线在 A 组的上方，除了起点调型略有区别外，其他走势基本相同，也是四个声调中两者读音差别最小的一个声调，并且 AB 两组声调高低与其他三个声调刚好相反。

去声：A 组起点为 1.04，折点为 0.80，终点为 2.25，B 组起点为 0.83，折点为 0.22，终点为 1.45，A 组曲线在 B 组上方，起点值相差最小，为 0.21，然后逐渐增大，终点值相差最大，为 0.79，超过半度。A 组起点值和折点值相差仅 0.24，B 组起点值和折点值相差为 0.61，从调型来看，B 组下降幅度比 A 组更明显，调型略有不同，A 组可以标为升调，B 组是更加典型的凹调。

为了检测这种语言背景的显著性，我们对各个声调曲线上的 9 个点的数据进行了单因素方差分析。四个声调共 36 个点，阴平九个点在 *0.05 的水平上差异显著，阳平的前四个点在 *0.05 的水平上差异显著依次为 sig. = 0.010，sig. = 0.012，sig. = 0.015，sig. = 0.030，上声的第一第九个点在 *0.05 的水平上差异显著，依次为九个 sig. = 0.036，sig. = 0.045，去声九个点在 *0.05 的水平上差异不显著。在 36 个点中有十五个点差异显著，有二十一个点差异不显著，去声的差异最不显著，阴平的差异最显著，阳平差异比较显著，上声差异不太显著。所以总的来看，从语言背景的角度来分析，差异比较显著。

三　结论和思考

1. 拉波夫运用社会学的调查统计方法来研究语言的差异跟社会因素之间的相关关系，运用社会语言学的方法还可以揭示语言演变的历史进程（胡明扬2001），前人对成都音变，主要是声母韵母的变读已经有了一定的研究[4]，本文以成都话的单字调总体统计分析的结果为基础，参照社会语言学的原则和方法，进行了分组统计分析，可以更加清楚地认识成都话单字调。

2. 通过对性别，家庭背景（父母是否为本地人），语言背景（是否学习过普通话）的分组讨论分析，我们发现女性调值高于男性，新成都人调值高于老成都人，未学过普通话的人调值高于学过普通话的人，但是这些差异都不是十分显著，其中最不显著的是性别的差异，最显著的是语言背景的差异。

社会语言学家提到的性别因素，从"地位—权势"研究表明女性和男性相比往往被赋予更低的地位和权势，女性只好通过使用有声望的语言形式来强调自己的权威和地位从未获得尊重[5]275-279。社会语言学家提出的普遍性别模型，女性倾向于比男性更多地使用标准变式，但是拉波夫早期的研究虽然指出了性别因素对于语言变异的影响，但是没有解释这种影响的原因。也就是说这种模式不是放之四海而皆准的公理。如果成都话的声调也符合拉波夫的性别模型，那么女性带动变化应该是呈现调值升高的趋势。但是从本文的调查结果来看性别的差异是最不显著的，女性调值仅仅略高于男性，阳平两者调值几乎完全重合，可见男性女性在声调上的差异非常小。所以从性别的角度来看，还不能看出成都话单字调的变化趋势。[6]87

家庭背景的差异不是十分显著，但是从这种差异可以看到家庭语为成都话和家庭语非成都话的发音有区别，这对语言习得的研究，特别是语音习得的研究有比较积极的意义。

语言背景的差异相对最为显著，因为考察的是是否学过和经常使用普通话的发音人，由于普通话是现在通行的语言，是强势语言，所以对于学习过并且经常使用普通话的发音人，他们的语音会有意无意的受到强势语言的影响，基本的情况是阴平差异最为显著，未学过普通话的发音人调值为24，而学过普通话的发音人调值为35，由于成都话的阴平读为升调，受到普通话阳平调调值的影响，发音人很自然地向普通话的调值靠近，调值升高。从去声的差异来看，未学过普通话的发音人调值为213，学过普通话的发音人调值为212，但是从图中可以明显看到未学过普通话的发音人的去声调型不是十分明显的凹调，折点在第三个点，而学过普通话的发音人的去声折点为第四个点，是一个非常典型的凹调，这个也应该是学过普通话的发音人受到普通话上声调值的影响而更加清楚明确地发为凹调。阳平和上声的差异很小，不能看出规律。

3. 对于年龄的细致分组讨论我们不能直接看到什么规律，但是我们以40岁为界将年龄重新分组可以发现一些变化的规律，40岁以下发音人的读音呈现这样一种趋势，阴平起点终点下降，阳平起点上升，终点下降，上声起点上升，以至于弯头消失，完全成为一个降调，去声起点、折点、终点都下降，具体来看，四个声调调值的变化趋势是阴平 35 > 24，阳平 31 > 31，上声 53 > 52，去声 213 > 212，阴平调值升高，阳平不变，上声降调更加明显，去声的折点从第三个点变为第四个点，凹调的形态更加明显。这让我们可以有这样的假设：本文得到的不同调型的起点和终点的滑移方向是否有可能预示声调调型演变的趋向？

4. 以上的所有分析，不论是系统性的还是随机性的，都是不同社会背景下成都话四个调位的调位变体，都不具有区别调位的意义①。文章只是研究他们之间的差异、分布特点以及相互关系。从分析的结果来看有一些相似之处，声调的稳态段的变化比较小，动态段的变化比较大，文章对声调的稳态段和动态段都有比较详细的分析和讨论。

通过这样的分组讨论，我们对成都话的单字调有了比较全面的讨论和分析，这个对于成都方言研究和整个方言的声调研究都有一定的意义。

参考文献：

[1] 甄尚灵. 成都语音的初步研究 [J]. 四川大学学报，1958（1）. 又见四川大学方言调查工作组. 四川方言的音类和音值 [J]. 四川大学学报（哲学社会科学版），1960（3）. 又见黄尚军. 成都话音系 [J]. 西华大学学报（哲学社会科学版），2006（1）. 又见何婉. 四川成都话音系词汇调查研究 [M]. 成都：四川大学出版社，2013：15.

[2] 石峰. 实验音系学探索 [M]. 北京：北京大学出版社，2009.

[3] 朱晓农. 语音学 [M]. 北京：商务印书馆，2010.

[4] 周及徐. 20 世纪成都话音变研究 [J]. 四川师范人学学报（社会

---

① 变体一旦获得了主流的认同，就会成为主体，形成区别特征，具有区别意义。

科学版），2001（4）.

　　［5］Labov. W. Principle of Linguistics Change：Social factors. Oxford &Cambridge：Blackwell. 2001.

　　［6］孙金华. 拉波夫的语言变化观［M］. 南京：南京大学出版社，2009.

附录：

单字调实验分析发音字表：

阴平：巴 冰 夫 丹 低 都 阿 衣 乌

阳平：八 笔 不 搭 滴 读 麻 一 目

上声：把 比 补 打 底 堵 马 以 五

去声：坝 币 布 大 地 度 骂 义 互

语音样本的分组平均 T 值统计数据①：

	男性	女性	新成都人	老成都人	学过普通话	未学过普通话
阴平	2. 15	2. 29	2. 46	1. 96	1. 74	2. 73
	2. 37	2. 52	2. 70	2. 17	1. 95	2. 98
	2. 63	2. 77	2. 95	2. 42	2. 18	3. 25
	2. 92	3. 03	3. 22	2. 69	2. 46	3. 51
	3. 20	3. 29	3. 49	2. 97	2. 76	3. 75
	3. 45	3. 55	3. 74	3. 23	3. 06	3. 96
	3. 71	3. 80	3. 99	3. 49	3. 37	4. 16
	3. 97	4. 03	4. 21	3. 75	3. 66	4. 35
	4. 26	4. 24	4. 43	4. 02	3. 96	4. 53

---

　　① 计算时保留小数点后四位，为了方便对比和列表，表格中保留小数点后两位。

	男性	女性	新成都人	老成都人	学过普通话	未学过普通话
阳平	2.69	2.69	2.83	2.51	2.49	2.89
	2.52	2.52	2.65	2.35	2.33	2.71
	2.33	2.32	2.44	2.17	2.15	2.50
	2.10	2.11	2.22	1.96	1.96	2.24
	1.83	1.85	1.95	1.71	1.75	1.93
	1.50	1.54	1.63	1.39	1.50	1.55
	1.11	1.14	1.21	1.03	1.15	1.11
	0.66	0.68	0.73	0.59	0.75	0.60
	0.18	0.15	0.22	0.09	0.26	0.06
上声	4.85	4.75	4.81	4.77	4.87	4.70
	4.84	4.81	4.84	4.79	4.84	4.79
	4.72	4.77	4.76	4.73	4.73	4.77
	4.49	4.59	4.55	4.55	4.51	4.59
	4.10	4.25	4.17	4.21	4.13	4.25
	3.53	3.72	3.60	3.69	3.58	3.71
	2.76	3.01	2.85	3.00	2.87	2.96
	1.92	2.18	1.96	2.22	2.07	2.08
	1.06	1.22	1.00	1.35	1.20	1.11
去声	1.00	0.90	1.02	0.85	0.84	1.05
	0.70	0.61	0.71	0.58	0.47	0.83
	0.62	0.48	0.58	0.47	0.26	0.80
	0.69	0.49	0.63	0.49	0.22	0.91
	0.88	0.64	0.83	0.62	0.35	1.12
	1.13	0.87	1.08	0.84	0.56	1.39
	1.42	1.16	1.39	1.09	0.84	1.68
	1.74	1.45	1.71	1.39	1.16	1.97
	2.06	1.72	2.01	1.66	1.46	2.25
人数	15	23	21	17	19	19

分年龄组 T 值统计数据

	age1: <20	age2: 20~29	age3: 30~39	age4: 40~49	age5: 50~59	age6: >60
阴平	1.95	1.37	1.79	2.12	2.89	2.79
	2.16	1.55	2.01	2.32	3.15	3.04
	2.39	1.76	2.27	2.55	3.44	3.28
	2.67	2.04	2.55	2.80	3.72	3.48
	2.99	2.36	2.85	3.05	3.97	3.68
	3.29	2.65	3.15	3.29	4.20	3.83
	3.60	2.96	3.47	3.56	4.41	3.94
	3.87	3.28	3.77	3.81	4.61	4.06
	4.12	3.66	4.06	4.06	4.77	4.23
阳平	2.65	2.20	2.52	2.62	3.05	2.68
	2.47	2.07	2.39	2.42	2.87	2.51
	2.28	1.91	2.22	2.19	2.65	2.29
	2.12	1.75	2.01	1.96	2.38	2.04
	1.95	1.55	1.78	1.68	2.06	1.75
	1.77	1.28	1.50	1.32	1.65	1.40
	1.38	0.98	1.11	0.98	1.17	1.02
	1.01	0.59	0.66	0.56	0.63	0.53
	0.51	0.08	0.17	0.12	0.09	0.00
上声	4.97	4.82	4.82	4.77	4.67	4.82

	age1： <20	age2： 20~29	age3： 30~39	age4： 40~49	age5： 50~59	age6： >60
	4.79	4.76	4.95	4.86	4.75	4.92
	4.56	4.63	4.98	4.81	4.71	4.91
	4.25	4.42	4.85	4.59	4.52	4.79
	3.84	4.11	4.47	4.21	4.14	4.53
	3.33	3.63	3.85	3.63	3.54	4.14
	2.67	3.04	2.99	2.89	2.71	3.62
	1.90	2.38	2.00	2.10	1.73	2.99
	1.03	1.55	1.01	1.28	0.70	2.18
去声	0.83	0.82	0.87	0.53	1.15	1.21
	0.39	0.48	0.58	0.21	0.90	1.10
	0.12	0.29	0.41	0.09	0.83	1.23
	0.08	0.23	0.40	0.09	0.92	1.49
	0.27	0.32	0.52	0.18	1.13	1.76
	0.48	0.50	0.76	0.36	1.41	2.04
	0.86	0.72	1.01	0.59	1.71	2.36
	1.24	1.06	1.28	0.81	2.02	2.66
	1.51	1.36	1.62	1.01	2.32	2.95
人数	6	6	6	4	12	4

年龄段分组 T 值统计数据

<40								
阴平	1.70	1.91	2.14	2.42	2.73	3.03	3.34	3.64	3.95
阳平	2.46	2.31	2.14	1.96	1.76	1.52	1.16	0.75	0.25
上声	4.87	4.83	4.73	4.51	4.14	3.60	2.90	2.09	1.20
去声	0.84	0.48	0.28	0.23	0.37	0.58	0.87	1.19	1.49
>=40								
阴平	2.71	2.96	3.23	3.49	3.73	3.94	4.15	4.34	4.52
阳平	2.89	2.71	2.49	2.23	1.92	1.53	1.10	0.60	0.08
上声	4.72	4.80	4.77	4.59	4.23	3.68	2.93	2.06	1.11
去声	1.04	0.80	0.76	0.87	1.07	1.33	1.62	1.90	2.18

性别 sig. 值

阴平	0.590	0.577	0.619	0.707	0.746	0.726	0.734	0.821	0.940
阳平	0.985	0.988	0.958	0.957	0.871	0.768	0.783	0.875	0.697
上声	0.237	0.677	0.649	0.417	0.363	0.353	0.285	0.321	0.570
去声	0.555	0.634	0.504	0.385	0.364	0.345	0.331	0.286	0.198

40 岁为界 Sig 值

阴平	0.000	0.000	0.000	0.000	0.000	0.001	0.002	0.005	0.016
阳平	0.025	0.030	0.042	0.103	0.322	0.942	0.443	0.034	0.006
上声	0.050	0.977	0.181	0.118	0.147	0.267	0.514	0.880	0.844
去声	0.504	0.149	0.031	0.007	0.006	0.005	0.006	0.013	0.026

家庭背景 sig. 值

阴平	0.046	0.047	0.055	0.063	0.068	0.071	0.068	0.074	0.091
阳平	0.014	0.021	0.030	0.037	0.037	0.039	0.088	0.173	0.254
上声	0.827	0.464	0.520	0.676	0.881	0.968	0.959	0.781	0.622
去声	0.183	0.271	0.274	0.179	0.110	0.099	0.060	0.046	0.032

语言背景 sig. 值

阴平	0.000	0.000	0.000	0.000	0.000	0.001	0.002	0.005	0.016
阳平	0.010	0.012	0.015	0.030	0.099	0.425	0.941	0.352	0.141
上声	0.036	0.184	0.678	0.926	0.869	0.688	0.376	0.122	0.045
去声	0.534	0.322	0.231	0.175	0.167	0.140	0.141	0.168	0.190

（四川大学海外教育学院　成都 610044）

The Social Linguistic Research of the Monosyllabic Tones of Chengdu Dialect

He Wan

(School of Oversea Education, Sichuan university)

Abstract: As the representative of the southwest branch of the Chinese northern dialect, the Chengdu dialect and its tones of can be tested in the ways of social linguistic research. This paper is intended to analyze the monosyllabic tones of Chengdu dialect from the aspects of age, sex, family background as well as language background. By drawing tone curves and gathering statistics, we compare them with the prominence, therefore we can understand and analyze the tone of Chengdu dialect more clearly, and we are able to infer the developing trend of the tones of Chengdu dialect to a certain extent.

Key words: tone curves; Chengdu dialect; language background; statistics

因声求义论

——以郭沫若研究为中心①

汪启明　黄毓芸*

摘　要　三朝两汉的书,使用假借字的现象非常普遍。音同、音近之词在古书之中常常互为借用。以声求义则是明假借求本字的一条途径。其学理在于字所记录的词是音义结合体,字可易而所记之词不变。因声求义在清代发挥到了极致。郭沫若亦将因声求义用于古文字、古文献研究之中,成果显著。

关键词　因声求义;假借字;破假借;郭沫若

---

　　* 作者简介:汪启明,西南交通大学中文系教授,博士生导师,中国训诂学研究会常务理事,副会长。主要研究方向为汉语言文字学,古籍整理与出版。黄毓芸,西南交通大学中文系在读博士研究生,研究方向为古籍整理与出版。
　　① 本文是四川省社科重点研究基地四川郭沫若研究中心 2006 年重点项目"郭沫若语言文字学方法论稿"(编号〔GY2006204〕)的部分成果。

一

　　三代两汉书，无论是传世文献还是出土文献，使用假借字的
现象非常普遍。某些词有音无字，可用同音字来代替；就是已有
其字者，也常常借用音同、音近字来表达。古人注疏，亦间以音
同、音近字释义。历代文献，或以五厄，或以十厄，真书伪书，
钞本印本，书贾滥刻，手民之误致用字多歧。面对这些情况，如
果仅据字形以释词义，囿于张有之学，津津引笔画篆，即必壅窒
难通。以出土文献例，如白簋，其盖铭为"白达作宝簋"，其器
铭为"白达作宝羔"，可见"羔"乃"簋"的借字；又如襄鼎
"其眉寿无期"，子璋钟作"其眉寿无基"，可见"基"乃"期"
的假借。不明假借，或会误释，或会百思不得其解，一旦我们以
声求义，"破其假借之字而读以本字，则涣然冰释"。学者在阅
读文献时当超越字形束缚，通过语音联系，破其借字，直指本字
本义。因声求义的学理在于字所记录的词是音义结合体，字可易
而所记之词不变。一般认为，假借以临书仓促无其字而生，我们
认为这仅仅是假借的原因之一。产生假借字还有崇古、书法、卖
弄等其它原因。假借与破假借是相辅相成的关系。他们均肇端于
先秦两汉时期，假借不灭则破借不止。至清，顾炎武、戴震、段
玉裁、王念孙、王引之等在理论和实践上都将"因声求义"发
挥到了极致。

　　晚近，郭沫若研究古文字与古文献，独成一家。在他的研究
中，往往根据字的读音，"引申触类，不限形体"，破其假借之
字而读以本字，再结合字形分析字义，并以之作为校正文献，求

得确解的不二法门。

因声求义要求突破字形束缚，着重从音的同、近、通、转上看问题，这是清人治学成功之要诀。郭沫若熟练地掌握了这一语言文字学的基本原理和方法。以古文字例，如《粹》1428 片："癸酉贞：旬亡卜？癸酉贞：旬亡火？"郭沫若指出"火"与"卜"同例，当破读为"祸"；以传世文献例，如郭沫若举《周易》中"孚乃利用禴"（《萃》六二及《升》九二，凡两见），此外，如《周易》中"意义虽然很鲜明而不敢妄定的无数的孚字（经文中的孚字凡三十三处，古人均一律训信，有些地方实在讲不通）"，[1]52但是求诸音就涣然冰释，郭沫若谓："（九四）'随有获…有孚在道。'孚字或许怕就是俘字罢（案：古金文俘字均作孚）。——从《萃》的六二和《升》的九二看起来，觉得一点也不牵强。"[1]51又如郭沫若在《卜辞中的古代社会》一文说："古金文中呼字多作乎，此所谓'贞乎子渔'即'贞呼子渔'，卜辞乎字用作呼字例亦屡见不鲜，如：'乎多臣伐舌方。（《前》四，三一，三）''壬戌贞乎子伐又于甙，犬。'（《余》四，一）皆是呼字，此第二例的子伐亦即人名，与上'贞乎子渔'同例。"[1]201"乎"是"呼"的声母，以声母求声子即通，如果不从音出发，只求诸形，就会曲解文意。再如《逸周书·世俘解》："武王遂征四方，凡憝（敦）国九十有九国，馘麿亿有七（原误为'十'）万七千一七百七十有九，俘人三亿万有二百三十。"郭沫若解释说：

> 憝是敦伐的意思。麿字是鬲的别体（原书作"魔"，因形近而致误）。麿这种身分的人，在周初的彝器中作鬲或人鬲。

"姜赏令贝十朋、臣十家、鬲百人。"（《矢令簋》）"锡汝邦司四伯，人鬲自驭至于庶人六百又五十又九夫。锡夷司王臣十又三伯，人鬲千又五十夫。"（《大盂鼎》）

矢令簋是成王（前 1055 年—前 1021）时器，大盂鼎是康王（前 1020 - 前 996）时器。鬲与人鬲就是古书上的民仪与黎民，黎、仪、鬲（歷）是同音字。鬲是后来的鼎锅，推想用鬲字来称呼这种"自驭至于庶人"的原因，大概就是取其黑色。在日下劳作的人被太阳晒黑了，也就如鼎锅被火烟櫖黑了的一样。今文家的"民仪"字样，古文家称为"民献"，推想是古文家读了别字，把鬲字误认为甗字去了。[1]24

"憨—敦""歷—鬲""黎—仪—鬲（歷）"三组字的释读与证明，都借助了因声求义的力量。

二

在郭沫若的学术研究中，因声求义的例子不少，我们举一些来说明他这种研究方法的特点及所起到的功用。

（一）破通假

在郭沫若的研究中，大量地使用求本字的方法。解决了通假字，也就解决了文献的语义理解问题。

1.《管子集解》第六卷："士之有田而不使者几何人吏恶何事。"郭沫若加了案语："'不使'谓不仕也。'吏恶何事'当为'吏恶可使'，谓为使者何可使之不仕也。何、可；事、使，古字通用。"[1]59郭沫若对"不使"作注，谓不仕，然后根据何与可、事与使古字通用来判断"吏恶何事"当为"吏恶可使"，还了文献本来的文字和意义。

2. 《管子·版法解》："非斧钺无以畏众。"郭沫若认为："威"乃后起字。故金文即以"畏"为"威"。《大盂鼎》"畏天畏"即"畏天威"。《毛公鼎》"敃天疾畏"，均为"威"字。[2]449郭沫若根据《大盂鼎》《毛公鼎》认为"威"乃后起字，金文以"畏"为"威"，判断《管子》此处亦当如是解。

3. 《后汉书·东夷传》："夷有九种，曰畎夷、于夷、方夷、黄夷、白夷、赤夷、玄夷、风夷、阳夷。……殷汤革命，伐而定之。至于仲丁，蓝夷作寇。自是或服或畔，三百余年。武乙衰敝，东夷浸盛，遂分迁淮岱，渐居中土。"卜辞里面有很多征尸方和盂方的纪录，所经历的地方有齐有雇（即《商颂》"韦、顾既伐"之顾，今山东范县东南五十里有顾城），是在山东；有灊（今安徽霍山县东北三十里鬻城）有攸（鸣条之条省文），在淮河流域。《左传》昭四年有"商封为黎之搜，东夷叛之"，这之间有什么关系呢？郭沫若经过考证，认为《左传》的"为黎之搜"以前的东夷之服，就是帝乙远征所到之地。"帝乙所征的盂方自然是于夷，所征的林方大约就是蓝夷。古音林蓝都是读[lam]的。所谓尸方，大约是包括东夷全体。古音尸与夷相通，周代金文称夷也用尸字。看这情形，尸当是本字，夷是后人改用的。称异民族为'尸'者，犹今人之称'鬼子'也。"[1]454郭沫若根据字的读音来说明帝乙所征者为夷，等同于甲骨文中的"尸"，通过通假字识读，解决了甲骨文和传世文献中的"夷"的问题。

（二）求双声

钱大昕提出"双声假借说"，谓："声相近之字即可假借通用，如《诗》'吉为'或作'吉圭'、'有觉德行'或作'有梏'，《春秋》季孙意如或作'隐如'、罕虎或作'轩虎'，此类甚多，未易更仆。"[3]93 王国维《尔雅草木虫鱼鸟兽释例序》进一步为其张本："近儒皆言古韵明而后训诂明，然古人假借转注，多取双声。段、王诸儒自定古韵部目，然其言训诂也，亦往往舍其所谓韵而用双声。其以叠韵说训诂者，往往扞格不得通。然则与其谓古韵明而后训诂明，毋宁谓古双声明而后训诂明与！"[4]219 双声之字，义亦当求乎声。屈原《天问》："眩弟并淫，危害厥兄，何变化以作诈，而后嗣逢长。"王逸《楚辞章句》以此为象事，而王国维疑之，以为所叙，"当亦记上甲事，书阙有间，不敢妄为之说"，郭沫若指出："有扈即有易，王氏已言之，有扈屡与殷人有仇，至上甲微之世始翦灭之，有扈殆象之后嗣，即象所封之'有庳'（见《孟子 万章上》）。古庳扈双声（古轻唇音与重唇音无别），而庳易迭韵（古音同在支部），是庳字兼有扈易二音，其音比较扈易二字为更确。"[1]225 这是通过双声迭韵关系来明词义。

（三）证同源

1. 甲骨卜辞中有两个人名，"贞子渔有䀘于娥，酒。"（《铁》二六四，一）"贞有犬于娥，卯龏。"（《前》四，五二，二）"X卯卜X贞求年娥于河。"（《林》一，二一，一四）其中"娥"字，则《说文》："娥，帝尧之女，舜妻，娥皇字也。"郭沫若认为甲骨文中这个人就是"娥皇"，亦即羲和。另有一片："己未宜于䨞，芍三，卯十牛，中。"（《前》六，二，三）"己未宜〔于〕🔣，芍（缺）人，卯十牛，左。"（同上二）郭沫若认为，"此人名奇字，王氏疑峨，罗氏谓从义京（见《商路侍问编》）。余谓此乃义京二字之合书，人名合书乃卜辞通例。义京由音而言则当即常义若常仪（古义，羲，仪均读我音，同在歌部，京、常同在阳部）。"[1]226郭氏认为"娥字除固有名词之外古无他用"，"羲和、常义即娥皇、女英"。羲、仪、义三字是同源字的关系。

2. 有的时候，郭沫若还在一段文字中，用因声求义的方法，寻找出好几组同源字来求义。如："《🔣尊》与《🔣卣》确系成王东伐淮夷践奄时器，今于《🔣鼎》（《积古斋》六，二三）复得一证。《定鼎铭》：'王令🔣戠（捷）东反夷，🔣肇从🔣征，攻𢏠（跃）无𢓊（敌），相匄（于）人身，孚（俘）戈，用作宝尊彝，子子孙孙其迖（永）宝。'戠字钱坫释载，云：'载国名，《春秋公羊传》作载，《左传》作戴，《说文解字》作𢧜，此用《解字》之体而上略异。'案此字在此乃动词，非国名。且字形与截字亦自有别。余谓此乃捷字。新出三字石经，'郑伯捷'之古文作🔣，从木与此从草同意，𢏠字前人释战，案乃龠字，此假为跃，说详《甲骨文字研究·释和言篇》。𢓊、敌，匄、于，孚、俘，迖、永，均古今字。"[1]294古今字就是同源字之一类。

3. 如《尚书》："天棐（非）忱，尔时罔敢易法。"（《大诰》）"天畏（威）棐（非）忱，民情大可见，小人难保，……惟命不于常。"（《康诰》）"天不可信"，（《君奭》）所谓"天棐忱"或"天畏棐忱"便是《大雅·大明》的"天难忱斯，不易惟王"，也就是"天不可信"的意思。棐都是非字（孙诒让说），旧时的注家都训为辅，弄得大错，"惟命不于常"和《大雅·文王》的"天命靡常"也是同义语。[1]334 秉、非音近义同，自当为同源字。

4. 明音近

古人音无标准，所谓的"正音"也只是帝王都邑的方音。音近而相混的字不在少数。如郭沫若分析："淮、徐、荆、舒每连言，必系同族，且为殷之同盟，《禽彝》言'王伐楚侯'，《令簋》言'王伐楚伯在炎'，当即成王'东伐淮夷残奄'之事。'炎'当即是奄，炎音在谈部（am），奄音在侵部（im），侵谈二部古音极近，且同属收唇之音。《诗·陈风·泽破》菡萏与枕为韵，他如衔含通用，岩嵒通用，均二部音混用之证。"[1]290

5. 说通转

音转是古代文献中的一种特殊现象，有时文字既不同音，也不是音近的关系，但有对转、旁转关系，其原因或为不同时代的古今之转，或为不同地域的方音之转，亦需要因声求义，才能正确理解文献。如郭沫若分析"王在斤"之"斤"（同岸，an）与"王在炎"之"炎"，"亦即'残奄'之奄"，因为"'斤'音虽在元部，然与侵谈部每相通转。如'冉'在谈部，'那'在元部（一读元部之阴声歌部），而'那'从冉声。又如'敢'在谈部，而'勇敢'或谓之'勇果'；'坎'在侵部，而'盈坎'或谓之'盈科'；'果'、'科'皆歌部字，元部之阴声（即罗马字母 a 音）。故斤、炎、奄，当同是一地之异译。"[1]291 斤、炎、奄三字音转而义通。又如《老聃、关尹、环渊》一文载，《汉书·艺文志》道家中"《蜎子》十三篇"，班固自注云"名渊，老子弟子"，郭沫若分析道：

这蜎渊自然就是《史记》的环渊，娟环亦一音之转。
……环渊在《淮南·原道训》上又称娟环。"临江而钓，旷
日而不能盈罗，虽有钩箴芒距，微纶芳饵，加之以詹何、娟
嬛之数，抚不能与网罟争得也。"……在《文选》所录的枚
乘《七发》上又称为便蜎。"庄周、魏牟、杨朱、墨翟、便
蜎、詹何之伦。"李善注云："《淮南子》曰："虽有钩针芳
饵，加以詹何、蜎蠉之数，犹不能与网罟争得也。'高诱
曰：'蜎蠉，白公时人。'《宋玉集》：'宋玉与登徒子偕受钓
于玄渊。'《七略》曰：'娟子名渊，楚人也。'"……以上
环渊之名有关尹、玄渊、娟嬛、蜎蠉、便蜎、便蠉等各种异
称，然而其变幻之烈尚不仅此。环渊的异名由音变及传讹多
到了十种以上，这真是一件惊人的事。但我们在这里也应该
以秦为分水岭而判别出它们的孰正孰讹。大抵玄渊、关尹、
范蠉、范蜎（《荀子》它嚣所由误）是秦前的，而环渊、蜎
渊以下则是秦后的，距古愈远者则变化愈烈，玄渊见《宋
玉集》，同是属于楚国的人，大率以这个名字为正，其它均
是讹变。[1]542

6. 推寻联绵词

联绵词是一特殊的双音节衍声复词。联绵有双声、迭韵、双
声兼迭韵和非双声迭韵多种类型。如"参差""鬌发""玲珑"
等都是联绵词，联绵词往往有多种写法，且不可分训。不同写法
之间，虽然字形不同，但是记录的是一个词，这也只能求诸声，
方得确解。郭沫若有时通过联绵词破解词义。如他说："《庄子》
的原文本是'一命而伛，再命而偻'。伛与偻，是'伛偻'这个
联绵字的析用。伛偻或作痀偻，又或作曲偻，今人言驼背也。此

外，如车弓曰'枸篓'（见《方言》），地之隆起处曰'欧篓'，
（见《史记·滑稽列传》），人苦作而弓背曰劬劳，又作拘录或钩
录（见《荀子》），都是一语之转，但都先伛而后偻。一落到刘
歆手里，却变成了先偻而后伛。这分明是他的记忆绞了线。《左
传》是这样，《史记》也是这样。"[1]448 这里，郭沫若举出了"伛
偻"这组联绵词的不同形式，"伛偻—痀偻—曲偻—枸篓—欧篓
—劬劳—拘录—钩录"，要说明的一点是，这些不同的形式，除
语音上有关而外，意义上也是一脉相承的，是一组同源词。又如
《青铜时代》："'论伦无患'，者，玲珑而不溓漫也，论伦当是双
声连语，与下中正为对文，故知当读为玲珑。玲珑而不溓漫
（所谓和而不流）是乐的精神，它的功用便是使人欣喜欢爱，即
是乐者为同而相亲。"[1]500

7. 正旧说

如果前人在解释文献时，不从声韵出发，就可能误读文献。
因声求义则是正确解释文献的一种不二法门。如《尚书》中有
一句话："高宗谅阴，三年不言。"一般将这段释为'三年之
丧"，郭沫若说：

> 健康的人要"三年不言"，那实在是办不到的事，但在
> 某种病态上是有这个现象的。这种病态，在近代的医学上称
> 之谓"不言症"（Aphasie），为例并不稀罕。据我看来，殷
> 高宗实在是害了这种毛病的。所谓"谅阴"或"谅闇"，大
> 约就是这种病症的古名。阴同闇是假借为瘖，口不能言谓之
> 瘖，闇与瘖同从音声，阴与瘖同在侵部，《文选·思玄赋》，
> "经重瘖乎寂寞兮"，旧注，"瘖古阴字"，可见两字后人都
> 还通用。这几个字的古音，如用罗马字来标出，通是 am，

当然是可以通用的。亮和谅，虽然不好强解，大约也就是明确、真正的意思吧。那是说高宗的哑，并不是假装的。得到了这样的解释，我相信比较起古时的"宅优"、"倚庐"的那些解释要正确得多。[1]439

8. 明地理

有时通过方音的通转，可以发现历史上国名有不同的写法，从而确定史实发生的所在，避免张冠李戴。例如先秦文献中有时把"殷"写成"衣"，王国维说："殷本月声，读与衣同，故《康诰》'殪戎殷'，《中庸》作'壹戎衣'。郑注：'齐人言殷声如衣。'《吕氏春秋·慎大览》'亲郼如夏'，高注郼读如衣，今竟州人谓殷皆曰衣。"根据这样的先例，郭沫若认为："宋当为'商'之转。卜辞中有'商'有'衣'而无'殷'字。徐疑即徐夷。金文作郲。卜辞中有地名曰'余'者或即其初地。"[1]237又说："《商颂》本是春秋中叶宋人做的东西，在《史记·宋世家》中是有明文的，因为'宋'字本是'商'的音变，春秋时的宋人也自称商，如《左传》僖公二十二年宋子鱼言'天之弃商久矣'，便是例证。故尔宋人做的《颂》也可以称为《商颂》。"[1]322王国维解决了"言殷如衣"，而郭沫若则通过因声求义解决"言宋如商"的问题。

9. 别人名

《穀梁传·桓公二年》："孔子曰：'名从主人，物从中国。'"古代姓名用字在不同的文献却有不同的写法。这也只有求诸声而不求诸形，才能还其文献所指之实。如上文我们谈到王国维以"有扈即有易"，郭沫若说"有扈"就是象之后嗣，即象所封之"有庳"，这样的例子在郭沫若的研究中很多。这里再举两例。

（1）尧有两个女儿，《列女传》："二女长曰娥皇，次曰女英。"《大戴礼·五帝德》："依于倪皇。"又《帝系》："帝舜娶于帝尧之子谓之女匽氏。"郭沫若指出："《世本》作女莹，《古今人表》作女罃。娥皇、倪皇自即帝俊所妻之娥皇、羲和；女匽即女英，女莹或女罃，乃女英之音变，女英、女匽当即常羲、常仪之音变，古音英常同在阳部，而匽与羲仪则歌元阴阳对转，是则帝俊与帝舜当为一人。"[1]224

（2）张守节《史记正义》（"《五帝本纪》第一"注）："太史公依《世本》《大戴礼》以黄帝、颛顼、帝喾、唐尧、虞舜为五帝，谯周、应劭、宋均皆同，而孔安国《尚书序》、皇甫谧《帝王世纪》、孙氏注《世本》，并以伏羲、神农、黄帝为三皇，少昊、颛顼、高辛、唐、虞为五帝。"郭沫若指出："少昊金天氏帝挚，其实当即是契，古挚契同部，挚之母常傲、契之母简狄，实系一人。"[1]228这是用语音同部的方法证明古代的挚、契二人实为一人。

10. 明用韵

从语言文字切入，尤其从音韵入手，不仅可以研究文献的字词，还可以研究文献内容，更好地理解文献。

（1）郭沫若说："经文的爻辞多半是韵文，而且有不少是很有诗意的"，如"屯如，邅如，乘马班如：匪寇，婚媾。"（《屯》六二）是"邅班为韵，寇媾为韵，更加三个如字的语助词"，表现出去找爱人"那迟回不进的情趣"，又如"鸣鹤在阴，其子和之。我有好爵，吾与尔靡之。"（《中孚》九二）郭沫若说："爵就是酒杯，靡当读为波，与和字为韵，大概就是醉酒之意。这简直是享乐的世界了。……'吾与尔'假如我们更大胆地解释成一男一女，那会怎样呢？……那会是怎样一首有趣的恋歌呢？"[1]63

（2）《管子·乘马》："故曰今日不为明日亡货。"郭沫若说："如以韵求之，'货'与'为'为韵，古音同在歌部。然断不能与'来'字为韵，'来'在之部，其音远隔。改'亡货'为'亡贷'或'亡时'，则可与'来'字为韵，然与义终有未安，余意上二句不误，上文言'事不治则货不多'，义正同。下句'昔之日已往而不来矣'，细审其语调，'已'下疑脱'矣'字。'昔之日已矣，往而不来矣'，则'已'与'来'为韵，似更有风致。"[5]156郭沫若根据音韵的特点，来辨别改"亡货"为"亡贷"或"亡时"，但还是觉得于义不安，又根据用韵来说明可能有脱字，以用韵补之，方能得其确解。

通过用韵的考求，还可以将一些通假字求得正确的本字。《管子·幼官篇》："十二养（本作义）气至。"丁士涵说"义气"不可解，"义"当为"和"，是声之误。许维遹说"义""和"形远无由致误。"义"为"养"字之讹，"养"通为"阳"。郭沫若赞成丁氏之说，谓："义"与"和"，古同歌部，故云"声之误"。实则义可读为和也。许则以形求之，由义而养，由养而阳，殊费转折。[5]205

有时，不仅通过韵读可以求得文字的确切解释，还可以了解文字在一个句段中的正确层次。《管子·参患篇》："道正者不安则才能之人去亡。"张文虎认为"去亡"有衍文，许维遹说张说大体可从，但"亡"当作"己"，是字之误。郭沫若不同意他们的看法，认为"亡"字不误，亦非衍。《法法篇》有"道正者不安则材能之臣去亡矣"，与此同。并说"古人自有复词，此例至多"。然后从用韵上考究："安"与"乱"为韵，"亡"与"党"为韵。下文迭出，则"亡"与"党"为韵，"难"与"乱"为韵。证实了他的结论。[6]119

11. 校文献

有时通过用韵的整理，还可以将文献中的文字加以谠正，这也是因声求义的内容。如《管子集解·牧民》："故省刑只要在禁文巧，守国之度在饰四维。"郭沫若说："本篇乃有韵之文。句每偶行，其单行之句亦每句中有偶。韵多句自为韵，其偶句为韵者仅'不务天时则财不生，不务地利则仓库不赢'一联而已。此'守国之度在饰四维'与'省刑只要在禁文巧'为偶句。'省刑只要在禁文巧'，'要'与'巧'韵，句自为韵者。而'守国之度在饰四维'，'维'既不与'巧'韵，'度'复不与'维'韵，自当有误。疑'度'当作'癸'，'揆'之省文。'揆'亦度也。'癸'则与'维'句中韵矣。"[5]37郭沫若根据韵例和用韵特点，校勘"度"当作"癸"，是"揆"之省文，这样才可以讲通意义。就《幼官》"九举而帝事成形"一句，郭沫若提出："原文有韵，'形'当为'功'。终、从、丰、充、用、功为韵。'帝事'谓'帝王之事'，尹注不误。唯谓'帝王之事既已成形'，'形'亦当为'功'，殆后人所改。"[5]199郭沫若根据用韵特点，来辨别尹注不误。《形势》篇："群材乃植而造器定冬完良备用必足。"郭沫若指出："文乃韵语，'植'与上文'时'为韵。'而造器'下疑夺一'藏'字，言修造兵器与其藏器也。'藏'与下文良、兵、行、常为韵。"[6]68郭沫若根据"藏"与下文良、兵、行、常为韵这个特点，来辨别"而造器"下疑夺一"藏"字，言修造兵器与其藏器也。文献不因声而校，求义则难，这也是一种因声求义。

12. 解逸篇

《周书》逸篇中有《旅獒》一篇，郭沫若怀疑应该是"《鲁诰》"，并从音韵上加以证明。旅，读为鲁，依据是①《说文》"旅古文以为鲁卫之鲁"；②《史记·周本纪》"周公受禾东土，鲁天子之命"，《书序》作"周公既得命禾，旅天子之命"。③《周公簋》有"拜稽首鲁天子造厥顺福"的话。是周初古文本作鲁者，壁中书作旅也。獒，读为豪，又读为诰。依据是：①陆德明《释文》："马云作豪，酋豪也。"《正义》引郑玄云："獒读曰豪，西戎无君，名强大有政者为酋豪。国人遣其酋豪来献，见于周。"是则作豪作獒，汉时已无定本；②"豪""獒"均"诰"字音变，古幽宵二部音极相近，《诗》、《易》诸书已屡有混用。结论是"汉人师传本由口授，因《鲁诰》久逸，故致有此变名"。[1]277

以上十二端，可见郭沫若因声求义之事项的特点与功用。

三

要做到因声求义，没有深厚的古代音韵学基础则难有所作为。清人治学成功的真正根基正在于以通古音为求古义之必要条件。郭沫若于音韵学则有相当的造诣。这里举一个例子。

从中古汉语到现代汉语，汉语语音系统最重要的变化有三点：入声［-p］、［-t］、［-k］消失，闭口韵［-m］消失。

现代粤语仍然保留有三个这样的韵母，分别是"谈"、"琴"、"严"，相当于《中原音韵》里的"监咸"、"侵寻"、"廉纤"这三个韵部。但闭口语韵是什么时候消失的呢？有人以为是南宋时期，并举杨万里、辛弃疾词为证，也有人认为早至唐的。晚者，有认为是元的，从《元朝秘史》的蒙汉对译发现部分 [–m] 字已经开始消失。比如蒙古语静动词的过去时态后缀 [–qsan]，在书中有时竟音译为"黑三"。"三"的中古汉语是 [sam]，今日粤语客家话仍然保存 [–m] 音；但官话是 [san]。换句话说，元末明初，"三"在北方话已变成 [san]，[–m] 开始转为 [–n]。但总的来说，元末北方话还保留着侵寻、监咸、廉纤这些 [–m] 收尾音。[7]742

1959 年，新疆发现《坎曼尔诗签》两抄件，甲件标号为 7583，乙件标号为 7584，前者为作者自做诗，后者为抄写白居易诗《卖炭翁》。其中有《忆学字》："古来汉人为吾师，为人学字不倦疲。吾祖学字十余载，吾父学字十二载，今吾学之十三载。李杜诗坛吾欣赏，讫今皆通习为之。"又有《教子》："小子读书不用心，不知书中有黄金。早知书中黄金贵，高招明灯念五更。"《诉豺狼》："东家豺狼恶，食吾，饮吾血。五谷未离场，大布未下机，已非吾所有。有朝一日，天崩地裂豺狼死，吾却云开复见天。"抄写本后署"纥，坎曼尔，元和十年"。

郭沫若分析道：

> 这首诗以心、金、更为韵，心、金二字古音收唇（尾声是 [–m]），更字不收唇（尾声是 [–ng]），足见在唐代中叶，中国北部地区，远至西域，显然已把收唇音开始失掉了。

汉字侵、覃、盐、咸四平声韵，和这相应的三仄声十二
韵——上声寝、感、琰、豏，去声沁、勘、艳、陷，入声
缉、合、叶、洽，四声十六韵的字古音均读收唇（平上去
收声［-m］，入收声［-P］）。韵本中把这十六韵分别列
于四声之末，和真、蒸、庚、青及上去入的韵等不相乱，以
保持他们收唇的特性。今黄河长江流域，收唇音已全失，或
分为二字（如"那么"、"什么"就是那和甚的一分为二），
只在福建、广东等省还被保存着。国外则朝鲜、越南也未
变，日本在训读中也还有局部的残存。例如，纸不用说是中
国传过去的，但日本训读却为"卡米"［kami］，那是笺字
［kiam］的音变。

收唇音的失传，在唐代已经开始，这首《教子》诗便
是一个明证。此外在《唐人万首绝句》第二十三卷中有胡
曾《戏妻族语不正》一首，其诗云："呼十却为石，唤针将
作真。忽然云雨至，总道是天因（阴）。""十"、"针"、
"阴"都收唇，读为"石"、"真"、"因"，则不收唇。胡曾
是邵阳人，咸通中（公元 860－870 年）曾在西川任职。胡
曾的"妻族"如不是湖南人，便可能是四川人。这足以证
明长江流域有部分地区在九世纪中叶，也把收唇音丢掉了。
胡曾诗晚于坎曼尔《教子》者五十年左右，看来是北方的
语音已逐渐传播于长江流域。[1]696

双唇音韵尾的消失是从中古汉语到现代汉语发展中一个重大
的语音现象，郭沫若通过从地下发掘的新材料，论证了这一问
题。为音韵学研究提供了重要的参证资料。当然，他的音韵学也

不是无懈可击，笔者《管子诸家韵读献疑》曾有校释，可参看。[8]

参考文献：

[1] 郭沫若. 郭沫若全集（历史编）卷一［M］. 北京：人民出版社，1982.

[2] 郭沫若. 郭沫若全集（历史编）卷七［M］. 北京：人民出版社，1982.

[3] 钱大昕. 十驾斋养新录［M］. 南京：江苏古籍出版社，2000.

[4] 王国维. 观堂集林卷五［M］. 北京：中华书局，1959.

[5] 郭沫若. 郭沫若全集（历史编）卷五［M］. 北京：人民出版社，1982.

[6] 郭沫若. 郭沫若全集（历史编）卷六［M］. 北京：人民出版社，1982.

[7] 亦邻真. 元朝秘史及其复原［M］//亦邻真蒙古学文集. 呼和浩特：内蒙古人民出版社，2001.

[8] 汪启明. 管子诸家韵读献疑［J］. 管子学刊，1994（2）.

（西南交通大学中文系　成都 610031）

The Seeking the Meaning of Word by its Ancient Sound
——from the Research of Guo Moruo

Wang Qiming, Huang Yuyun

(Department of Chinese Language and Literature, Southwest Jiaotong University)

Abstract: It is rather common to use homograph characters in the works before and in Han dynasty. The words of same or similar sound are usually replaced with each other. Seeking a word's meaning according to its phonetic form is a method to find the original character. The principle is that the character is a combination of sound and meaning, whose character appearance might be changed and its meaning would maintain. The method of the seeking the meaning of word by its form of sound was applied to the most during the Qing Dynasty. Mr. Guo Moruo had also applied this method in the research of ancient characters and literature and had yield impressive achievements.

Key words: meaning of word; phonetic form, ancient homograph, Guo Moruo

"古音通假"说的历史反思

钟如雄　胡娟*

　　摘　要　本文从"古音通假"说的形成、"古音通假"的本质特征、"古音通假"形成原因等三个方面，反思前人立论的实践依据与理论错误，指出："古音通假"就是"因声求字"，即通过语音形式的同音路径，探求书面语言中错别字的本字的训诂方法，它不同于"因声求义"法和"声训"法。三者的区别是："古音通假"是寻找本字的方法，"因声求义"是解释字义的方法，"声训"是探求字义得名之由的方法。

　　关键词　古音通假；因声求字；声训；训诂

---

　　* 作者简介：钟如雄，四川合江人，文学博士，汉语言文字学硕士生导师，西南民族大学文学与新闻传播学院教授。胡娟，女，四川德昌人，西南大学汉语言文献研究所汉语言文字学 2012 级博士生。

　　"古音通假"这个名称，存在三个问题：第一，"古音"指的是哪个时代的音？汉人所说的"古音"，肯定是先秦时期的语音；唐人所说的"古音"，肯定是魏晋南北朝以前的语音；清人所说的"古音"，肯定是元明以前的语音；今人所说的"古音"，肯定是清代以前的语音。然而汉语的语音，各个时代都在变化，而"古音通假"是用来解决历代书面文献语言中字词的意义问题的，我们要解决书面文献语言中字词的意义问题，到底应该用何时何地的古音来证明"通假"？第二，"通假"能解决书面文献语言中字词意义的哪些问题，怎么才能做到真实地解决问题？有人说靠"同音"关系来解决，但问题在于是否凡是有同音关系的字词都能"通假"？因为在汉语中，有很多同音的字词，本身就有同义关系，反之也有很多同义的字词，它们并没有同音关系。第三，既然"通假"是用来解决书面文献语言中的字词意义的问题的，现代书面文献语言能不能用"古音通假"解决？如果能，那么就应该有"今音通假"。因为现代书面文献语言中也存在字词的"通假"问题，只不过我们不承认它们属于"通假"罢了，只称之为写"错别字"。这样问题就来了，为什么今人写错别字不叫"今音通假"，而古人写错别字却要美其名曰"古音通假"？难道古今人写错别字也存在是非问题吗？王力先生说："（古音通假）这一学说标志着中国语言学发展的一个新阶段，它摆脱了文字形体的束缚，把语音跟词义直接联系起来。这样做，实际上是纠正了前人把文字看成是直接表示概念的唯心主义观点。"[1]338

　　王先生这样讲，是否符合书面文献语言的实际呢？

　　我们认为，"古音通假"存在诸多不清楚、不确定的因素。

本文就"古音通假"说的形成原因、本质特征等谈谈看法。

一 "古音通假"说得名之由

先秦以前的书面文献，由于作者用字的不规范，或因后世传抄者的笔误，经常出现"错别字"。后人看前人写作的书籍，应该说很容易发现他们的错误。但是，时代愈久的书面文献，后世看起来愈是吃力，因为古字古义本身生涩难懂，再加上传抄者的笔误，简牍的错乱，简文的脱衍，浅人的臆改等等，仅看书面文字，更是很难读懂古人所说的微言大义的，在此情况下，就需要老师宿儒作注。《汉书·艺文志》云："《仓颉》多古字，俗师失其读，宣帝时征齐人能正读者，张敞从受之。传至外孙之子杜林，为作训故。"清段玉裁《说文解字·叙》注："云《仓颉》多古字者，谓《仓颉》篇中大半古文大篆，且周秦时所用音义，在汉时则为古字，如张揖作《古今字诂》所记者是也。俗师失其读者，失其音义也。正读者，正其音义也。"[2]759

东汉以前，训诂学家在作注时始发现古籍中存在着"同音替代"的用字现象，但当时他们并未萌生"古音通假"这样的认识，而通通采用"改读"的方法来加以训释。例如《诗经·鄘风·柏舟》："泛彼柏舟，在彼中河。髧彼两髦，实为我仪。之死矢靡它。"毛传："矢，誓。"毛氏认为，"之死矢靡它"应为"之死誓靡它"之误，故将"矢"改读为"誓"。因为《诗经》中原本有"誓"字，如《卫风·氓》："言笑晏晏，信誓旦旦。"但是，在《大雅·大明》"矢于牧野，维予侯心"的注释中，毛氏却没有改读。清马瑞辰传笺通释："《尔雅·释言》：

'矢，誓也。'虞翻《易》注曰：'矢，古誓字。'"三国吴虞翻则认为，"矢"是"誓"古字，不存在通假的问题。东汉的郑玄则大量地运用改读的方法来笺注《毛诗》和三《礼》等经书，且形成了一套与"通假"有关的术语，即"读为"、"读曰"、"读如"、"之言"、"之为言"和"假借字"等。例如：

（1）野有死麕，白茅纯束。（《诗经·召南·野有死麕》）郑玄笺："纯，读如屯。"

（2）有敦瓜苦，烝在栗薪"。（《诗经·豳风·东山》）郑玄笺："古者栗裂声同也。"

（3）（大卜）掌三梦之法：一曰致梦，二曰觭梦，三曰咸陟。（《周礼·春官·大卜》）郑玄注："陟之言得也。"

（4）《周礼·地官·甸师》："祭礼，共萧茅。"郑玄注引郑司农曰："萧，字或为茜。茜，读为缩。束茅立于祭前，沃酒其上，酒渗下去，若神饮之，故谓之缩。缩，浚也。"

（5）丰肉而短，宽缓以茶，若是者为之危弓。（《周礼·考工记·弓人》）郑玄注："茶，古文舒。假借字。"

（6）翣笄用桑，长四寸，缀中。（《仪礼·士丧礼》）郑玄注："桑之为言丧也。"

（7）起居竟信其志，犹将不忘百姓之病也。（《礼记·儒行》）郑玄注："信，读如屈伸之伸。假借字也。"

（8）国君则平衡，大夫则绥之。（《礼记·曲礼》）郑玄注："绥读曰妥。"

郑玄所谓"读为"、读曰"。"读如"、"古者声同"、"假借字"等，旨在说明甲、乙两个字同音，同时甲字须按乙字的意思来解释。这说明，郑玄已经把这种用字现象看成是一种纯粹的借音表意现象了。因此，要想求得甲字的意义，就必须读以乙字。这种摆脱文字形体的束缚、因声以求义的方法，郑玄谓之"假借"法。关于"假借"在书面文献中形成的原因，郑玄有其独到的认识。唐陆德明《经典释文》卷一《序录·条例》引郑玄云："其始书之也，仓卒无其字，或以音类比方假借为之，趣于近之而已。"[3]2

郑玄把"以音类比方"的用字现象称为"假借"，而假借产生的根本原因，是作者在行文时"仓卒无其字"。郑玄第一次提出了"假借字"这个概念，并且认为"假借字"是个群体性概念，即只有"甲"字和"乙"字对比分析时才能叫做"假借字"，单一的一个字不能构成假借关系。由此可知，郑玄是第一个提出"假借"说的训诂学家。清代学者钱大昕在《潜研堂文集》卷三《古同音假借说》中说："汉人言'读若'者，皆文字假借之例，不特寓其音，并可通其字。"[4]43他认为，汉人所说的"读若"都是用来说明古籍中的"假借"的，而这类"假借"就是因声以求本字。王引之在《经义述闻序》中也说："毛公《诗传》多易假借之字，而训以本字，已开改读之先。至康成笺《诗》注《礼》，娄云'某读为某'，而假借之例大明。后人或病康成破字者，不知古字多假借也。"[5]2王引之的话说得在理，"假借"说应当滥觞于毛传，形成于郑玄。

汉末以后，先秦文献离现实社会愈来愈古远，于是各种"讲疏"、"集解"性质的注释纷纷出现，训诂学家们对古籍中的假借现象也愈来愈重视，此时像"古字通"、"通用字"、"某通作某"等与假借有关的名词术语频繁用于经书文献的注释中。如《左传·文公十七年》："古人有言曰：'畏首畏尾，身其余几。'又曰：'鹿死不择音。'"晋杜预注："音，所茠荫之处。古字声同，皆相假借。"唐陆德明释文："茠，虚求切。荫，於鸩切。"[6]516从此以往，"假借"说日昌，而至宋元之际"因声求义"说兴起，从此"假借"与"因声求义"二法，便成为训诂学之津梁。宋元时代的文字学家戴侗，甚明文字、语音和字义之间的相互关系。他在《六书故·六书通释》中有段精辟的论述：

> 夫文，声之象也；声，气之鸣也。有其气则有其声，有其声则有其文。声与文，虽出于人，亦各其自然之征也。有有形而有声者，有有事而有声者，有有意而有声者。有形而有声者，象其形而声从之，求其义于形可也；有事而有声者，指其事而声从之，求其义于事可也；有意而有声者，会其意而声从之，求其义于意可也。是三者虽不求诸声，犹未失其义也。龤声则非声，无以辨义矣。虽然，龤声者，犹有宗也。譬若人然，虽不知其名，犹可知其姓，虽不察其精，抑犹未失其粗者也。至于假借，则不可以形求，不可以事指，不可以意会，不可以类传，直借彼之声以为之声而已耳。求诸其声则得，求诸其文则惑，不可不知也。书学既废，章句之士知因文以求义矣，未知因声以求义也。夫文字之用，莫博于龤声，莫变于假借。因文以求义，而不知因声以求义，吾未见其能尽文字之情也。[7]

戴侗认为，汉语中的文字、语音都是字义的形式，作为"六书"理论中的象形、指事、会意三书，都是以形和音的形式去记录语言中的意义的，所以无论是采用"因文求义"法还是"因声求义"法去探求字义，都能得到正确的解释。而谐声、假借二书，则是用语音的形式去记录语言中的意义的，因此，探求字义最为有效的方法是采用"因声求义"法。但请注意，戴侗所说的"因声求义"法不再是文字学"六书"中的"假借"法了，因为他已明确指出属于"文字之用"。

明清时期，尤其是大清，戴侗发明的"因声求义"法被演绎成了一种训诂信条，然而因为当今学者多不知"因声求义"法乃是宋元戴侗的发明，因此，往往将此种训诂方法附会给清人王氏父子。周祖谟先生说："（从声音上推求文字的假借，）凭借古韵的知识，按照文字上的同音或音近的关系，再参之以文义来推求本字，就可以解决许多古书中难解的文句和古人所加的训诂上的问题。这是清人研究训诂方面的一大发明。"[8]311

对"因声求义"，王氏父子是有过显赫之论。王念孙在《广雅疏证·序》中说：

> 窃以训诂之旨本于声音。故有声同字异、声近义同，虽或类聚群分，实亦同条共贯。譬如振裘必提其领，举网必挈其纲。故曰："本立而道生，知天下之至啧而不可乱也。"此之不寤，则有字别为音，音别为义，或望文虚造而违古义，或墨守成训而尟会通。易简之理既失，而大道多歧矣。今则就古音以求古义，引伸触类不限形体，苟可以发明前训，斯凌杂之讥，亦所不辞。其或张君误采，博考以证其失；先儒误说，参酌而寤其非。以燕石之瑜，补荆璞之瑕。适不知量者之用心云尔。[9]

　　段玉裁对其同门学友的"就古音以求古义"之说大加褒扬，云："小学有形、有音、有义，三者互相求，举一可得其二。有古形有今形，有古音有今音，有古义有今义，六者互相求，举一可得其五。古今者，不定之名也。三代为古，则汉为今，汉魏晋为古，则唐宋以下为今。圣人之制字，有义而后有音，有音而后有形；学者之考字，因形以得其音，因音以得其义。治经莫重于得义，得义莫切于得音……怀祖能以三者互求，以六者互求，尤能以古音得经义，盖天下一人而已矣！"[10]

　　王念孙的"就古音以求古义"，段玉裁的"以古音得经义"，后来就演变成了"古音通假"。不过在有清一代，还没有"古音通假"这种称谓，他们依然称之为"假借"。段玉裁《古假借必同部说》云："自《尔雅》而下，训诂之学不外假借、转注二耑。如《缁衣》传：'适，之；馆，舍；粲，餐也。''适、之'、'馆、舍'为转注，'粲、餐'为假借也。《七月》传：'壶，瓠；叔，拾也。''叔、拾'为转注，'壶、瓠'为假借也。'粲'、'壶'自有本义，假借必取诸同部。故如'真'、'文'之与'蒸'、'侵'，'寒'、'删'之与'覃'、'谈'，'支'、'佳'之与'之'、'哈'，断无有彼此互训假借者。"[2]817 王引之在《经义述闻序》中也云："大人曰：训诂之指存乎声音。字之声同声近者，经传往往假借。学者以声求之义，破其假借之字，而读以本字，则涣然冰释，如其假借之字，而强为之解，则诂籀为病矣。"[5]

二 "古音通假"的本质特征

从清人的解释用语中，我们得知"就古音以求古义"就是"假借"，也就是南宋人戴侗所谓"因声求义"。但无论是"假借"还是"因声求义"，都属于训诂的方法问题，而它的所指并非是词义学研究的方法问题。当今不少学者，不仅把它与词义学的研究方法混为一谈，而且还将它与"声训"方法混为一谈。关于"声训"的问题，我们将另文讨论。

对"古音通假"这个术语的解释，当今可谓众说纷纭。以下三家说法可以代表目前学界的看法。第一种是王力先生主编的《古代汉语》教材中的认识：

> 所谓古音通假，就是古代汉语书面语言里同音或音近的字的通用和假借。语言里的"词"是音义的结合物，古人在记录语言里的某个"词"的时候，往往用声音相同或相近的字来书写，有时写成这个样子，有时写成那个样子。两个字形体不同，意义不同，只是由于声音相同或相近，古人就用甲字来代替乙字。（例略）假借字的产生，大致有两种情况，一种是本有其字，而人们在书写的时候，写了一个同音字，如：表示"小击"的意思本字是"攴"，人们书写时写作"剥"。《诗经·豳风·七月》："八月剥枣。""剥"是"攴"的假借字。第二种是本无其字，从一开始就借用一个同音字来表示。（例略）[11]541

王力先生的解释明显有两点不足：其一，将"本无其字"

的字形借用放在"古音通假"里讲，很容易搅乱初学者的分辨能力。"本无其字"的借用事实上不会产生"古音通假"，因为说"通假"必然会牵涉到两个字形。比如《礼记·儒行》郑玄注："信，读如屈伸之伸，假借字也。"其中"信"和"伸"都在古籍中存在，而"本无其字"的假借，永远不会出现两个字形，它充其量属于同一个字形贮存着两个"词"的意义罢了，不存在"因声求义"的问题。其二，说"古人在记录语言里的某个'词'的时候，往往用声音相同或相近的字来书写，有时写成这个样子，有时写成那个样子"。这样讲既不客观也不科学。试想，某个人在书写某个字的时候，目无章法，随心所欲地随便书写，要是都那样，谁还能看得懂呢？还是郑玄讲得客观，"其始书之也，仓卒无其字，或以音类比方假借为之，趣于近之而已"。大凡识文断字的人都曾有过"提笔忘字"的经历。记得有一次我们在给学生讲词义的逆向引申时，举了屈原《离骚》中的"朝饮木兰之坠露兮，夕餐秋菊之落英"，一边讲"落"除了"草木凋零"义外还有"开始"义，一边在黑板上书写。当写到"英"字时，怎么也想不起它的样子来，大脑里顿时一片空白，尽管学生再三提示，依然想不上来。这恐怕就是前人戏说的"秀才提笔多忘字"吧。假若"仓卒无（忘）其字"且无旁人指点，就会写同音的字。

第二种是许嘉璐先生主编的《古代汉语》教材中的认识：

> 通假字不是同源字。通假的本字与借字只是读音相同，却没有意义上的联系。如跳蚤的"蚤"和早晚的"早"，本身意义相去甚远。[12]100

许嘉璐先生说："通假的本字与借字只是读音相同，却没有意义上的联系。"这不符合古今书面语用字的事实。因为"通假"就是写错别字，而写错别字的人怎么会考虑到他（她）写的错别字中不会涉及古今字、同源字的问题呢？如果他（她）要是明白什么是古今字、同源字，什么是通假字，就不会写错别字了。从当今写错别字的规律看，用谐声字代替本字的现象最为多见，而大凡涉及谐声字，就存在字义联系的问题，除非你完全否"右文"的表意问题。其实许先生的第二句话"本身意义相去甚远"已经否定了他的结论。

第三种是朱振家先生主编的《古代汉语》教材中的认识：

假借与通假不同，假借是本无其字，通假是本有其字，只是临时借用音同音近的字。如临时借用跳蚤的"蚤"记录早晨的"早"，借用器具的"壶"记录葫芦瓜的"瓠"，借用肉干的"脩"记录修长的"修"，借用香草的"芸"记录除草的"耘"，借用论辩的"辩"记录变化的"变"，借用鸡爪的"距"记录抵拒的"拒"，等等。假借与通假，既有相同点，又有重要区别，主要有两点：（1）六书中的假借，是借用同音字来写意义抽象、难以用形象法造字的词，所谓"本无其字"；用字通假是已有本字，临时借用同音字来替代，特点是"本有其字"。（2）用字通假一般是暂时的借用，而六书假借往往是长期的甚至久借不还，所谓鹊巢鸠占。如"蚤"通假"早"，当后世字词关系确定以后，就只用本字而不再借用。而表示黄昏义的"莫"字被假借后，久占不还，便另造一个"暮"字来表"黄昏"。应该注意：假借和通假都是以音同音近为必备条件，而且指的是上

古音，不是今音。[13]34 - 35

朱振家先生主编的《古代汉语》教材直接把"本无其字"的造字称为"假借"，而把"本有其字"的用字称为"通假"，这样区分，可谓泾渭分明。问题是自东汉郑玄以来，学界都习惯称"古音通假"为"假借"，与"本无其字"的造字"假借"相混，我们怎么能有效加以区别呢？这还不是主要问题，以下两个问题朱振家先生没有处理好：（1）既然六书中的假借属于"本无其字"的假借，就不存在"长期的甚至久借不还"的问题。因为既然是"本无其字"的假借，无论何时何地都不会产生"本字"。比如"我"原为砍伐工具，后借为第一人称代词，自古及今它依然被第一人称代词所专用，并未再为第一人称代词"我"这个词造字，也没有为砍伐工具的"我"再造本字。这样的借用才能说得上是"本无其字"。至于"蚤"与"早"，既然有两个字形，它们分别因本义而造，而在同时代的书面语中"蚤"借为"早"，它们理所当然属于"本有其字"的通假，干吗将其作为"本无其字"的假借论据呢？这说明编者对"假借"与"通假"的界域还是模糊不清的。（2）朱振家先生说："假借和通假都是以音同音近为必备条件，而且指的是上古音，不是今音。"这样说也欠客观。谁都知道，所谓"上古音"就是汉代以前的读音。如果通假只是上古汉语的用字现象，这种说法自然成立，问题是无论是上古的、中古的、近代的还是现代的书面文献，都存在通假问题，这是事实。我们总不能用上古音来解决当代人用字错误的问题吧。

今天到底应该怎样认识"古音通假"才实际、客观呢？先看一则语料。

46sdf.

　　植树造零；白收起家；勤捞致富；择油录取；得财兼币；检查宴收；大力支吃；为民储害；提钱释放；攻官小姐。（刘彬：《不该有的错别字》）[14]

　　这则笑话是江西人记录的，共十句四十个字，其中有十三个错别字。如"造林"写成"造零"，"白手"写成"白收"，"勤劳"写成"勤捞"，"择优"写成"择油"，"德才"写成"得财"，"兼备"写成"兼币"，"验收"写成"宴收"，"支持"写成"支吃"，"除害"写成"储害"。"提前"写成"提钱"，"公关"写成"攻官"等。虽说是则笑话，但不一定都是编的，它道出了当代中下层人书写文字的习惯。从作者的角度想，算是"仓卒无其字，或以音类比方假借为之"；从读者的角度看，之所以能识别其中的错别字，是因为读者心中有对比的"本字"。再看这些字写错的原因——全部都是写同音字，但是我们可以把"同音字"细分成两类：同音字₁——仅仅同音，字义上无丝毫相同。如"零"与"林"，"手"与"收"，"油"与"优"，"得"与"德"，"币"与"备"，"宴"与"验"，"吃"与"持"，"储"与"除"，"钱"与"前"，"攻官"与"公关"等。同音字₂——不仅同音，字义也有一定联系。如"捞"与"劳"，"财"与"才"等。由此看来，从共时的角度看是用字"通假"，从历时的角度看是"因声求字"。明代音韵学家刘监在《经史正音切韵指南序》中说："声韵之学，其来尚矣。凡穷经博史以声求字，必得韵而后知韵，必得法而后明法，必得传而后通诚。诸韵之总括，订字之权衡也。虽五土音均同一致，孰不以韵为则焉。"[15]

　　通过以上分析，我们知道，"古音通假"的本质大体明白了：从作者写字角度而言，属于写错别字；从后世研究角度来看，则是"因声求字"的方法。再看一则汉代语料，更会加深我们的认识。长沙马王堆帛书《五十二病方·伤痉》第一治方：

> 伤痉：痉者，伤，风入伤，身信而不能诎。治之，熠盐令黄，取一斗，裹以布，卒醇酒中，入即出，蔽以市，以熨头。熬则举，适下。为 布 裹更熨。熨寒，更儒（从火）盐以熨，熨勿绝。一熨，寒汗出；汗出多，能诎信，止。熨时及已熨四日内， 毋 更 衣，毋见风，过四日自适。熨先食后食，次。毋禁，毋时。令。

文中的"信"、"次"二字疑为错别字，我们可以运用"因声求字"的方法，从同时期或更早的文献和后世编撰的字典辞书中找出它们的本字来，以纠正该医方中的错别字。

（1）"信"为"伸"字之误。《周易·系辞下》："往者屈也，来者信也。"唐陆德明释文："信，本又作伸。"《荀子·不苟》："刚强猛毅，靡所不信，非骄暴也。"唐杨倞注："信，读为伸。古字通用。"《礼记·儒行》："起居竟信其志，犹将不忘百姓之病也。"郑玄注："信，读如屈伸之伸，假借字也。"临沂银雀山汉墓《孙膑兵法·善者》："故善者，制险量阻，敦三军，利诎信。"《集韵·真韵》："伸，经典作信。"故知《伤痉》"身信而不能诎"中的"信"通"伸"，指风寒病人的身体发僵不能弯曲。

（2）"次"为"恣"字之误。"熨先食後食次"，意为盐熨是在饭前还是饭后随便。《说文·欠部》："次，不前不精也。从欠二声。"（八下）清王筠句读："不前者，逗留不进也。《左传

[·庄公三年]》：'凡师，一宿为舍，再宿为信，过信为次。'精者，择也。不择则粗，是次也。"[16]328 朱骏声通训定声："从欠二，二亦声。"次序排列不争前后曰"次"，不精心也曰"次"，故引申为任意、随便。后专为"次"的引申义造区别字"恣"。《说文·心部》："恣，纵也。从心次声。"（十下）段玉裁注："纵者，缓也。一曰舍也。""恣"的本义为放纵。《吕氏春秋·适威》："骄则恣，恣则极物。"引申为听任、任意。《管子·任法》："犹金之在炉，恣冶之所以铸。"《史记·秦始皇本纪》："宫室、车马、衣服、苑囿、驰猎恣毒，事无大小皆决于毒。"故知《伤痉》"熨先食后食，次"中的"次"通"恣"，指"随意"没有禁忌。《汉语大字典》"次"下漏收"任意、随便"[17]2287，宜据此增补。

从考察分析《五十二病方·伤痉》第一治方中"信"与"伸"、"次"与"恣"的关系，我们不难明白，前人所谓"通假"或本无其字的"假借"，实际上就是写错别字。古人写错别字与今人写错别字没有什么不同，完全没有必要为古人讳言，美其名曰"通假"或"古音通假"。写错别字是就用字不规范说的，而且还是为不同时期的用字不规范说的，与字词的语源义无关。比如"吃"与"喫"、"后"与"後"这两对同音字，在1964年《简化字总表》未公布以前如果写错了，就叫做写错别字，而在1964年以后写错了，则只能叫做用字不规范，而不会有人说你写错了字，但在台、港、澳地区，自古及今写错了，都叫做写错别字。因为大陆在1964年以后通过同音简化，将它们合二为一了，而台、港、澳地区尚未简化，全今依然严格区分。再如"胜"与"勝"、"圣"与"聖"、"药"与"藥"三组字，古代不仅字义不同，而且根本不同音，1964 年《简化字总表》公布后，人们总认为"勝"、"聖"、"藥"是"胜"、"圣"、"药"的繁体字。由此推断，在古代文字使用的不规范时期，写错别字是在所难免的。今天我们看到的出土的秦汉竹简、帛书，其中绝大多数都是中下层人士书写的，用字极不统一，古字、借字、讹字掺杂其间，阅读起来极为困难。

至此我们对"通假"的本质有了认识：它是通过同音的路径寻找古今文献中错别字的本字的训诂方法，简称"因声求字"法。而"古音通假"则是通过同音的路径寻找古代文献中错别字的本字的训诂方法。古今文献中都存在错别字问题，因此称之为"通假"更为恰当。"通假"是探寻错别字之本字的方法，与释义没有直接的关系。因为一切训诂方法都必须达到同一个目的——解释语义。然而训诂方法的不同，是因为它们解释对象的不同。"古音通假"（或称"因声求字"法）是通过语音形式的同音路径，以探求书面语言中错别字的本字的训诂方法，"因声求义"法是通过语音形式的同音路径，以解释书面语言中错别字的意义的释义方法，"声训"法则是通过语音形式的同音路径，以探求字义得名之由的方法。前人总是把三者混为一谈，所以永远理不清楚它们之间的关系。

三 "古音通假"成因再认识

既然"通假"或"因声求字"是通过语音形式的同音路径，以探求书面语言中错别字的本字的训诂方法，因此，我们就有必要搞清楚书面语用字错误的原因和寻找书面文献中错别字的本字的思路。导致书面语用字的错误主要有两大原因：（一）无意用错字与故意用错字；（二）本无通假与无错生非。前者是由客观原因造成的，后者则属于主观原因造成的。

（一）无意用错字与故意用错字

1. 无意用错字。古往今来，书面语用字错误的原因是多元的，或因仓促忘记本字的写法而用同音字替代；或因誊抄、雕刻、照排时不小心而选错了形体相似的字；或因炫耀学识而故意袭用前人古籍中的错别字。前两类合起来叫做"无意用错字"，后一类叫做"故意用错字"。

第一种，行文写错字。无意用错字的第一个原因是无意写错字。作者著述，或因大脑瞬间短路，或因粗心大意，都会写错字。2011 年 5 月 13 日轰动世界的北京故宫窃案被破获之后，故宫博物院院长特意到北京市公安局赠送锦旗，对该局能迅速侦破案件表示感谢。这本来是一件很普通的公务活动，然而仅仅因为那锦旗上写的十个大字"撼祖国强盛，卫京都泰安"，而致使故宫陷入争议漩涡。有人指出锦旗中的"撼"意为"撼动"、"搬动"，与表示保卫的"捍"不是同一个字。一字之差，导致所要表达的意思完全相反，明显写了个错别字。多数网友的第一反应是吃惊，或表示"难以理解"，或说"被撼倒了"，更有甚者甚至质疑："作为故宫这样的文化单位，犯这样低级的错误，显得太没有文化了"。14 日晚，故宫相关负责人表示："撼"字没错，显得厚重，"跟'撼山易，撼解放军难'中'撼'字使用是一样的。"这种解释实在是越描越黑。

从文字使用的角度看，表示"保卫"、"捍卫"的意义写成"撼"显然是错误的，无可争议。"捍"的本字作"扞"。《说文·手部》："扞，忮也。从手干声。"（十二上）《广韵·翰韵》："扞，以手扞。又卫也。"《尚书·文侯之命》："汝多修，扞我于艰。"伪孔安国传："扞我于艰难，谓救周诛犬戎。"《汉书·刑法志》："夫仁人在上，为下所卬，犹子弟之卫父兄，若手足之扞头目，何可当也?"唐颜师古注："扞，御难也。"后更换声母"干"转形为"捍"。《集韵·翰韵》："扞，卫也。或作捍。"《商君书·赏刑》："千乘之国，若有以捍城者，攻将凌其城。"唐韩愈《张中丞传后叙》："守一城，捍天下，以千百就尽之卒，战百万日滋之师。"而"撼"本字作"摵"，本义为摇动。《说文·手部》："摵，摇也。从手咸声。"南唐徐铉等注："今别作撼。"清朱骏声通训定声："摵，字亦作撼。"《广雅·释诂一》："撼，动也。"清王念孙疏证："《说文》：'摵，摇也。'摵与撼同。"《文选·司马相如〈长门赋〉》："挤玉户以撼金铺兮，声噌吰而似钟音。"唐李善注引《说文》曰："撼，摇也。"韩愈《调张籍》："撼山易，撼岳家军难。"如此看来，将"捍卫"之"捍"写成形似的同音字"撼"，属于无意用错字。在当今高考作文中，把"抱负"误为"报负"、"必须"误成"必需"、"兴趣"误成"性趣"、"贡献"误成"供献"、"抑或"误成"亦或"、"艰苦"误成"坚苦"、"修养"误成"休养"、"拼搏"误成"拼博"、"安装"误成"按装"、"以防"误成"以妨"、"勤奋"误成"勤愤"、"期待"误成"期侍"、"享受"误成"亨受"、"潜规则"误成"浅规则"等等，都因音同或形似而写错字。[18]无意用错字，古代文献甚多。如睡虎地秦简《日书》甲种《啻》：

　　凡为室日，不可以筑室。筑大内，大人死，筑右垿，长妇死，筑左邲，中子妇死，筑外垣，孙子死，筑北垣，牛羊死。杀日，勿以杀六畜，不可以取妇、家女、祷祠、出货。四废日，不可以为室覆屋。[19]78

这段简文说的是，凡是在上帝建造宫室、宰杀牲口、"四废日"那天，凡间的人都不能做同样的事情，不然则会犯冲煞。简文中"取妇"的"取"用的是"古字"，"家女"的"家"用的同音字，但无论是用"古字"还是"同音字"，后人都认为是"通假"，因为在先秦时期，"嫁娶"的本字已经有了。《说文·又部》："取，捕取也。从又从耳。《周礼》：'获者取左耳。'《司马法》曰：'载献馘。'馘者，耳也。"（三下）[20]64 "取"的本义为把野兽或战俘的左耳割下来以记功。《周礼·夏官·大司马》："（狩）大兽公之，小兽私之，获者取左耳。"郑玄注："得禽兽者取左耳，当以记功。"引申为捕捉、获取、战胜、抢娶、收取、寻求、选取、治理、召唤、凭借等等。远古娶妻如同捕猎野兽、战俘，故称"抢婚"。在母系社会向父系社会转型时期，抢婚制曾经盛行一时。最初是氏族或部落的头人、酋长以及英勇善战的武士，把从战争中抢来的女人作为性奴。"妻"甲骨文作躰（《前》一．九．七），象长发女人被人强压、跪跽之形。后来允许通婚氏族之间也实行抢婚制，于是抢婚就成为某些部落的一种婚姻形式。《周易》爻辞多处提到"匪寇婚媾"的抢婚现象。如《贲卦》："六四，贲如皤如，白马翰如；匪寇婚媾。"《屯卦》："六四，乘马班如，求婚媾；往吉，无不利。"《睽卦》："上九，睽孤，见豕负涂，载鬼一车，先张之弧，后说之弧，匪寇婚媾。往遇雨则吉。"又据《仪礼·士昏礼》记载，新男要乘黑色蓬帐的"墨车"去迎亲，而迎亲的人全都要穿黑色的衣服，这些规定其实都是抢婚制的遗俗。妻子既然是"抢"来的，所以婚礼在黄昏时举行最为适宜。从文字演变看，"娶"甲骨文本作侯（取），象割耳之形，由于男人"取"的对象为女性，故增附类母"女"转形为"娶"。《说文·女部》："娶，取妇也。从女从取，取亦声。"（十二下）在"娶"字未造的先秦时期以及秦汉以后，"娶妻"的"娶"都习惯写作"取"。例如：

（1）取妻如之何？必告父母。（《诗经·齐风·南山》）

（2）取妻如何？匪媒不得。（《诗经·豳风·伐柯》）

（3）六三，勿用取女，见金夫，不有躬，无攸利。（《周易·蒙卦》）

（4）庄公取齐女为夫人，曰哀姜。（《史记·鲁周公世家》）

（5）毋禁取妇、嫁女、祠祀、饮酒、食肉。（《资治通鉴·汉文帝后七年》）

例（1）的"取妻"，《孟子·万章上》引作"娶妻"。例（2）的"取妻"，陆德明释文："取，亦作娶。"例（3）孔颖达等正义："为女不能自保其躬，固守贞信，乃'非礼而动'；行既不顺，若欲取之，无所利益。"按"见金夫，不有躬"，《汉语大字典》读为"见金，夫不有躬"。[17]430 误。因为"金夫"是对男子的美称。[21]53 例（5）的"取妇"，元胡三省注："取，读曰娶。"从先秦前后的用字习惯看，睡虎地秦简《日书》"娶妻"写作"取妻"，属于写"古字"或"本字"，不存在写错别字的问题，倘若以当今的规范原则律之，则属于"通假"。"娶妻"

义属于"取"的引申义，《汉语大字典》引朱骏声"取，假借为娶"以证明"取"通"娶"，很不妥当，因为朱骏声所说的"假借"就是字义的引申。简文中"家女"的"家"也属于用"古字"或"本字"。《说文·宀部》："家，居也。从宀，豭省声。䵺，古文家。"（七下）《玉篇·宀部》："家，人所居，通称家。"《诗经·大雅·緜》："古公亶父，陶復陶穴，未有家室。"毛传："室内曰家。"女子成年后需离开父母家与外姓男子结为夫妇、组建家庭，故引申为"嫁"。《说文·女部》："嫁，女适人也。从女家声。"（十二下）《汉语大字典》未收"出嫁"义项，应据出土文献增补。

又马王堆帛书《杂禁方》："夫妻相去，取雄佳左蚤四，小女子左蚤四，以鋆熬并冶，傅，人得矣。取其左麋直酒中，饮之，必得之。"其中"蚤"、"麋"、"直"的本字应为"爪"、"眉"、"置"。前两组显然是同音关系，通过音声求字方法可以训释，后一组为谐声字。《说文·乚部》："直，正见也。从乚从目从十。"（十二下）大徐本引徐锴注："乚，隐也。今十目所见是直也。"正对着看，就有端正义，故引申为直接扔进或放置，后另造"置"字表示。《说文·网部》："置，赦也。从网直。"（七下）段玉裁增"直亦声"。从构形意看，"释放"是"置"的本义，引申为放置、搁置。然而放置、搁置义上古文献中多用"寘"来表示。例如《诗经·魏风·伐檀》："坎坎伐檀兮，寘之河之干兮。"《左传·隐公元年》："寘姜氏于城颍。"陆德明释文："寘，之豉切，置也。"《说文·宀部》未收"寘"字，徐铉作为"新附字"补入，云："寘，置也。从宀真声。"（七下）"置"从"直"得声，均放置、搁置义。

　　第二种，传抄写错字。无意用错字的第二个原因是传抄写错字。古籍在历代传抄过程中因疏忽大意、漫不经心而抄刻错字。段玉裁在《重刊明道二年国语序》中就指出过《国语》在传抄、刻印中的错误："讹踳夺扃，参缝乖异，皆传校而失其真者也"。"古书之坏于不校者固多，坏于校者尤多。坏于不校者，以校治之，坏于校者，久且不可治。邢子才曰：'误书思之，更是一适。以善思为适，不以擅改为适也。'"[22] 愈早的古籍，传抄翻刻愈多，出错则愈多，通假也就愈多。如《战国策》，原系战国时期各国史官或策士辑录，有《国策》、《国事》、《事语》、《短长》《长书》等不同名称，西汉时刘向进行了整理，按战国时期秦、齐、楚、赵等十二国次序，删去重复，编订为三十三篇，定名为《战国策》，东汉高诱为之作注。流传到北宋，正文和注解都有散佚，曾巩作了校补。到南宋时有姚宏的续注本和鲍彪的新注本，元吴师道在鲍本基础上又作了补正。尽管如此，书中文字错误仍多，难以校读。如《西周策·苏厉谓周君》：

　　　　楚有养由基者，善射也矣。去柳叶百步而射之，百发百中。左右皆曰善。有一人过曰："善射，可教射也矣。"养由基曰："人皆善，子乃曰可教射，子何不代我射之也。"客曰："我不能教子支左屈右。夫射柳叶者，百发百中，而不已善息。少焉气力倦，弓拨矢钩，一发不中，前功尽矣。"[23]56

西汉司马迁在《史记·周本纪》中将这段文字改写成：

　　　　楚有养由基者，善射也者矣。去柳叶者百步而射之，百发而百中之。左右观者数千人皆曰善射。有一夫立其旁曰：

"善，可教射矣。"养由基怒，释弓搤剑，曰："客安能教我射乎？"客曰："非吾能教子支左诎右也。夫去柳叶百步而射之，百发而百中之，不以善息。少焉气衰力倦，弓拨矢钩，一发不中者，百发尽息。"[24]165

前人曾怀疑《苏厉谓周君》文中的"已"、"鉤"为假借字。"已"，姚本作"已"，鲍本、钱、刘作"以"。清黄丕烈札记："《史记》作'以'。""鉤"，鲍本作"拘"，吴师道补曰："'拘'有鉤音，古或通。"黄丕烈札记："'拘'当是。此亦因《史记》而讹为'鉤'耳。"从文献形成的先后来看，《战国策》早于《史记》，《史记》的文字是改写《战国策》的，而改写必有根据，故推测："以"或体作"㠯"，与"已"形似。《战国策》原文作"㠯"，《史记》引文作"以"，而后世因音同、形似误抄成了"已"。王引之云："㠯，或作'以'，或作'已'。郑玄注《礼记·檀弓》曰：'"以"与"已"字本同。'"[25]6这只能说明在秦汉时期二字习惯混用。

"鉤"，鲍本作"拘"，黄丕烈说："'拘'当是。此亦因《史记》而讹为'鉤'耳。"《战国策》原文作"鉤"不误，黄氏说非是。"鉤"的本字作"句"，本义为鉤子（名词）。《说文·句部》："鉤，曲也。从金从句，句亦声。"（三上）段注本作"曲鉤也"，段玉裁注："'鉤'字《韵会》补。曲物曰鉤，因之以鉤取物亦曰鉤。鉤镶、吴鉤、钓鉤皆金为之，故从金。按：'句'之属三字皆会意兼形声。"[2]88"鉤"为木鉤、铁鉤，故引申为鉤取，即段玉裁所谓"曲物曰鉤，因之以鉤取物亦曰鉤"。在上古文献中，"鉤"已有鉤取、鉤住义。《左传·襄公二十三年》："又注则乘槐本而覆，或以戟鉤之，断肘而死。"《庄子·天运》："论先王之道而明周、召之迹，一君无所鉤用。"陆德明释文："鉤，取也。"后人因"弓拨"之"拨"为动词，故改"鉤"为"拘"以成对文，《史记》引作"鉤"并非"讹"误。再则《战国策》"支左屈右"，《史记》引作"支左诎右"。"诎"与"屈"异体字。《说文·尾部》："屈，无尾也。从尾出声。"（八下）清桂馥义证："无尾也者，本书'趉'读若无尾之屈。《埤仓》：'屈，短尾。'《广韵》：'屈，短尾鸟。'《一切经音义》卷十二：'《淮南子》"屈奇之服"许叔重曰："屈，短也。奇，长也。"'馥案：《古诗》：'我牛尾秃速。'秃速，屈之反语。"[26]741引申为弯曲。《玉篇·出部》："屈，曲也。"《周易·系辞下》："尺蠖之屈，以求信也。"后世为"弯曲"义另造区别字"诎"。《说文·言部》："诎，诘诎也。一曰屈襞也。从言出声。诎，诎或从屈。"（三上）段玉裁注："二字双声，屈曲之意。"《荀子·劝学》："若挈裘领，诎五指而顿之，顺者不可胜数也。"杨倞注："诎，与屈同。"马王堆帛书《五十二病方·伤痓》第一治方："伤痓：痓者，伤，风入伤，身信而不能诎。""诎"的或体作"謞"，《说文》收入重文。《淮南子·氾论训》："謞寸而伸尺，圣人为之。"由此可知，从用字的角度看，《战国策》用的是本字，《史记》用的是区别字。"支左屈右"，吴师道引《列女传》云："左手如拒，右手如附枝，右手发之，左手不知。此射之道也。"

2. 故意写错字。说"故意写错字"似乎不合情理，事实上古往今来，故意写错字的用字现象普遍存在，只是人们没有刻意往这方面想而已。故意写错字也有两个原因，一是沿袭前人的错误写法，二是书写时为了少写笔画，规范用错字。

第一种，沿袭前人的错误写法，或因师徒相传而成惯性，或因炫耀学识而任意为之，因而导致某些错别字古往今来袭用不改。比如"无"与"毋"。"无"作为动词或副词都表示否定，意思为"没有"或"不"。例如：

（1）是故军无辎重则亡，无粮食则亡，无委积则亡。（《孙子·军争》）

（2）上以为廉，忠实无他肠，乃拜绾为河间王太傅。（《史记·万石张叔列传》）

（3）无偏无党，王道荡荡。（《尚书·洪范》）

表示"不要"意思，本来必须用副词否定"毋"。如《诗经·小雅·角弓》："毋教猱升木，如涂涂附。"郑玄笺："毋，禁词。"但在上古文献中常常错误地写作"无"，而且汉魏以来沿用不改。例如：

（1）无若丹朱敖，惟慢游是好。（《尚书·益稷》）

（2）王无罪岁，斯天下之民至焉。（《孟子·梁惠王上》）

（3）请公无渡河，河广风威厉。（南朝梁刘孝威：《公无渡河》）

（4）丈夫不下英雄泪，壮士无忘漂母飱。（清洪仁玕：《二月下浣军次遂安城北》）

"无罪岁"之"无"，杨伯峻注："无，同毋，表示禁止的副词。"《汉语大字典》说"无通毋"。[17]2370但在上古文献中，表示"没有"也常常错误地写作"毋"，且汉魏以来仍沿用不改。例如：

（1）言而毋仪，譬如运钧之上而立朝夕者也。（《墨子·非命上》）

（2）（赵禹）为吏以来舍毋食客。（《史记·酷吏列传》）

（3）今欲依古义为农桑之政，计户口而为考课之法，而议者惑以为毋益有扰，有司惑焉，当何施而可？（宋苏轼：《策问三首》之一）

在出土的秦汉简帛文献中，"无"错写成"毋"极为普遍。例如：

（1）人毋（无）故而忧也。为桃更（梗）而敔之，以癸日日入投之道。遽曰："某！"免于忧矣。（睡虎地秦简《日书甲种·诘》）

（2）行祠，东行南［南行］，祠道左；西北行，祠道右。其谓曰大常行，合三土皇，耐为四席。席叕其后，亦席三叕。其祝曰："毋（无）王事，唯福是司，勉饮食，多投福！"（睡虎地秦简《日书乙种·行行祠》）

（3）令伤者毋（不）痛，毋（不）出血。取故蒲席厌□□□□燔 席冶按其 痏。（《五十二病方·诸伤》第七治方）

（4）犬所啮，令毋痛及易瘳方：令啮者卧，而令人以酒财沃其伤。已沃而 强 ，越之，尝试。毋禁。（《五十二病方·犬啮人伤者》第三治方）

秦汉简帛文献中的错别字之多，令人吃惊。究其原因，其书写者主要都是些初通文墨的中下层巫医或学徒，他们识字量少，不具备分辨本字与别字的能力，故在书写时多凭口音用字，几乎没有错别字的概念，与那些故意炫耀学识的老师宿儒完全不同。比如"鼂"本来是一种虫名。《说文·黾部》："鼂，匽鼂也。读若朝。杨雄说：'匽鼂，虫名。'杜林以为'朝旦'，非是。从黾从旦。𪓑，篆文鼂从皀。"（十三下）清王筠句读："《临海水土异物志》：'鼂，似鼊鼅，一名匽鼂。一枚有三斛膏。'《异鱼图赞》：'鼅鼄海鲸，名曰匽鼂。一枚剖之，有三斛膏。'"但是在战国时已借用来表示早晨的"朝"。《楚辞·九歌·湘君》："鼂聘骛兮江皋，夕弭节兮北渚。"其中"鼂"明明是个错别字，然后世学者依然沿用不改。东汉班固著《汉书》时照样用错字"鼂"来表示"朝"。《严助传》："边境之民为之早闭晏开，鼂不及夕，臣安窃为陛下重之。"唐颜师古注："鼂，古朝字也。"清代段玉裁批评许慎说："此'假为'，乃说假借之例。杜林用'鼂'为朝旦字，盖见杜林《仓颉故》。考屈原赋'甲之鼂吾以行'，王逸曰：'鼂，旦也。'……是古假'鼂'为'朝'，本无不合，许云'非是'，未审。"[2]681

　　按理说"鼂"字比"朝"字难写得多，本不该用错别字的。然而古人既然有用者，后人为了标榜学识渊博沿用不改，可见袭用古人的错别字已成千古积弊。

　　第二种，规范用错字。规范用错字也是造成假借字泛滥的原因之一。比如"锅"的本义为古代盛膏器。《方言》卷九："车钉，燕齐海岱之间谓之锅。"又："盛膏者乃谓之锅。"清钱绎笺疏："膏施于车钉，故钉亦得锅名。"而表示烧火做饭的炊具只能用"鬴"。《说文·鬲部》："鬴，秦名土釜曰鬴。从鬲甫声。

读若过。"（三下）段玉裁注："今俗作锅。"清光绪年修《崇明县志·方言》引宋陆游诗："沙䥇煮麦人。"按今本《陆游集·埭西小聚》作"鍋"。清姚鼐《苫王生》："闾井岁苦饥，并日尘生䥇。""䥇"的异体作"鬲"。《广雅·释器》："鬲，釜也。"清王念孙疏证："鬲，即今锅字。"《集韵·戈韵》："䥇，《说文》：'秦名土釜曰䥇。'或作鬲。"后世更换声母"牛"转形为"戤"。《集韵·戈韵》："锅，锅鑪，温器。或作戤。"但是，在魏晋时期书面语就开始借用"锅"来表示炊具了。唐慧琳《一切经音义》卷十四："锅，烧器也。《字书》云：'小镬也。'"《广韵·戈韵》："锅，温器。"晋徐广《孝子传》："（吴人陈遗）母好吃锅底焦饭。"今简化字"锅"成了规范用字。1964 年的《简化字总表》中，以前在书面语中属于错别字的，在该表中都规范为"正字"了。

（二）本无通假与无错生非

本无通假与无错生非，属于后人识字错误形成的"通假"。整理古籍，首先是要读懂古籍，而读古籍首先碰到的难题就是过文字关。赵振铎先生在《读书杂志·弁言》中说："汉字的发展，从殷周古文到小篆、隶书、楷书，字形经过若干变迁，加上行书、草书和民间俗体，字形之间的差异很大。雕版发明之前，书籍全靠抄写流通，而抄写的人不全是精通文字学的专家，难免出现差错；就是雕版印书，虽然经过雠校，但是仍有不少讹误有待校正。"[27]疏通文字讹误是古籍校勘的首要而严肃工作，历代注释家无不慎重其事。清朱一新《无邪堂答问》卷三云："国朝于校勘之学最精，而亦往往喜援他书以改本文，不知古人同述一事，同引一书，字多有异同，非如今之校勘家，一字不敢窜易也。今人动以此律彼，专辄改订，使古书皆失真面目。此甚陋习，不可从。凡本义可通者，即有他书显证，亦不得轻改；古书词义简奥，又不当以今人文法求之。"[28] 在审订古籍文字异同方面，清代学者独有偏胜，而后世学者，多不晓六文，动辄疑古，妄加臆断，以为古人作文总用通假。故凡文意不顺，则以"通假"为训。更有甚者，认为汉字的演变经历过"形义字"、"假借字"和"形声字"三个阶段，而"从甲骨文、金文直到秦以前，应该属于假借字阶段。这个时期的文字，虽然一方面保存了一大批象形、会意字，一方面又有了形声字的萌芽，但更主要的是大量使用假借字，从表形向表音方向发展"[29]。既然在汉代以前漫长的时期都"大量使用假借字"，后人用通假来解释上古文献也就是顺理成章的了，所以，凡是解释找不到理据的都往"通假"里面扔，因此半个世纪以来的中国训诂学界"通假"之风盛行。王力先生在《训诂学上的一些问题》中早就警告过："无论如何，写别字总是特殊情况，我们不能设想古书上有大量的别字。"

　　观念认识的错误决定"通假"说的滥用，在前人的注释中俯拾皆是。如《左传·僖公四年》："尔贡包茅不入，王祭不共，无以缩酒，寡人是征。""缩酒"本指将酒灌在捆扎成束的茅草中祭祀天地神灵。《说文·酉部》："茜，礼祭，束茅加于裸圭而灌鬯酒，是为茜，象神歆饮之也。一曰：茜，榼上塞也。从酉艸。《春秋传》曰：'尔贡包茅不入，王祭不共，无以茜酒。'"（十四上）段玉裁注："《周礼》、《礼记·内则》二郑（郑众、郑玄）所引《左传》皆作'缩'。然则，'缩'，古文假借；'茜'者，小篆新造字……而《周礼》'萧茅'或作'茜'，皆汉人所造字。"段氏认为，先秦以前有"茜"音"茜"义而无"茜"字，故假借"缩"字表示，汉代才造"茜"字。此说不可信。如果秦代以前没有"茜"字，许慎引《左传》为什么不作"缩酒"，而作"茜酒"呢？《周礼·地官·甸师》："祭礼，共萧茅。"郑玄注引郑司农曰："萧，字或为茜。茜，读为缩。束茅立于祭前，沃酒其上，酒渗下去，若神饮之，故谓之缩。缩，浚也。"

再如前文所引马王堆帛书《五十二病方·伤痉》第一治方中的"裹以布，卒醇酒中，入即出，蔽以市，以熨头"，严健民先生认为其中"卒"通"淬"。他说："卒（淬）：将高热铁器，投入冷水中，使之急速冷却，叫淬火。'卒醇酒中，入即出'，强调将炒热的盐用布包好后，投入好酒中，很快拿出来进行熨疗。"[30]19魏启鹏、胡翔骅说："'市'通'绂'，本义是系印章或佩玉的丝带，这里指用丝织物将炒热淬酒后的盐包起来，对病人实行药熨疗法。"[31]55其实整句话并无"通假"。"卒醇酒中"说的是将布包好的热盐快速放入醇酒中。其中的"卒"表示"急速"、"快速"。《玉篇·衣部》："卒，急也。"《广韵·没韵》："卒，遽也。"《史记·仲尼弟子列传》："虑不先定，不可以应卒。"唐司马贞索隐："卒，谓急卒也。""蔽以市"之"市"是"韨"、"绋"的本字。《说文·市部》云："市，韠也。上古衣蔽前而已，市以象之。天子朱市，诸侯赤市，大夫葱衡。从巾，象连带之形。韨，篆文市从韦从犮。"（七下）南唐徐铉等注："今俗作绂。"[20]160清朱骏声通训定声："祭服曰市。上古衣兽皮，先知蔽前，继之蔽后。市象前蔽以存古。""市"本为形象字，因"蔽膝"用皮革做成，故另造"绋"字。《说文·韦部》重出字有"韠"字，云："韠，韍也，所以蔽前以韦。下广二尺，上广一尺，其颈五寸。一命缊韠，再命赤韠。从韦毕声。"（五下）清沈涛古本考："韠，《广韵·五质》引韍作绂，即韍之俗，又引无'以韦'二字，盖古本如是，今本误衍。"《诗经·桧风·素冠》："庶见素韠兮，我心蕴结兮。"宋朱熹集传："韠，蔽膝也。以韦为之。冕服谓之韍，其余曰韠。韠从裳色，素衣素裳则素韠也。"或更换声母"毕"转形为"韍"，故《说文》作为"市"的重文收录。清段玉裁注："郑玄注《礼》曰：'古者佃渔而食之，衣其皮，先知蔽前，后知蔽后，后王易之以布帛而独存其蔽前者，不忘本也。'"《礼记·玉藻》："一命缊绂幽衡，再命赤绂幽衡，三命赤绂葱衡。"郑玄注："此玄冕爵弁之韠，尊祭服异其名耳。"唐孔颖达等正义："他服称韠，祭服称韍，是异其名。韍、韠皆言为蔽，取蔽鄣之义也。"再更换类母"韦"转形为"绂"、"鞁"。《周易·困》："绂服方来。"孔颖达等正义："绂，祭服也。"《正字通·系部》："朱绂，朱裳也。"《汉语大字典》将此义列在第二义项，而将"系官印的丝带"列为第一义项，颠倒了字义发展的历史，欠妥。[17]3601魏启鹏、胡翔骅受其影响，故误将"蔽以市"之"市"释为"丝织物"。又"鞁"是转形字。郭沫若《师克盨铭考释》："'赤市五黄'：市一般作韨，亦作绂或鞁等，古之蔽膝，今之围腰，古人以为命服。《诗·小雅·采芑》云：'服其命服，朱芾斯皇，有玱葱珩。'又《曹风·候人》：'三百赤芾'，毛传云：'一命缊芾黝珩，再命赤芾黝珩，三命赤芾葱珩。'《礼记·玉藻》亦云：'一命缊绂幽衡，再命赤绂幽衡，三命赤绂葱衡。'自汉以来，均以珩若衡为玉佩。珩乃后起字，衡乃假借字。珩若衡在金文则作黄。"[32]369-370《汉语大字典》在"韍"只收了"同'韍'"一个义项，未收"蔽膝"义项，应补。此外，"市"增附类母转形为"芾"，因为远古以皮革为"蔽膝"，或以草为之。《诗经·小雅·采菽》："赤芾在股，邪幅在下。"郑玄笺："芾，大古蔽膝之象也。冕服谓之芾蔽膝，其他服谓之韠。以韦为之。"《汉语大字典》说："芾，通'韍'。古代礼服上的蔽膝。"失审。从上文分析得知，"韠"的初文作"市"，后转形为形声字"韠"、"韍"，再更换类母或声母转形为"韍"、"绂"，或增附类母"艸"转形为"芾"，其本义为蔽膝，相当于后世所说的"围裙"、"围腰"。[33]

清人戴震在《尔雅注疏笺补·序》中说："夫今人读书，尚未识字，辄目故训之学不足为。其究也，文字之鲜能通，妄谓通其语言；语言之鲜能通，妄谓通其心志。"[34]45-46戴震之门生王念孙及其子王引之，都是有清一代训诂学的鸿儒泰斗，迄今为士林所钦仰，然而其治学也多有失，许嘉璐先生在《经义述闻·弁言》中批评他们爱犯的毛病之一即是"轻信假借，遽改古书"。许先生说："假借之例，至王氏而大明。既已操之优如裕如矣，每遇己意以为古籍或前说之未安者，辄以假借之说通之，'通'则'通'矣，曰古义必如是，则未可许也。过犹不及，岂大家每不能免于斯蔽邪？"[5]如《经义述闻》卷五《毛诗·士贰其行》云："《郑风·氓篇》：'女也不爽，士贰其行。'笺曰：'我心于女故无差贰，而复关之行有二意。'正义曰：'言我心于汝男子也，不为差贰，而士何谓二三其行于己也？'（"己"原文作"已"——引者注）引之谨案：'贰'与'二'通。既言'士贰其行'，又言'士也罔极，二三其德'，文义重沓，非其原本也。'贰'当为'貮'之讹，'貮'音他得切，即'忒'之借字也。"[5]129 王引之说"贰"为"貮"讹体，而"貮"又是"忒"之错别字，绕了一大圈，还不如按原字解释更为贴切，可谓无错生非。就连国学大家也难免通假之弊，后学更当谨慎，绝对不要轻下断语。凡遇古籍之难懂文字，最好先求诸《说文》。前辈训诂学家如陆宗达先生曾告诫我们要善于"运用《说文解字》分析假借现象"，[35]129 因为"六书也者，文字之纲领，而治学之津涉也"。（《戴震文集》卷三《六书论序》）"凡治经，经典多用假借字，其本字多见于《说文》，学者必于《尔雅》、传注得经义，必于《说文》得字义。既读经注，复求之《说文》，则可知若为假借字，若为本字，此治经之法也。"[36] 把文字的引申义当成通假义，把区别字或转形字当成通假字，乃是造成识字错误的普遍现象。王力先生早就指出："为一个字的引申义造的后起区别字和这个字之间的关系，根本没有假借的关系，而被人们误认为假借。"

综上所述，我们得出三条结论：第一，"古音通假"是通过语音形式的同音路径，探求书面语言中错别字的本字的训诂方法，简称"因声求字"法。第二，"因声求字"法不同于"因声求义"法和"声训"法。"因声求义"法是通过语音形式的同音路径，解释书面语言中错别字的意义的释义方法，"声训"法则是通过语音形式的同音路径，探求字义的得名之由的方法。简言之，"古音通假"是寻找本字的方法，"因声求义"是解释字义的方法，"声训"是探求字义是怎么获得的。第三，古代文献中的通假字原本很少，但因后世的误刻、袭用、同音简化和误解等原因而日趋增多，因此我们在校勘古代文献时，切勿臆断改字。

参考文献：

［1］王力. 训诂学上的一些问题［M］//龙虫并雕斋文集. 北京：中华书局，1980.

［2］［清］段玉裁. 說文解字注［M］. 上海：上海古籍出版社，1988（2）.

［3］［唐］陆德明. 经典释文［M］. 北京：中华书局，1983.

［4］［清］钱大昕. 钱大昕全集（九）［M］. 南京：江苏古籍出版社，1997.

［5］［清］王引之. 经义述闻［M］. 南京：江苏古籍出版社，2000.

［6］［晋］杜预. 左传（春秋经传集解）［M］. 上海：上海古籍出版社，1997.

［7］［宋］戴侗. 六书故［M］. //四库全书（经部小学类）. 上海：上海人民出版社，迪志文化出版有限公司，1999.

［8］周祖谟. 汉语训诂学［M］//文字音韵训诂论集. 北京：北京大学出版社，2000.

［9］［清］王念孙. 广雅疏证［M］. 北京：中华书局，1983.

［10］［清］段玉裁. 广雅疏证序. 又见［清］王念孙《广雅疏证》［M］. 北京：中华书局，1983.

［11］王力主编. 古代汉语［M］. 北京：中华书局，1981.

［12］许嘉璐. 古代汉语［M］. 北京：高等教育出版社，1992.

［13］朱振家. 古代汉语［M］. 北京：高等教育出版社，2010.

［14］刘彬. 不该有的错别字［J］. 龙门阵，2007（5）.

［15］［明］刘监. 经史正音切韵指南［M］. //四库全书（经部小学类）. 上海：上海人民出版社，迪志文化出版有限公司，1999.

［16］［清］王筠. 说文解字句读［M］. 北京：中华书局，1988.

［17］徐中舒主编. 汉语大字典［M］. 成都：四川辞书出版社，武汉：湖北崇文书局，2010.

［18］黄耀明. 2010 年高考作文高频错别字浅析［J］. 语文建设，2010（9）.

［19］胡小强. 秦简日书集释［M］. 长沙：岳麓书社，2000.

［20］［汉］许慎. 说文解字［M］. 北京：中华书局影印本，1963.

［21］黄寿祺，张善文. 周易译注［M］. 上海：上海古籍出版社，2001.

［22］国语［M］. 上海：上海书店影印本，1987.

［23］［汉］刘向集录. 战国策［M］. 上海：上海古籍出版社，1978.

［24］［汉］司马迁撰，［刘宋］裴骃集解，［唐］司马贞索隐、张守节正义. 史记［M］. 北京：中华书局，1982.

［25］［清］王引之. 经传释词［M］. 长沙：岳麓书社，1984.

［26］［清］桂馥. 说文解字义证［M］. 北京：中华书局，1987.

［27］赵振铎. 读书杂志弁言［C］//［清］王念孙. 读书杂志. 南京：江苏古籍出版社，2000.

［28］［清］朱一新撰. 吕鸿儒，张长法点校. 无邪堂答问［M］. 北京：中华书局，2000.

［29］刘又辛. “右文说”说［J］. 语言研究，1982（1）.

［30］严健民编著. 五十二病方注补译［M］. 北京：中医古籍出版社，2005.

［31］魏启鹏，胡翔骅. 马王堆汉墓医书校释（壹）［M］. 成都：成都出版社，1992.

［32］郭沫若. 郭沫若全集考古编（6）［M］. 北京：科学出版社，2002.

［33］钟如雄.《诅楚文》“鞴鞴”考释［C］//四川大学汉语史研究所编. 汉语史研究集刊. 第十二辑. 成都·巴蜀书社，2009；苦粒斋汉学论丛［M］. 北京：中国社会科学出版社，2013.

［34］［清］戴震. 戴震文集［M］. 北京：中华书局，1980.

［35］陆宗达. 说文解字通论［M］. 北京：北京出版社，1981.

［36］［清］段玉裁. 聘礼辞曰非礼也敢对曰非礼也敢说［C］//经韵楼集卷二. 上海：上海古籍出版社，1988.

（西南民族大学文学与新闻传播学院　成都 610041）

Historical Review of the Claim "GUYIN TONGJIA"

Zhong Ruxiong, Hu Juan

(College of Literature and Journalism, Southwest University for Nationalities)

Abstract: Taking its formation, natural characteristic and forming causes into consideration, this paper aims to review the claim of "Guyin Tongjia" by pointing out the former scholars' mistakes on theory and practical basis. We point out that "Guyin Tongjia" is "Yinsheng Qiuzi" (seeking original character according to its sound form), a commentariology method by using the homophones to find out the wrong original characters, which is different from "Yinsheng Qiuyi" (seeking word's meaning according to its sound form) and "Shengxun" (explaining the meaning by the sound). We put forward the differences among the three: "Guyin Tongjia" is a method to find out the original character, "Yinsheng Qiuyi" is a method to explain the word's meaning, while "Shengxun" is a way to find out the reason that why the word's meaning is got.

Key words: ancient homograph; original character; word's sound; commentariology

唐五代《切韵》系韵书中的
异体俗字格式流变①

仝小琳*

　　摘　要　从离《切韵》年代最近的陆法言传写本开始，就存有异体字，这说明《切韵》编写之初可能就注意收取字的异体形式。长孙讷言笺注本《切韵》除了大量引用《说文》字体外，还有引自其他字书的。其他标注方式也非常多，基本上涵括了后世韵书所见的各种异体字表达方式，说明这一时期的异体俗字非常丰富，而编者也很注重收集异体形式。出现了"一本作"的格式，这一格式在王二中运用较多。还存有同时列两

　　* 作者简介：仝小琳，女，四川师范大学文学院副教授，文学博士，研究方向为应用语言学。
　　① 基金项目：国家社科基金西部项目"唐五代《切韵》系韵书研究"（09XYY013）

个异体形式的情况，这在王一和王三中得到了发扬。王二出现注释只有"古字"、"古文"的情况。这在五代刻本中继续得以体现。五代刻本中比较特别的是异体字单列，在注释中注明是"此正"、"正字"、"俗字"、"同上（俗字）"、"上同"或"古文"。这表明这个时代的编者比较注重对字体正、俗的考辨。

关键词 唐五代《切韵》系韵书；异体俗字；标注格式

从隋初产生的《切韵》，到在它的基础上扩充发展而成的唐五代一系韵书，所跨时期正是汉语音韵史上最重要的中古音时期。历来对唐五代《切韵》抄刻本的研究，总是着眼于利用它们来补充、参证中古音系，很少专门对这一系的韵书本身做一个研究。唐五代《切韵》系韵书不仅是一部极重要的韵书，同时也是极重要的字书，保存了不同时代的大量的楷书异体俗字。关于俗字的作用，裘锡圭先生这样表述："在文字形体演变的过程中，俗体所起的作用十分重要。有时候，一种新的正体就是由前一阶段的俗体发展而成的。比较常见的情况，是俗体的某些写法后来为正体所吸收，或者明显地促进了正体的演变。"[1]44唐五代《切韵》系韵书中的字体流变，也证明了裘先生所言。例如：晨，王三"通俗作晨"。憐，S2071、王三"俗作怜"。王三中注明的俗字"晨"、"怜"就是我们今天的正体。还有一些俗字是当时所用，我们只能通过韵书才知道当时存有这种俗字。如：船，王一、王三作此，均有"通俗作舩"。鉛，S2071"或作鈆"，王一、王三"俗作鈆"。再如在S2071、王三中除了小韵用

"禮"字体外，注释中"礼"、"禮"均混用。二字的关系，S2071标明"古作礼"，王三注为"亦作礼"。《唐韵》不存韵字，注释中只见"禮"。这也让我们更清楚明了今日所用正体"礼"实际是比"禮"更古的字体。我们有必要对唐五代《切韵》系韵书中的异体俗字作全面研究。

一　现有关于《切韵》系韵书的文字研究

最早对《切韵》系韵书文字进行研究的应属姜亮夫先生《瀛涯敦煌韵辑》一书收录的《隋唐人韵书所载诸体字谱》，包括或亦字谱、俗字谱、正字谱、古字谱。另外日本学者太田辰夫先生著有《唐宋俗字谱》（1982），其中也涉及了韵书残卷中的俗字。

而最早重视《切韵》系韵书中丰富字体的是周祖谟先生，他在P2011卷考释中讲到"刘复作《宋元以来俗字谱》仅注意宋元以下书中所有的俗字，却对本书（即《唐五代韵书集存》）所有反而忽略。本书所收的俗体字都是社会上通行的，宋元的俗字大都因承唐代而来。""本书所载的唐代的通俗字体相当完备，可做为一部唐代通俗字字典来看。"[2]884

另外，张涌泉《敦煌俗字研究》（1996年）一书虽是针对整个敦煌文献的俗字研究专著，但考释出的俗字中包含了一批韵书残卷中存在的俗字。杭州大学郑民的硕士论文《敦煌写本王仁昫〈刊谬补缺切韵〉俗字源流考》（1997），首次对王韵中俗字的来源和流变情况进行了考察和分析。

近年来河北大学杨宝忠教授带领一批河北大学硕士研究生所

做的多家韵书异体字整理研究工作，对韵书的异体俗字研究工作贡献颇多。其中曹志国[3]、李帅[4]、史甲庆[5]三位涉及《切韵》系韵书的专书异体俗字研究，分别对裴务齐正字本《刊谬补缺切韵》、蒋斧本《唐韵》、王仁昫《刊谬补缺切韵》（王三）的异体字作了有益探索，其中涉及了专书中的异体字表达式研究。湖南师范大学谭翠的硕士论文《〈唐五代韵书集存〉俗字研究》（2007），首次对《唐五代韵书集存》进行了专书俗字研究。作者全面地调查了《唐五代韵书集存》的韵书残卷，对当中的俗字进行了系统的研究。徐陶的《〈广韵〉异体字浅淡》（2009）是首个专论《广韵》异体字的单篇论文。湖南师范大学张晓凤的硕士论文《〈广韵〉异体字研究》（2011），首次对《广韵》进行了系统全面的专书异体字研究。张民权、田迪《宋代韵书中的俗字标识与文字观念研究》（2013）以宋代官方颁布的三部韵书《广韵》《集韵》和《礼部韵略》为例，说明了这三部韵书并不一致的对于文字的俗体、异体和正体的界别标准。台湾李相馥的《唐五代韵书写本俗字研究》（中国文化大学硕士论文，1989）也是较早研究唐五代《切韵》系韵书俗字的专篇论文。另外，台湾学者曾荣汾、黄沛荣、许锬辉、蔡忠霖、李景远、王妙云、黄秀燕、谢慧绮、李莹娟等发表的单篇论文或撰写的硕、博论文，多多少少都涉及了唐五代时期的俗字研究。要说明的是，各家所采用的术语虽不一样，有采用"异体字"的，有采用"俗字"的，实际所指却是一样的。在本文中，二者所指亦一样。

本文以全面的唐五代写本刻本《切韵》韵书为研究对象，展示《切韵》一系韵书的异体俗字标注格式流变过程，辨析同系韵书之间的不同派别传承。有关《切韵》系韵书的材料版本，我们以周祖谟《唐五代韵书集存》[2]的照片为本，并利用上田正[6]、周祖谟[2]、龙宇纯[7]、姜亮夫[8]、潘重规[9]的校勘成果。

下面我们按照周祖谟先生对唐五代《切韵》系韵书的分类，简略勾勒各类《切韵》本子中的异体俗字标注格式特点。

二　唐五代《切韵》系韵书各卷的异体俗字表达式

（一）陆法言《切韵》传写本所见异体俗字标注格式

P3798 中所见异体字表达式有 2 处，有"或作"、"古作"标志。

P3695 涉及异体字 3 处，均为"或作"标志。

P3696（1）涉及异体字 2 处，有"俗作"、"古作"标志。

S6187 涉及异体字 1 处，有"本作"标志。

S2683 涉及异体字 4 处，有"古作"、"或作"标志。

P4917 涉及异体字 2 处，有"古作"、"或作"标志。其中一处缺具体异体字。

西域文书 n08107 涉及异体字 1 处，有"或作"标志。

列 TID 训释中没有涉及异体字。

陆法言传写本所存异体字信息很少，没有引《说文》字体，也不单出，均是在韵字注释中出现，以"或作"、"古作"标记居多，"本作"、"俗作"也有发现。

（二）长孙讷言笺注本《切韵》所见异体俗字标注格式

长孙讷言笺注本《切韵》一类异体字开始增加，最明显的特征是增加字书中的字体，尤其是《说文》字体大量增加。

S2071 注释中存有大量异体字，共计 282 条。标注格式多样化，有"按（案）文（作）"、"说文作"、"字书作"、"或（省作）"、"或单作"、"古作"、"今作"、"本作"、"又（作）"、"作"、"亦作"、"俗作"等，还有"……同"格式。

S2055 所见异体字，标注格式多样化，有"说文从"、"说文（又）作此"、"按说文"、"或作（此）"、"亦（作）"、"古作"、"字书作"、"正作"、"今作"、"也作"、"俗"、"又作（此）"等，还有"……同"格式。

P3693 异体字标注格式多样化，有"文作此"、"说文作（此）"、"按说文作（此）"、"按说文杜延业字样为"、"（古）或作"、"篆文作"、"又作某同"、"俗作"、"说文从（作此）"、"又作"、"说文又（单）作"、"古（文）作"、"俗作"、"今作此"、"按正名作（为）"、"本作"、"一本作"等，还有"……同"格式。

P3694 异体字标注格式多样化，有"又（作）"、"或（作）"、"说文从"、"亦作"、"或作"、"书作"、"古作"、"俗作"、"说文作"、"正"。

P3696（2）异体字标注格式多样化，有"说文（又）作此"、"说文（又）作"、"或作"、"亦作"、"单作"、"按说文作"、"又作"、"按籀文作"、"籀文又作"、"一本作此"等。

S6176 异体字标注格式多样化，有"或（作）"、"又"、"俗作此"、"说文（又）作"、"说文单作"、"说文作此"等。

DX1372 + DX3703 异体字标注格式有"或作此"、"又"、"说文作"等。

长孙讷言笺注本《切韵》所见俗字除了大量引用《说文》

字体外，其他标注方式也非常多，基本上涵括了后世韵书所见的各种异体字表达方式。各种引《说文》的格式如下："按说文作（此）"、"说文（又）作"、"说文（又）作此"、"说文单作"、"说文从"、"文作此"、"说文作（此）"、"说文从（作此）"、"按说文"、"按（案）文（作）"。异体字表达方式异常丰富，基本上涵盖了后世所见的各种表达方式。尽列于下："或作此"、"又（作）"、"或（作）"、"俗作此"、"亦（作）"、"古（文）作"、"今作（此）"、"又作（此）"、"也作"、"（古）或作"、"或（省作）"、"俗（作）"、"正（作）"、"本作"、"作"、"单作"、"或单作"、"篆文作"、"按籀文作"、"籀文又作"、"字书作"、"按说文杜延业字样为"、"按正名作（为）"、"一本作（此）"、"书作"、"又作某同"。还有"……同"格式，包括"又……同"，"与（下字）同"，"亦同"、"二同"、"同"、"同……"。还存有同时列两个异体的情况，如：辉：许归反，辉亦作辉晖。

（三）增训加字本《切韵》所见异体俗字标注格式

S5980 异体字标注格式多样化，有"或（作）"、"俗曰"、"正作"、"周礼作"等。

P3799 异体字标注格式有"或"、"俗作"等。

P2017 异体字标注格式为"古作"。

S6013 异体字标注格式为"或作"、"通作"、"本从"。

S6012 异体字标注格式为"又作"。

P4746 异体字标注格式为"又作"、"正作"、"某作"。

S6156 异体字标注格式为"又作"、"今作"。

增训加字《切韵》系的韵书因所存内容较少，异体字的信息也较少，但表达方式比较丰富，有"又作"、"今作"、"正作"、"吴都赋作"、"或（作）"、"通作"、"本从"、"古作"、"俗作"、"俗曰"、"周礼作"。

（四）王仁昫刊谬补缺《切韵》所见异体俗字标注格式

P2011（王一）异体字标注格式为"或作（字）"、"字或作"、"亦作（为）"、"古作（字）"、"今作"、"又（作）"、"正作"、"俗作"、"本"、"通俗作（字）"、"俗误作"、"古文为某字"。

王仁昫刊谬补缺《切韵》（王三）异体字标注格式为"或作（字）"、"亦作（字）"、"古作"、"本作（字）"、"本亦作"、"又作"、"正作（字）"、"（今通）俗作（字）"、"通作"、"俗误作"、"秘书作"、"与某通"。

王一和王三中的异体字表达方式没有超出前面所列，但亦有自己的特点。增加"——某字"格式，——代表各种异体表达式，如"或作""亦作""通俗作"等等。还增加"与某通"。首开异体字单列这种表达方式，用"上同"或"同上（某）"。

在注释里评价异体字孰是孰非，如：纞：南纞县名在钜俗误作孌；彫：刻俗作雕误非。

还存有同时列多个异体的情况，例：臑：煮熟亦作脜酾烆；酸：侧限反或作盏琖字三。或按释义不同列有多个异体字：鄽：市俗作廛郊鄽作厘从省作郖字。

（五）裴务齐正字本《切韵》（王二）所见异体俗字标注格式

因其内部体例不同，故我们分开讨论其各部的异体字。

平声东冬钟江支脂之7韵，异体字标注格式为"古作"、

"正作"、"俗（作）"、"又（作）字"、"亦"、"（古文）与某同"、"说文作"等。另有韵字注释只列"古文"，例如下：

畄：古文

跂：古文与岐同

平声其余 23 韵，异体字标注格式为"本作"、"一本作"、"作此"、"亦"、"或（作）"、

"古（作）"、"又作（同）"、"又作某字"、"俗作"、"正"、"西京赋作此"。值得注意的是"亦"后不止一个异体字，多者两个、三个。另有韵字注释只列"古文"、"古字"，例如下：

鰜：魚名一本作鰜

屍：古字

屃：古文

上声，异体字标注格式为"亦（作）（同）"、"古作"、"又（作）（同）"、"又作某字"、"俗"、"正（作）"、"作"、"说文作此"、"或"等。

去声，异体字标注格式为"一本作"、"正"、"又作"、"古作"、"（通）俗作"、"或（作）（字）"、"亦"、"说文作"、"字林（作）"等。

入声，异体字标注格式为"又（亦）……同"、"同上"、"正"、"又作"、"古文作"、"俗作"、"或作"、"亦作（字）"、"本作"、"（今通）俗作（字）"、"与某通"、"字林作"、"字书作"、"说文……作某同"、"一本作"。

王二平上去入各部的异体字表达方式各有特点，除平声其他 23 韵，其他均有引自《说文》的字体。平声出现注释只有"古字"、"古文"的情况。平声其他 23 韵、去、入三部分均存有

"一本作"的异体字表达方式。

（六）孙愐《唐韵》所见异体俗字标注格式

P2018 异体字标注格式为"或作"、"亦作"。

蒋斧《唐韵》异体字标注格式为"或作"、"（今）亦（作）"、"又作"、"说文作"、"俗作"、"古作"、"单作"、"籀文作"、"本作"等。

DX1466 异体字标注格式为"籀文作此"、"又作"、"或作"。

综上可知，孙愐《唐韵》所存的异体字表达方式与前代韵书无甚差别，如下所示："或作"、"（今）亦（作）"、"又作"、"说文作"、"俗作"、"古作"、"单作"、"籀文作"、"本作"、"籀文作此"。

（七）五代刻本《切韵》所见异体俗字标注格式

1. P2014

P2014（一）异体字标注格式为"亦"、"又（作）"、"古"。或把异体字单列，注释中标明字体信息，如："此正"、"俗字"。

  農：姓農此正

  農：俗字

P2014（二）异体字标注格式为"俗作"、"又（作）"。或把异体字单列，注释中标明字体信息，如："正字"。

  内：正字

P2014（三）异体字标注格式为"作"、"古"、"亦"、"今作此"、"正作"、"又作"。另有异体字单列，注"同上"。

  㸐：同上〔燃〕

  䅨：同上〔稍〕

P2014（三）背异体字标注格式为"亦作"、"今作"、"说文作"、"又"。另有异体字单列，注"同上"，共6处。

次：同上［涎］

偢：俗字同上［您］

P2014（四）异体字标注格式为"亦"、"古"，或单列，注释标明"正字"。

P2014（四）背异体字标注格式为"亦（作）"、"正"、"又作"，或单列，注释标明"正字"。

P2014（五）异体字标注格式为"亦"、"古"。

P2014（六）异体字标注格式为"正作"、"亦（作）"、"又"、"古"。另有异体字单列，3处注"同上"，1处注"俗字"。

吽：同上（斜）

塩：俗字

P2014（七）异体字标注格式为"正作"、"说文作此"、"亦（作）"、"又（作）"。另有异体字单列，7处注"同上（俗）"。

迠：同上（徙）

舐：同上俗（舭）

P2014（八）异体字标注格式为"亦"。另有异体字单列，3处注"同上（俗字）"，"正字"1处。

楝：同上

散：正字

垙：同上俗字

鬷：正字上同（緩）

P2014（九）异体字标注格式为"古本"、"（又）作"、"俗作"、"或作"、"亦作"。

P2014（九）背异体字标注格式为"亦作"。

P2014 各卷存异体字表达方式亦与前代基本相同，具体如下："亦（作）"、"又（作）"、"古本"、"古"、"俗作"、"或作"、"正（作）"、"说文作（此）"、"作"、"今作（此）"。但出现了大量异体字单列的形式，并在注释中标明字体信息，如："此正"、"俗字"、"正字"、"同上（俗字）"。这表明这个时代的编者比较注重对字体正、俗的考辨。

2. P2015

P2015（一）异体字标注格式为"亦"、"又"。另有异体字单列，1 处注"此正"，1 处注"俗字"。

P2015（二）异体字标注格式为"亦作"、"又（作）"、"俗作"、"古"。另有异体字单列，2 处注"同上（上同）"，注"正字"1 处，注"俗字"1 处。

P2015（三）异体字标注格式为"亘（亦）作"、"古作"、"正作"、"又作"、"俗作"。

P2015 各卷存异体字表达方式亦与前代基本相同，如下："亘（亦）作"、"亦"、"又（作）"、"古（作）"、"正作"、"俗作"。同 P2014 各卷，出现了异体字单列的形式，并在注释中标明字体信息，如："此正"、"俗字"、"同上（上同）"。这表明这个时代的编者比较注重对字体正、俗的考辨。

3. P2016、P4747

P2016 异体字标注格式为"又作"。另有异体字单列，2 处注"同上"。

P2016（背）异体字标注格式为"亦作"、"又"、"同"。另有异体字单列，1 处注"上同"。

P4747 异体字标注格式为"此或"、"正字"、"俗作"、"又"。

P2016、P4747 同 P2014 与 P2015 一样，异体字表达方式有："又（作）"、"亦作"、"此或"、"正字"、"俗作"、"同"。另有异体字单列，注"同上"或"上同"。

4. P5531

P5531（一）异体字标注格式为"又"。

P5531（二）异体字标注格式为"亦"、"又"、"正"。

P5531（三）异体字标注格式为"亦作"、"或作"、"俗作"、"正字"、"又作"。

P5531（四）异体字标注格式为"亦作"、"又作"、"或作"、"正作"、"俗作"。

P5531 各卷同 P2014 与 P2015，异体字表达方式有："亦（作）"、"又（作）"、"正（作）"、"或作"、"俗作"、"正字"。另有异体字单列，注"同上俗字"1 处。

5. 列 T Ⅰ L1015

列 T Ⅰ L1015 异体字标注格式为"同也"、"亦作"。另有异体字单列，2 处注"上同"，注"古文"2 处。

6. 列 T Ⅱ D

列 T Ⅱ D a 异体字单列，4 处注"上同"，注"尚书古文"1 处。

列 T Ⅱ D a 异体字单列，1 处注"上同"，注"玉篇古文"1 处。

列 T Ⅱ Db 异体字单列，注"古文"1 处。

列 T Ⅱ Db 异体字标注格式为"说文作"、"或作"、"书籍多作"。

列 T Ⅱ Dc 异体字标注格式为"亦"、"同"。异体字单列，注"上同"3 处。

列 T Ⅱ Dc 异体字单列，注"上同"1 处。

列 T Ⅱ Dd 异体字单列，注"上同"1 处。

列 T Ⅰ L1015 与列 T Ⅱ D 的异体字表示方式有："同"、"亦（作）"、"说文作"、"或作"、"书籍多作"。更多见的是异体字单列，注"上同"，或注"古文"。其中有两处指明古文出处，一为《尚书》，一为《玉篇》。

综上可看出，五代刻本的异体字表达方式基本与前代基本相同，比较特别的是异体字单列这种格式大量增加，并在注释中注明是"此正"、"正字"、"俗字"、"同上（俗字）"、"上同"或"古文"。这表明这个时代的编者比较注重对字体正、俗的考辨。

三　结　论

综合唐五代各类《切韵》卷子所见异体、俗字，我们可以得出以下结论：

从离《切韵》年代最近的陆法言传写本开始，就存有异体字，这说明《切韵》编写之初可能就注意收取字的异体形式。长孙讷言笺注本《切韵》除了大量引用《说义》字体外，还有引自其他字书的。其他标注方式也非常多，基本上涵括了后世韵书所见的各种异体字表达方式，说明这一时期的异体俗字非常丰富，而编者也很注重收集异体形式。出现了"一本作"的格式，这一格式在王二中运用较多。还存有同时列两个异体形式的情况，这在王一和王三中得到了发扬。增训加字《切韵》系的韵书出现引自经典的异体格式，如《吴都赋》、《周礼》。王一和王三增加"——某字"格式，——代表各种异体表达式，如"或作""亦作""通俗作"等等。还增加"与某通"。首开异体字单列这种表达方式，用"上同"或"同上（某）"。并在注释里评价异体、俗字的正误。

王二出现注释只有"古字"、"古文"的情况。这在五代刻本中继续得以体现。孙愐《唐韵》所存的异体字表达方式没有什么新意。五代刻本中比较特别的是异体字单列，在注释中注明是"此正"、"正字"、"俗字"、"同上（俗字）"、"上同"或"古文"。这表明这个时代的编者比较注重对字体正、俗的考辨。

参考文献：

[1] 裘锡圭. 文字学概要 [M]. 北京：商务印书馆，2004.

[2] 周祖谟. 唐五代韵书集存 [M]. 北京：中华书局，1983.

[3] 曹志国. 裴务齐正字本《刊谬补缺切韵》异体字研究 [D]. 河北大学文学院，2006.

[4] 李帅. 蒋斧本《唐韵》残卷异体字研究 [D]. 河北大学文学院，2006.

[5] 史甲庆. 王仁昫《刊谬补缺切韵》之异体字研究 [D]. 河北大学文学院，2007.

[6] 上田正. 切韵残卷诸本补正 [M]. 东京：东洋学文献センター丛刊 19 辑，1973.

[7] 龙宇纯. 唐写全本王仁昫刊谬补缺切韵校笺 [M]. 香港：香港

中文大学出版社，2000.

〔8〕姜亮夫. 瀛涯敦煌韵辑〔M〕//姜亮夫全集第九. 昆明：云南人民出版社，2002.

〔9〕潘重规. 瀛涯敦煌韵辑新编〔M〕. 台北：文史哲出版社，1974.

（四川师范大学文学院　成都 610068）

The Variation of the Nonstandard Variant Chinese Characters in Rhyming Dictionaries of Qieyun Series in Tang and the Five Dynasties

Tong Xiaolin

（College of Liberal Arts, Sichuan Normal University）

Abstract: There are variant Chinese characters in *Qieyun* by Lu Fayan, from the earliest hand – written copy of *Qieyun*, which indicates that the compiler paid attention to collecting the variant Chinese characters at the very beginning of compiling the book. The *Qieyun* edition noted by Zhangsun Na – yan has quoted many character fonts from *ShuowenJiezi* as well as other lexicons. Its noting methods are also various, and almost all the expression of variant Chinese characters we can see in later times have been included, which indicates that variant Chinese characters are prosperous at that time and the compilers had devoted their mind to collect them. The form of "一本作 (the other edition as⋯)" shows up and is mostly used in *WANG2* （王二）. There are the situations that two variant Chinese characters are listed at the same time, which are mostly seen in *WANG*1 （王一） and *WANG*3 （王三）. In *WANG*2, there are only "古字" and "古文" in the notes and this case continues to be seen in the block – printing editions in the Five Dynasties. What's special in the editions in the Five Dynasties is that the variant Chinese characters are listed separately and noted as "此正", "正字", "俗字", "同上（俗字）", "上同" or "古文", which indicates that the compilers in this period focused on the distinguishing of the standard Chinese characters and popular Chinese characters.

Key words：rhyming dictionaries；*Qieyun*；Tang Dynastie；variant characters；recording form

西汉"目"的语义场研究①

吴宝安*

摘 要 西汉与"目"有关的词共 10 个,其中最重要的是"眼、目"。一般认为,上古"眼、目"有语义上的分工,"眼"指眼珠,"目"指眼睛。我们发现,"眼、目"在上古即是同义词,都有"眼睛和眼珠"义。西汉文献中,表示"眼珠"的词另有 6 个:眸、瞳、眹(卢)、睛(精)、朕、瞯。"眼、目"同义,"眼珠"另有专词,正是"眼"能取代"目"成为"眼睛"语义场代表词的条件。

关键词 语义场;眼;目;核心词

---

* 作者简介:吴宝安,女,湖北大学文学院现代汉语教研室讲师,研究方向为汉语词汇史。

① 本论文得到 2013 年湖北省教育厅青年项目"上古(先秦——西汉)核心动词语义场演变研究(13q010)"的资助,在此致谢。

"眼睛"在 M·Swadesh《一百词的修订表》中居 40 位[1]33，在郑张尚芳《华澳语言比较三百核心词表》（征求意见稿）中居 84 位，加＊，为最核心的词[2]461，在黄布凡先生《藏缅语 300 核心词词表》中为一级核心词[3]15。

西汉文献中与"眼睛"有关的词共 10 个，它们是：

目：
- 眼睛：目、眼
- 眼睛的一部分：
  - 眼珠：眸、瞳、眹（卢）、睛（精）、朕、瞷
  - 眼眶：眶（匡）、眦

一　表示"眼睛"：目、眼

对"眼、目"的研究，其研究成果可以综述为：先秦时，"眼"指"眼球"，"目"指"眼睛"，西汉时，这种区别仍然存在，但是已经不太严格，至迟在汉末，"眼"在口语中就取代"目"了①。我们通过穷尽性地考察先秦西汉的文献，参考历代训释资料及现代方言的材料，发现它们在上古就已同义。

"眼"在先秦和西汉文献中的活动能力远不能和"目"相

---

① 这些成果主要有：王力《汉语史稿》p490（中华书局，2002）；汪维辉《东汉－隋常用词演变研究》的"目/眼"条 p24－32（南京大学出版社，2000）；李慧贤《"眼"与"目"的词义演变》，《汉字文化》2008 年第五期 p81－84；方一新《"眼"当"目"讲始于唐代吗?》，《语文研究》1987 年第 3 期；管锡华《〈史记〉单音词研究》"目·眼"条。

比。先秦 27 种文献①, "眼"仅 6 见, 而"目"552 见。"眼"表"眼睛或者眼球"的共 5 见②, 它们分别是王力先生所引 3 例:抉眼(《战国策》、《庄子》各 1 例)、白眼(《易经说卦》)[3], 汪维辉先生所引 2 例:虎盼然环其眼(《韩非子》)、垂眼临鼻(《吕氏春秋》)[4]。这 5 例中, "虎盼然环其眼"汪先生认为指眼珠, 我们觉得理解为眼睛更合适, 《三国》里吕布就称张飞"环眼贼", 环眼就是大而圆的眼睛, 老虎把眼睛睁得大大的, 当然就是"环其眼"了。如果这样理解, 那《韩非子》中的这个用例, 既有"眼"又有"目"③, 它们已经是同义连用了。

西汉文献④中, "眼"也仅有 16 见, 而"目"有 598 见, 西汉"眼、目"的使用情况我们可以通过《史记》和《说苑》窥出端倪。

---

① 这些典籍分别是:经部《十三经》中的十二经(《孝经》除外), 集部的《楚辞》, 史部的《国语》、《战国策》、《汲冢周书》, 子部的《老子》、《公孙龙子》、《管子》、《墨子》、《荀子》、《庄子》、《韩非子》、《吕氏春秋》、《孙子》、《山海经》、《商子》, 共 27 部, 下文所说的"先秦文献"除特别指明之外, 均指这些文献。

② 《周礼》:"望其穀, 欲其眼也。"郑玄注:"眼, 出大貌也。"这例不表示"眼球或者眼睛"。

③ 《韩非子》原文为:"赵王游于圃中, 左右以菟与虎而辍, 盼然环其眼。王曰:'可恶哉, 虎目也!'左右曰:'平阳君之目可恶过此。见此未有害也, 见平阳君之目如此者则必死矣。'其明日, 平阳君闻之, 使人杀言者。"

④ 我们所考察的西汉文献有(基本按时间先后排列):《新语》、《新书》、《韩诗外传》、《春秋繁露》、《淮南子》、《史记》、《盐铁论》、《列女传》、《新序》、《说苑》、《方言》、《法言》、《太玄》、西汉民歌(汉郊祀歌和铙歌十八首等)、《楚辞》中西汉作者所作的作品、《汉书》。《汉书》是东汉初班固(32-92)主笔写的史书, 记叙的全是西汉史事, 书中大量征引西汉文献, 且班固又去西汉未远, 所以也可当作西汉朝的重要语料。

表1　"眼、目"在《史记》、《说苑》中的使用频率表①

义项\书名	眼				目				
	眼球	眼睛	眼神	小计	眼睛	眼球	观看、用眼睛示意	人名、动物名②	小计
史记③	5	1	1	7	68	0	17	7	92
说苑	1	2	0	3	35	3	0	9	47
共计	6	3	1	10	103	3	17	16	139

在这两部作品中，"眼"共10见④，其中《史记》7见，5例表"眼珠"：

（1）因自皮面决眼，自屠出肠，遂以死。（《刺客列传》）

（2）而抉吾眼悬吴东门之上，以观越寇之入灭吴也。（《伍子胥列传》）

（3）必取吾眼置吴东门，以观越兵入也！（《越王句践世家》）

---

①　选择这两本文献做抽样调查的原因有二：一是两部文本时间扩度较大，《史记》是西汉早中期的作品，而《说苑》则是西汉晚期的作品。二是这两部作品中"眼"字出现次数较多。

②　人名"目夷"6例，"比目之鱼"1例。"目"以及后来的"眼"都用于人与动物，这个没有区分。

③　我们所统计的《史记》"目"次数，与管锡华的稍异，管锡华的数据是总共85次，除去人名物名外83次，我们的数据是总共92次，除出人名物名85次，本文以自己统计的数据为准。

④　西汉文献中"眼"另外6例分别是：《楚辞》3见，均表"人或者动物眼珠"：吴申胥之抉眼兮，王子比干之横废。（刘向《楚辞·九叹·惜贤》）伤明珠之赴泥兮，鱼眼玑之坚藏。（刘向《楚辞·九叹·忧苦》）玉与石其同匮兮，贯鱼眼与珠玑 。（东方朔《楚辞·七谏·谬谏》）《汉书》3见，均表"眼珠"义，分别是：先是，高后鸩杀如意，支断其母戚夫人手足，摧其眼，以为人彘。（《五行志》）太后遂断戚夫人手足，去眼熏耳，饮喑药，使居鞠域中，名曰"人彘"。（《外戚传》）莽为人侈口蹷颐，露眼赤精，大声而嘶。（《王莽传》）

（4）抉吾眼置之吴东门，以观越之灭吴也。（《吴太伯世家》）

（5）太后遂断戚夫人手足，去眼，辉耳，饮喑药，使居厕中，命曰"人彘"。（《吕太后本纪》）

表"眼睛"1例：

（6）其人皆深眼，多须髯，善市贾，争分铢。（《大宛列传》）

表"眼神"1例：

（7）几然而长，眼如望羊。（《孔子世家》）

《说苑》3见，1例表"眼珠"：

（8）而抉吾眼着之吴东门，以观越寇之灭吴也。（《正谏》）

表"眼睛"则有2例：

（9）五采曜眼，有时而渝，茂木丰草，有时而落。（《谈丛》）

（10）故三月达眼而后能见，七月生齿而后能食。（《辨物》）

"眼"在先秦西汉不常用，而"目"则不同，以《史记》表"眼睛"义的"目"为例：

表2　"目"的"眼睛"义在《史记》中的使用情况表

单用	以"目"为语素组成的双音词									合计
	承继先秦的					西汉新产生的				
19	耳目	面目	瞋目	侧目	目送	蜂目	目睹	目论	目眙	目眥	68
	20	8	8	3	2	1	3	1	1	2	

这说明西汉时"眼睛"语义场的代表词为"目"，"眼"虽然在汉末取代了"目"，但在先秦西汉，它还不太活跃。

一般认为，上古汉语"眼"指"眼球"，"目"指"眼睛"，两者有明确的分工，我们看并非如此，理由有三：

（一）文献材料。如上所述，"眼"在先秦西汉中并不常用，仅 21 例，可用于"眼睛"的就有 5 例，占 23.8%。此外，《楚辞》中有 2 例"鱼眼"，先秦典籍《山海经》中有"鱼目"：

（11）有兽焉，其状如麋而鱼目，名曰䴎胡。（《山海经·东山经》）

成语"鱼目混珠"《汉语大字典》引用的最早文献是东汉魏伯阳所著的《参同契》上："鱼目岂为珠，蓬蒿不成槚。"就文意而言，它也许本于《楚辞》的"贯鱼眼与珠玑。"

除此之外，《周礼·考工记·梓人》屡有"深其爪，出其目"，"出目短耳"之说，"出目"之"目"和《吕氏春秋》中的"垂眼临鼻"之"眼"一样，应指"眼球"，眼眶和眼白是鼓不出来的，能鼓出来的自然只能是"眼球"了。

（二）异文材料。"抉（决/取）眼"在先秦西汉有异文形式"悬（抉）目"：

（12）以悬吾目于东门，以观越之入，吴之亡也。（《国语·吴语》）

（13）昔者吴王夫差不听伍子胥，尽忠极谏，抉目而辜。（《说苑·杂言》）

（14）伍子胥何为抉目于吴东门。（《说苑·杂言》）

（15）今欲明事情，恐有抉目剖心之祸，欲合人心，恐有头足异所之患。（《说苑·杂言》）

异文是证明同义词的非常重要的材料，可见"眼、目"同义，更确切地说，"目"也有"眼珠"义。

（三）历代训释材料和方言材料。《说文》："眼，目也。"《玉篇》同。《广雅·释亲》："目谓之眼。"《广韵·产韵》：

"眼,眼目也。"据《汉语方言词汇》,"眼珠、眼睛"在苏州、温州均称"眼乌珠";双峰称"眼睛"为"眼珠","眼珠"为"眼珠子";潮州称"眼睛"为"眼瞯","眼珠"为"眼瞯子"[4]246。笔者系湖南涟源人,先生为江苏连云港人,均称"眼睛、眼珠"为"眼珠"。

可见在自然语言中,部分代整体、整体代部分是常见的现象。另,语义具有模糊性,对不太常用且有不少例证可表"眼睛"的"眼"而言,说它一开始就和"目"有严格意义上的语义分工,这是不符合语言事实的。"眼"在西汉意义单一,很不活跃,到了汉末就完全取代"目"了,它和"目"在先秦西汉同义是一个必备的条件。

东汉中土文献中,"目"仍占优势,如《论衡》"眼"单用只用了 2 次,而"目"单用就有 80 多次。但是在东汉佛经中,"眼"从一开始就占优势,足见"眼"在口语中替代了"目",六朝后期在文学语言中这种替代也已经完成,如《世说新语》单用眼睛义,"眼"15 例,"目"12 例,"眼"已占优势①。

为什么"眼"会取代"目",可能有两方面的原因:一是"眼"的"眼球"义淡化,"眼睛"义强化。先秦西汉表示"眼球"的词很多,如"眸、瞳、眹、朕"等,"眼"既可指眼球,又可指眼睛,在这种情况下,"眼"向"眼睛"义偏斜是很正常的。二是"目"语义负荷较重。先秦的"眼"语义单纯,但"目"却已产生了较多的引申义,《汉语大字典》中,"目"见

---

① 数据参考了管锡华《〈史记〉单音词研究》的"目眼"条,汪维辉《东汉－隋常用词演变研究》的"目/眼"条。

于先秦西汉的义项就有"看、注视；以目表示愤懑；以目示意；眼力，眼界；孔眼；要目"（参见《汉语大字典》2467 页）等。语义负荷较重的结果是主要义项被同义的"眼"取代。

二　表示"眼睛"的一部分

"眼珠、眼眶"均为眼睛的一部分，西汉文献中表示"眼珠"的有"眸、瞳、眹（卢）、睛（精）、朕、瞵"6 个[①]；表示眼眶的有"眶（匡）、眦"2 个。

（一）眼珠：眸、瞳、眹（卢）、睛（精）、朕、瞵

眸：《广雅·释亲》："珠子谓之眸。"西汉"眸"有 2 例，均见于《淮南子》，如：清之为明，杯水见眸子。（《说山》）

瞳：《玉篇·目部》："瞳，目珠子也。"西汉"瞳"共 4 见，如：舜二瞳子，是谓重明；（《淮南子·修务》）吾闻之周生曰"舜目盖重瞳子"，又闻项羽亦重瞳子。（《史记·项羽本纪》）

眹（卢）：《玉篇》："眹，目瞳子也。"西汉的用例如：玉女无所眺其清卢兮，虙妃曾不得施其蛾眉，（《汉书·扬雄传上》）颜师古注引服虔曰："卢，目童子也。"

睛（精）：《玉篇·目部》："睛，目珠子也。"《说文》无"睛"字，王力先生认为"睛"的来源是"精"："《说文》'瞛'字下云：'童子精也'。王筠《说文句读》说：'精即是睛，与童子为一物'。可见汉代'睛'只指童子。"王凤阳先生

也认为:"古人以为黑眼珠是目的精华所在,所以叫'精',分化为'睛'。"西汉文献"睛"多作"精",如:蛇头龙翅,左精象日,右精象月;(《说苑·辨物》)莽为人侈口蹙颐,露眼赤精,大声而嘶。(《汉书·王莽传中》)也有就用"睛"的例子,如:虽达视犹不能见其睛。(《淮南子·主术》)

联:《周礼·春官·序官》"瞽蒙"郑玄注引汉郑司农曰:"无目联谓之瞽,有目联而无见谓之蒙。"孙诒让正义:"先郑云'无目联'者,盖谓目缝黏合,绝无形兆。""联"在西汉仅1例:子生无目联,其矣子之墨墨也。(《新序·杂事一》)

睸:"睸"是一个方言词,西汉文献中只见于《方言》卷二:好目谓之顺,黸瞳之子谓之睸。

"眸(牟)、瞳(童)、眹(卢)、睛、联、睸"这六个词均指"眼珠、眼球",它们是同义词,仔细辨析,它们之间又是有区别的,具体表现为:(1)这些词的来源不同,"眸"来源于"目"[6]312,"瞳"来源于"童"①,"眹"来源于"黑"[7]183,"睛"来源于"精"。"联"的来源还有待进一步的考察,"睸"则是一个方言词。(2)这些词在所指上也有一些区别,可以这么说,所有的这六个词均可指"眼珠、眼球",但是只有"瞳(童)"能指瞳孔。这些词后来几乎都有表"眼睛"的引伸义,但均不太常用。上文我们提到,"眼"在上古"眼珠"义是它的重要义项,而"目"有时候也可指"眼珠",足见"眼珠"在"眼睛"中的重要性。

---

① 当看别人眼珠时,在对方的瞳孔中会映出自己的身形,形象很小,如同小童,所以称之为"童子"。为了和儿童的"童"区别,表瞳孔的"童"又分化为"瞳"。所以,"瞳"的来源是"童"。

（二）眼眶：眶（匡）、眦

眶（匡）：《玉篇》："眶，眼眶也。"先秦西汉"眶"多写作"匡"，如：刺匡上陷骨中脉，为漏为盲；（《素问·刺禁论》）于是王气怨结而不扬，涕满匡而横流，即起，历阶而去。（《史记·淮南衡山列传》）

"匡"本是容器名，"眼眶"就是包容眼睛的容器，所以"匡"应该是"眶"的古字。

眦：《说文》："眦，目匡也。""眦"与"眶（匡）"均表眼眶。具体而言，它们的所指稍有差异，"眶（匡）"指整个眼眶，而"眦"则多指上下眼睑的接合处。近鼻处为内眦，近鬓处为外眦。不过，在文献中，"眦"完全可以理解为"眼眶"。如：目见百步之外，不能自见其眦；（《淮南子·说林》）（樊哙）瞋目视项王，头发上指，目眦尽裂。（《史记·项羽本纪》）

在我们所调查的西汉文献中，"眦"用于"眼眶"义有7例，比"眶（匡）"用例略多。

三　结　语

（一）西汉"眼"的语义场共有10个词，它们是：表示眼睛的"眼、目"；表示"眼珠"的"眸、瞳、眊（卢）、睛（精）、朕、瞷"；表示"眼眶"的"眶（匡）和眦"。

（二）"眼"在先秦就有"眼睛"义，"目"在先秦西汉也有"眼珠"义，因此，"眼"和"目"在上古就已是同义词，这个结论能得到历代训释资料和现代方言的佐证。"眼"之所以能够取代"目"，和"目"同义是一个必要条件。"眼"之所以最终取代了“目”，可能有两个方面的原因，一是“眼”的“眼珠”义弱化，“眼睛”义强化；二是“目”的语义泛化。

（三）“眸、瞳、眹（卢）、睛（精）、联、䁖”的区别有二，一是来源不同，“眸”来源于“目”，“瞳”来源于“童”，“眹”来源于“卢”，“睛”来源于“精”，“䁖”是一个方言词；二是所指有别，总体而言可以这么说，六个词均可指“眼珠、眼球”，但是只有“瞳（童）”能指瞳孔。

参考文献：

［1］M·Swadesh. 一百词的修订表［J］. 喻真译. 音韵学研究通讯，1990，8（14）.

［2］郑张尚芳. 汉语与亲属语同源根词及附缀成分比较上的择对问题［J］. 中国语言学报，1995（2）. 又见：汉语的祖先［M］. 北京：中华书局，2005：442－461.

［3］黄布凡. 同源词比较词表的选词范围和标准——以藏缅语同源词比较词表的制订为例［J］. 民族语文，1997（4）.

［4］北京大学中国语言文学系语言学教研室编. 汉语方言词汇［M］. 第二版. 北京：语文出版社，1995.

［5］王力. 汉语史稿［M］. 北京：中华书局，2002.

［6］王力. 同源字典［M］. 北京：商务印书馆，1982.

［7］张永言. 论上古汉语的“五色之名”兼及汉语和台语的关系［M］//语文学论集. 北京：语文出版社，1998.

（湖北大学文学院　武汉 430062）

The Study of Semantic Field of "目 (eye)" in the Western Han Dynasty

Wu Baoan

(College of Arts, Hubei University)

Abstract: There are 10 words related to "目" in the Western Han Dynasty, among which "眼" and "目" are the most important. In general, we consider that "眼" and "目" bear different functions semantically, that is, "眼" refers to the eyeball while "目" refers to the eye. We also find that those two characters have been synonyms in Old Chinese, which shared the meaning of "eye" and "eyeball". In the literature of Western Han dynasty, there are other six characters standing for the meaning "eyeball": 眸、瞳、眹（卢）、睛（精）、朕、䁢。"眼" and "目" are synonyms in the meaning "eye and eyeball" and there are other dedicated words for the meaning "eyeball", which makes it possible for "眼" to take the place of "目" to become the representative of the semantic filed "eye".

Key words: semantic field; eye; eyeball; core word

结构助词"的"的认知主观性
与符号化过程

何文彬[*]

摘 要 要系统地解释结构助词"的"的主要性质和功能,应有宏观的视野,需重新审视句法、语义、语用、认知等范畴的内涵和关系,核心是强调语义的认知主观性、语用过程与产物的有序多样性。从语义上看,"的"标记认知上的"特征·对象"框架,从语用上看,通过特征化、对象化、指称、修饰、区别等过程,"的"能辅助产出形容词性成分、名词性成分、定中短语,能充当定语、状语、补语,也能充当主语、宾语。形容词性成分和描写性定语等侧重的是"特征",名词性成分、限制性定语、主宾语等侧重的是"对

---

* 作者简介:何文彬,四川师范大学文学院副教授。

象"。"的"的句法功能是认知主观性和符号化过程的综合。

关键词 结构助词"的"；句法；认知主观性；语用；符号化过程

一　问题与思路

"的"是普通话中常用的虚词①，学界着力良多，成果斐然，然迄今对其基本性质和功能的认识仍颇分歧。虽然有些学者认为只有一个"的"，但主流观点主张区分为结构助词和语气助词，可即便对于前者，分歧也很大。本文拟讨论结构助词"的"（不作区别时，下文"的"即指此），为系统解释其主要分布提供一条相对宏观的思路。

我们知道，确定一个语言成分的语法性质或功能的归属，可有不同的层面或角度，句法、语义、语用、认知等是目前常用的概念。根据我们对有关文献的梳理，学者对"的"的界定涵盖了这四大方面。

句法功能是语法分析时最常用的概念。以实词为例，通常从两方面讨论其句法功能②，一是词类分别，二是成分功能（或结构关系），如某词"苹果"从词类上看归入名词，从成分功能上看能作主语、宾语和定语。对虚词"的"功能的句法界定也包

---

① 本文不考虑书面上可替换为"在"或"得"者，更为严格的界定中，也不包括可与"地"互换者。
② 狭义的句法不包括词法（构词法和变词法），广义的则可包括词性分别，因词性与其成分功能密切相关。

括这两方面。一般说它有两个基本功能,一是定语功能(成分功能),即它能连接定语与中心语(或称标记定语功能、能构建定中短语等),二是词类功能,常说"的"能构成名词性成分,具有名词化功能,其产物就是一般所谓的"的"字结构或短语。这是一般教材所持的观点。其他持类似观点者可认为是对此两种功能的偏重或整合。《现代汉语语法讲话》[1]说"的"的用处很多,确定它前面的词或词组是修饰语是其主要用处,这是偏重其定语功能。《现代汉语八百词》[2]概括"的"有七项功能,其前两项是"构成'的'字短语修饰名词"和"构成'的'字短语代替名词",显然这是视词类功能为基础,同时兼顾整合定语功能。朱德熙先生的系列研究(1961[3]、1978[4]、1983[5]等)都偏重"的"的词类功能,一般称具有句法上的名词化功能,袁毓林(1995[6]、2003[7])坚持并适度发展了朱先生的观点。有些学者从不同的角度切入,其实也是讨论其句法功能,如刘丹青(2005)[8]认为"的"是定语从句的关系代词标记,偏重的是定语功能;沈阳(2004)[9]从题元指派角度讨论"VP 的"结构的转指规律,特别强调受句法规律制约,研究的是词类功能;郭锐(2000)[10]认为"的"是饰词标记,虽以"词"名之,但侧重的是修饰功能(定语功能)。还有些注重形式分析的研究,如熊仲儒(2005)[11]、石定栩(2008)[12]等,因形式主义向来重视句法分析,也可视为重视"的"的句法功能。

有些学者主张"的"具有语义功能,这又可以分为两类:一类认为其语义功能是次要功能,如朱德熙和袁毓林;另一类认为是基本功能,其代表是陆丙甫(2003)[13]。朱德熙(1983)认为"的"主要是句法功能,句法功能不便解释时说其具有语义功能，如"吃的"里的"的"是名词化功能，"木头的"里的"的"当然不便说有名词化功能，于是说有语义转化功能，袁毓林（1995）通过"谓词隐含"说来化解朱先生的难处，统一了"的"的句法功能（名词化），袁毓林（2003）则明确主张"的"具有句法上的名词化功能，也有语义上的转指或自指功能，但后者主要指所谓的语气助词"的"。徐阳春等（2005）[14]认为"的"的语用功能是主要的，其语义功能是修饰，与句法功能互为表里。陆文认为"的"的基本功能是语义上的描写性，其区别及指称功能是在语境中从描写性派生出来的语用功能。

持语用功能说者也不少。首先是陆文提到的派生而来的语用功能，包括区别和指称功能。其次，有研究认为"的"的主要功能是语用功能，可以徐阳春等（2005）为代表，该文认为"的"具有语用功能的同一性，不管是用于偏正结构还是非偏正结构，"的"都是逆向凸显其前的成分。回头看，郭锐（2000）以表述功能统括修饰、指称、陈述三种功能，从字面意义理解，表述功能又近于语用功能。

汉语研究引入认知语言学有关理论和方法后开始有人讨论"的"的认知功能，代表是沈家煊等的系列研究（1995[15]、1999[16]、2000[17]、2009[18]），石毓智（2000）[19]也值得关注。沈家煊（1995）从标记理论出发认为"的"具有标记认知上"有界"的功能，沈家煊（1999）讨论"的"字结构转指中心语的规律，认为这种转指本质上是一种语法转喻，沈家煊、王冬梅（2000）讨论"N 的 V"，认为它反映认知上的"参照体-目标"构式，沈家煊、完权（2009）主要讨论"之"的功能，附称"的"能直接指示"参照体"，其功能是间接提高"目标"的指别度。石毓智（2000）认为"的"的基本语法功能确立某个认知域的成员。

由此看来，学者在界定"的"的性质和功能时，观点是颇为分歧的，但问题还不限于归属之不同，更让人不容易把握的是这些归属的内涵也不明确。以"修饰"为例，传统观点视其为定语的主要功能，一般认为定语是句法概念，故修饰功能属句法范畴；郭锐（2000）将修饰和陈述等称为表述功能，那么它就与语用范畴有关；徐阳春等（2005）说修饰是语义功能；陆丙甫（2003）明确提出描写（与修饰相通）是语义性的。这样，修饰就既是句法的、语用的，也是语义的，如果考虑到修饰的认知区别功能，那么它又有了某种认知性。

鉴于此，本文的思路是，既肯定上述诸观点的合理性，但也认为它们只是分别关注到复杂整体的不同方面，同时由于各要素都是联系起来的，于是经常发生以此代彼的情况；我们的主要目标不在于挖掘新的事实，不在于解释某些特殊的微观现象，而在于宏观的把握和系统的构建，以系统解释已发现的、主要的事实①。

我国目前语言研究主流的方法论取向是小处着手，采用归纳方法，这无疑有其合理性，不积跬步无以至千里，也符合当代语言学实证性、科学性自我定位。但如果研究对象本身涉及到复杂的系统，或者研究目的就是要整体地把握对象，或者某项研究到了归总的阶段，或者原有的理论、概念系统存在一定的问题，则可能更需要一开始就高屋建瓴，否则易于出现盲人摸象式后果。

---

① 相关研究很多，黄国营（1982）[20]所作的描写较为细致。

本文的目的就是要建立一个有关结构助词"的"的系统，由于对象的极端复杂性，我们尝试先大处着眼，走演绎之路①。简单地说，我们准备分三步走。首先是建立一个与语言相关的宏观的系统，分离出其中与一般语义表达直接相关的部分；第二步"截取放大"其中与"的"直接相关的部分，在此基础上集中讨论"的"的性质和功能；最后重新梳理句法、语义、语用和认知这些重要概念，进一步明确"的"的性质与功能，讨论学者主要观点在系统中的定位。

在我们的讨论中，特别关注语言的符号性（二元性）：一方面重视符号的内容，强调内容的主观性②，即强调符号内容的认知处理性；另一方面也重视认知处理的符号化（形式化）过程，重视过程的产物，即重视基于符号形式的分类和定位。这两个方面我们暂以"认知主观性"和"符号化过程"来概括。

二　"的"所处的宏观系统

（一）与语言表达有关的宏观系统

可以说，语言是人创造的用以表情达意的符号系统，这个系统及其构建过程非常复杂，可以从不同角度、侧重不同部分去表述，下面是我们结合本文需要所作的构拟和性质界定：

---

①　自然，这种"大处"也不是凭空产生的，也是建立在具体事实分析基础上的。

②　本文的主观性概念比一般的界定更宽泛，简单地说，语言符号，特别是其意义，受人的因素制约、因人而异的特性都是主观性，语言是人创造与表达的，因此主观性是其根本属性，在此基础上可进一步区分不同的主观性。

	主要阶段	特有性质
1	客观世界（自然和社会）	客观存在性
	认知化	
2	认知世界（认识和思想）	认知主观性
	符号化	
3	语言世界（形式和内容）	形式客观性
	信息化	
4	信息世界（需要和满足）	表达主观性
	情绪化	
5	感性世界（平淡与强烈）	情绪主观性

　　下面对这个宏观系统略作说明。从语言的根源看，先有客观世界，包括自然界和人类社会，它们是实际存在的，具有客观性。客观世界为人脑所认知，形成一定的思想认识，我们称为认知世界，它是主观组织客观世界（认知处理①）的结果，其特有性质我们称为认知主观性，其典型特征是认知过程的主观能动性和认知产物（思想认识）的个体差异性。为了能便利表达和交流，人们将客观和认知世界符号化，最重要的结果就是语言，它是形式和内容的约定俗成的结合体，我们称为语言世界，是相对静态的符号系统；从性质上说，符号形式具有客观性，而符号内

_____

　　① 认知处理类似于 Langacker（2004）的"construe"，一般译为"释解"，本文用"认知处理"，赋予更丰富的涵义，更强调认知过程的主观能动性。

容或者意义既有客观性也有主观性①。人们用掌握的这个系统去
满足自己的特定需要，就产生了信息世界，它赋予符号系统以具
体价值；人们组织信息的主观能动性我们称为表达主观性。人们
在表达和传递信息时，又可能产生或平淡或强烈的不同情绪，我
们称其为感性世界，主观性或隐或显地存于其中，其显性或强烈
者具有情绪主观性。

　　这个宏观系统的主要特点是高级阶段包含低级阶段，同时又
有其自身特点。可以"这么多苹果啊！"这句话为例简要说明这
一点。它包含了说话人的某种强烈感情（感性世界），满足了说
话人表达自我或传递信息的需要（信息世界），它包含了相对静
态的符号，也即词语和结构（语言世界），这些符号是认知的产
物（认知世界），其基础则是有"苹果"这种现实存在物等（客
观世界）。如果从下往上看，则其特点是有了低级阶段不一定就
有高级阶段，可以有客观世界（特别是自然界），不一定有认知
世界，有了思想认识不一定要符号化，符号化的东西不一定马上
作为信息表达出来，表达的信息不一定包含特别的情绪。就我们
要讨论的结构助词"的"而言，主要涉及前三个世界，因此我
们截取这一段来讨论，而语气助词"的"则与信息世界和感性
世界有关，本文暂不讨论。

　　（二）语言世界的形式和内容

　　根据本文需要，认知处理、认知产物（认知世界）及其符
号化结果（以词类区分和基础句法结构为代表的语言世界）可

---

　　①　认知世界是符号的直接意义，客观世界是符号的间接意义，不过从表达目的
上看，客观世界往往是目的，认知世界有时不过是中介，这样，作为符号内容，客
观世界又更为重要。

图示如下：

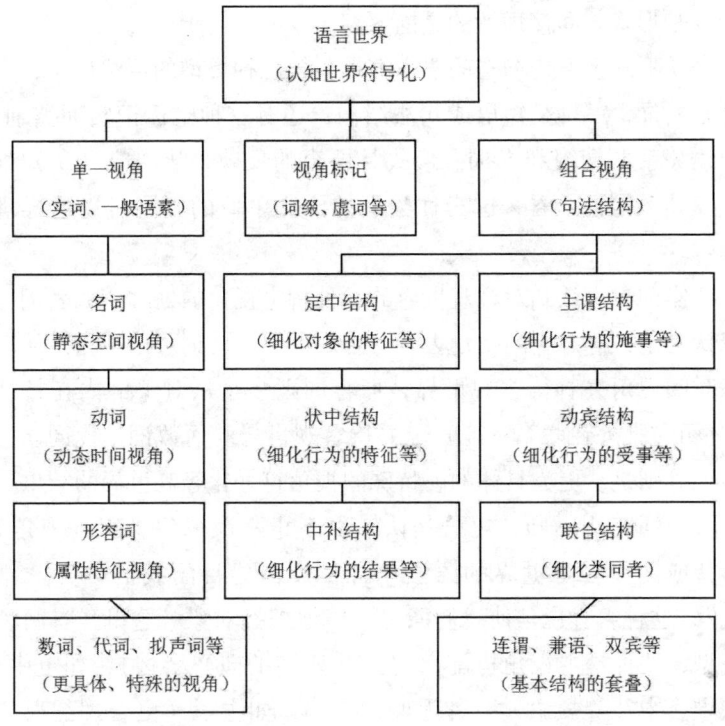

客观世界和认知世界无疑是复杂的，其形式化产物（语言）的多样性就是明证。上面是我们主要基于现代汉语的一种理解，可简单说明如下：

语言世界包含符号形式和符号内容两个部分，符号形式就是语音（或关联的字形），符号内容中，直接的是认知世界，间接的是客观世界。形式和内容密切相关，并不容易分清楚，如

"名词"可能指具有某种形式特征的符号单位①，也可能指某种内容（认知世界和客观世界），或者是二者的结合，人们直接接触的是形式，间接理解的是内容。

从形式上看，静态的语言符号包含三种类型的语法单位，一种是实词，一种是短语或句法结构，还有一种是标记实词类别、短语关系的词缀和虚词。形式是内容的反映，从内容（认知处理及其产物）上看，这三种类型的语法单位的不同可以这样理解：

实词代表认知对客观世界的一种特定视角的处理，如名词可以认为是从静态空间视角去看待客观世界，动词可以视为是从动态时间视角去看待客观世界，形容词则多是从对象的内在特征（还可包括外在联系特征）上看待客观世界。而数词、代词、拟声词等则是从更为具体的、特殊的视角符号化客观世界的结果。

与词有所不同，短语是认知以不止一个视角（组合视角）看待或把握客观世界的语法单位，其构建目的我们称为"细化"，这种组合视角使我们能更具体地把握对象。这里又有两种类型，一种是主视角搭配次视角（所谓的向心结构），如定中、状中、中补等短语，一种无所谓中心，如主谓（更合理的概括应该是"N + V"）、联合等短语，动宾短语（V + N）可能更近于向心结构，连谓、兼语、双宾等短语则是基本结构的复杂化②。如名词"苹果"是单视角，短语"红苹果"是组合视角，它细化了"苹果"的"特征"；动词"吃"是单视角，短语

---

① 西方传统的词类研究属于形态学范畴。

② 张伯江（2011）[21]重视普通句法结构的语用驱动性，不过其语用概念是广义的，包含认知因素。

"吃苹果"是组合视角，它细化了行为的支配对象（这时 N 可理解并标记为 O，同理，主谓结构的 N 有时可标记为 S），表意更细致①。顺着这个思路就可以说，所谓的句法成分（此处不包括信息世界、感性世界的直接成分），在高层次上同词类是一致的，都是视角选择（有些语言由格标记来表示下位的细化的类别），所以传统语法学主张应根据充当句法成分的特征来确定词性，是很有道理的，我们不应该将一般的句法成分视为不同于词类的、更高层的东西，事实上它常常是下位的概念，如"受事"、"宾语"等一般是"名词"性的。

词缀和虚词从结合形式上可以纳入词和短语，从功能上看它们能标记说话人所取的视角，具有相对独立性。如"吃苹果"是动作行为主视角附加支配对象次视角，而"吃的苹果"中，"的"标记了此处"吃"取的是特征视角，如果静态或孤立地看，"吃"还是取动态时间视角②。

我们认为，一个语法系统中相对静态的部分本质上代表一种认知处理系统，也就是一种分层的视角系统③，是它们决定了符号的形式或名称，所以认知主观性在语法分析中特别重要。如"动宾短语"是一种语法形式定位，而其内容则是一种视角组合；也可以说"动宾关系"这个术语本身就是一种视角组合的

---

① "红苹果"虽是短语，但也是名词性语法单位，因为它的主视角与"苹果"一样，所以二者的词类本质具有一致性。进一步看，"母亲的回忆"之所以是定中结构，因为它的主视角与普通名词所取的视角是一样的。讨论词汇意义要看具体的内容，主要与客观世界相关，语法意义则要看认知所取的视角，主要与认知世界相关。

② 一般讲，形态、语序和虚词等表达语法意义，所以语序也是一种约定俗成的视角标记，甚至是一种原型意义上的视角，是线性化了的视角组合。

③ 实词的分类，如对名词、动词等作次类区分，也是一种常见的语法分析。

隐喻表达式，主视角是动作行为，附加视角是它涉及的对象（宾），其典型者一般称为受事。从这个角度来看语言形式和内容，能使我们有更宏观的视野，从这个角度来解释语法单位的性质及其相互关系，更符合我们的语感。下面我们选取这个系统中与"的"密切相关的部分，看看其中的形式和内容到底是怎样的关系。

三 "的"的认知主观性和符号化过程

（一）认知主观性：特征·对象框架标记

根据本文定位，"的"作为虚词也是一个视角标记，它标记了一种认知处理，具有认知主观性，这种处理也有其客观基础。从客观基础来说，任何事物都有一定的内涵属性，也有一定的外部关系，我们的认知正是根据这些属性和关系认识事物的，其中前者是主要依据。在认知层面上，我们可以将事物称为对象，典型对象具有静态性、空间性，将内涵属性和外部关系统称为特征，这样我们就得到一个认知框架——特征·对象框架，其客观基础是——凡对象都有其特征，其认知基础是——关注对象时也注意其特征或根据特征把握对象。这个框架可以作为认知形态存在（也有人的差异性），如果将其符号化，那么不同的语言也会有不同的选择，一般所谓的定中结构是这个框架的典型而完整的符号表达①。现代汉语中，"的"在这个认知框架的符号化过

---

① 一般所谓的判断句、描写句也与特征·对象框架表达有关，但它们属于句子层次，与信息世界关系更密切，本文暂不讨论。这种情况正说明，不但认知处理是复杂的，其形式化也是多样的。

程中经常扮演重要角色，它的主要作用就是标记、启动或搭建特征·对象框架，或者说，"的"将视角调整到对象及其特征上。如"吃"一般取动作行为视角（可据此归其为动词），但在"吃的苹果"里，"的"将"吃"调整到特征视角，该特征涉及到的对象就是"苹果"①，这个框架是临时构建的，不能据此就说"吃"变成了形容词，因词性认定要看主要的、经常的视角选择，而短语关系经常是临时组合，反映即时的认知处理。

要证明"的"这种认知语义功能，可有不同的途径，最朴素的一条推论是："的"最常用于定中结构，最能充当定语的、无标记的词类是形容词，典型的形容词是关于事物属性特征的，所以"的"与"事物的属性特征"密切相关。

总之，说话人一用"的"就启动了特征·对象认知框架，它联系着对象和特征，其中特征是直接标记出来的，对象可以不出现在语言表层②。这样看，指称性"吃的苹果"和"吃的"在认知层次是一样的，后者的对象"隐而未发"。认知视角和认知框架本质相同，都是指认知选择或认知处理，视角偏重过程，是一种选择，而框架偏重结果。

人类语言往往有一种词类，如形容词，直接取特征视角，有

---

①　此时的"吃"可能丧失典型动词的某些特征，如不能说"美滋滋地吃的苹果"，能说"美滋滋地吃苹果"。

②　某种程度上可以说，这类似于实词性成分的配价分析。如果将其抽象化，可以表示为 $y = f(A(N))$，其中 y 是虚词（"的"），f 是框架或视角，A 是特征，N 是对象，A 优先出现于语言表层，N 可以"隐而不发"。本质上语法结构都可以作类似的抽象分析。

的还有形态标记（如典型屈折语言），有的很少或没有（如汉语）①。当我们孤立地看这种特征时，不一定要联系到对象，如说"红"不一定要联系到具体的关联对象（它肯定存在），而当我们说"红色"时，就是将特征自身对象化了，这正反映了认知处理的主观能动性。另一方面，特征·对象框架表达也不一定要虚词，语序经常也是重要选择，如定中结构"红苹果"。不过一般来说，一种意义的表达可以同时用多种形式，同时每种形式又都发挥其作用，如"红苹果"可以说为"红的苹果"，就是同时动用了两种表达形式，"的"在其中起到了强化标记认知框架的作用。而在"吃的苹果"这种结构中，"的"的作用更为关键，因为从静态形式关系看，它将动宾关系视角（框架）调整为对象特征视角（框架），这一功能无疑是关注形式变换分析的学者所重点考虑的。

（二）符号化过程：词类与结构成分功能

特征·对象框架作为一种动态性结构在认知世界里具有某种独立性，如将其符号化，由于目的和过程的复杂性，相应产物也是多样的，这些正是学者对"的"定位歧异的来源。我们的目的是整体、系统地把握"的"的分布，为便于读者理解下文的分析，先将"的"符号化的结果简要图示如下：

---

① 有无形态标记是动态的，如英语的形态正在简化，这可以理解为更加依赖认知、语境定位视角。广义地看，也不妨说"的"是一种形态、词尾性成分，朱德熙先生就曾称之为"后附成分"。

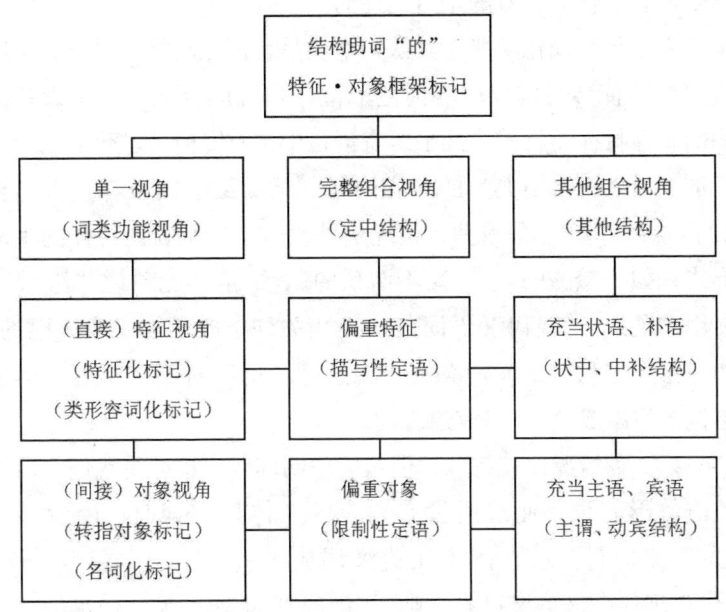

1. 直接特征视角:"的"的形容词化功能

从认知角度看,"的"是一个视角标记,它直接联系的是对象的认知特征,间接联系的是与该特征关联的对象,其形式体现为"红的苹果"中它与"红"直接联系。从符号层面看,可分别称为形容词化功能和名词化功能,也就是说"的"能参与构成形容词性和名词性语法单位。说"参与"是因为它不是直接或独立构成,往往通过构成所谓的"的"字短语实现。语法学界一般将名词化(对象化)的称为"的"字结构,本文则将带有"的"的短语都称为"的"字短语,既包括"吃的"、"酸的",也包括"烧得通红的"中的"通红的",有的"的"字短语是形容词性的，有的是名词性的。

先说形容词化功能，其认知本质是特征化功能。显然，本文说"的"能参与构成形容词性单位，是就形容词一般是表达事物的属性特征而言的。几乎所有语言中都有专门符号化的个体形容词，所以汉语中典型的形容词（如词典给立词条者）不需要"的"参与构建。但有两种情况例外，一是特别强调特征的生动形式，如"酸酸的"、"酸不溜秋的"，一般不能单说"酸酸"，要用"的"，《现代汉语词典》立相关词条时是加了个尾巴的，如"酸不溜秋（的）"。朱先生将这种"的"称为"形容性语法单位的后附成分"，是有道理的。

第二种情况比较特殊，但很能说明问题，也就是我们在翻译外语的形容词，而汉语没有相应的个体形容词时，译者多用"的"来应付。这种例子在英汉词典中大量存在，兹举一例，《牛津现代高级英汉双解词典》① 解释"active"为"做事的、能做事的、惯于做事的、精力充沛的、活动的、灵活的、积极的"，每条释义都用了"的"。显然，译者是通过构成"的"字短语来对应"active"的形容词身份。

其实日常语言中"的"的这种用法也大量使用，可能并不少于"的"字结构，甚至某些法律文本也有使用，这种功能一般不为研究者重视，其实它正说明了"的"具有"临时"特征化（形容词化）的功能。

2. 间接对象视角："的"的名词化功能

与形容词化功能常受忽视不同，学者多重视"的"字结构

---

① 商务印书馆，1988 年第 1 版。

的名词性。朱先生称为"名词性语法单位的后附成分",袁毓林(2003)则直接称它具有"名词化功能"。其实,与形容词化功能类似,"的"在构成名词性语法单位时也是"权宜"的,因为所有语言都有直接符号化对象的名词,现代汉语只在特殊情况下才需要用"的"字结构来代替名词,这反而不如"酸不溜秋的"这类"准形容词"。所以在静态的词类符号化层面上,"名词化"不能说是"的"的主要功能,因为它是间接的功能,其构建的是"准名词"。

"的"的名词化功能的认知本质是对象化功能。有两点值得注意:一是这种功能的实现是建立在认知上所谓"转喻"机制的基础上,这一点沈家煊等学者已经指出,即可通过相关特征或关系用对象的某特征来转指对象本身,而这种转喻的基础就是认知特征和对象识别的密切联系,因为它们是一个框架内的要素。从这一点看,"的"的名词化功能是间接的,所以要"转"才能使人"喻",形容词化功能则是直接的。第二,虽然多数时候我们能在名词化的"的"字结构后面补出一个对象性成分,如"吃的(人/东西)",有时候又很难补出来,有些学者据此否定"的"与某个名词性成分的联系。我们认为,一方面对象也是基于认知的,只要听说双方认可有这个对象,就可以用"的"字结构来转指它,不说出正说明其中的认知性和临时性;另一方面,也可能正是说话人一时无法直接用现成的名词来指称他所指的对象,才需要采用曲折(转指)的方式来实现。

3. 完整的组合视角:定中结构标记

定中结构是基本的短语,传统常从两个方面讨论这种结构;一是说它表达抽象的句法关系(修饰关系、偏正关系或定中关系），具体一点则将定语分为描写和限制两类；二是具体说明定语和中心语的语义关系，黄国营（1982）认为名词性成分充当定语的定中结构有"领属、属性、材料、比喻、同一、相关、成数、施事、受事、举例"等十种语义关系，如果考虑到动词、形容词性成分充当定语的情形，那么语义关系更多。传统的这种分析虽然有一定的道理，但问题也很大。首先，抽象的过于抽象，具体的过于具体，且不能区分不同结构的本质特征，如说"母亲的回忆"中的定语是施事或受事，与"母亲回忆"和"回忆母亲"的施受关系不能区分，显然这种分析的意义并不大①。更大的问题在于，句法关系和语义关系的分析是脱节的，是两张皮，其结果往往是，要不以抽象的句法关系定性，要不是以没有特色的语义关系来解说，都没有抓住结构关系的实质。

认知语言学理论引入汉语语法研究后，有人尝试以具有认知基础的语义关系来统领句法关系，刘宁生（1995）[22]提出定中结构是基于认知的"参照体·目标"结构，沈家煊（2000等）、张伯江（2011）也支持这种观点。"参照体·目标"结构的提出是很有意义的，表明认识到句法关系可能并不抽象神秘，有具体的认知语义基础。不过刘文的这种思路还有待完善，首先从用语上看不够概括，仍类似于领属关系等具体的语义关系定位，因此用来解说"红红的苹果"之类短语就很勉强；更大的问题在于忽视了句法关系的实质和作用，当然也就不能很好地打通句法与语义的关系。

---

① 可以作一个类比，现在学者都认同存现句的基本结构是"某地存在某人或某物"，如"台上坐着主席团"，从语义上看"主席团"是"坐"的施事，其实它在存现句里的地位只是存在物，与是否施事关系不大。

本文尝试以句法关系统领语义关系，或者将从句法关系到语义关系①视为连续统。这个问题论证起来比较复杂，简单地说，我们认为句法性质是抽象的定位，语义关系是较为具体的小类，例如"施事"属于名词性成分，施事的"行为"属于动词性成分，反过来则不是。换个角度看，虽然客观世界存在在先，但认知总是要从一定的视角去观察，然后才可能了解事实，人不可能无所依凭地把握一个事实；视角是句法，事实是语义。这样看，是先有"$N_1 + V + N_2$"，后有"施事 + 动作 + 受事"，是先看见有人打架，进一步才了解到谁是施事谁是受事，虽然这个过程可能很短暂。从具体的词看也是这样，我们先看见一个东西，然后才可能知道它是什么，这样，"东西"就是句法的（名词），"什么"就是语义的；如果是熟悉的（如"苹果"），那么这个过程会很短暂，如果是陌生的（如"榴莲"），那么过程可能会比较长，可能问"这是什么（东西）"。一般来讲，句法学研究高层次的视角（也可以说是"抽象的语义"，一种认知处理），语义学研究低层次的事实（具体的语义）。二者本质上并不冲突，句法的独特作用就在于它具有高度的概括性，它经常表现为一种抽象的视角选择，可以是单视角，也可以是组合视角，如名词是单一的静态空间视角，动词是单一的动态行为视角，而典型的动宾结构是动态行为视角附加受其影响的静态空间视角的组合，组合的目的是细化，受事是对象的细化。

根据这种观点，定中结构实质上表达一种认知上的组合视

① 这里的句法关系暂不包括所谓的"话题·说明/焦点"类结构，这些属于信息世界的范畴，也未包括后文要论及的基于广义语用过程的句法关系，语义关系也不简单地等于客观世界。

角，组合可以成为框架，具体地说就是"特征·对象"认知框架，定语取特征视角，中心语取对象视角。这里的特征是认知特征，即认知可以据以认识对象的内在属性和外在关系等，如参照体等可以认为是对象的外在关系物。凡是进入框架中"特征"的位置，不管在客观世界中常规是什么角色（从符号形式上说是什么性质的词类），都被认知临时调整到特征视角，如果经常而典型地居于此位置，那么就可以定性为形容词；同理进入"对象"位置的成分，也被临时调整到"对象"视角，如果长期进入此位置，那么就可以定性为名词。不过与受事显然是对象（名词）的下位概念不同，特征与形容词的关系可能更为平等。在具体表述上，"他的苹果"中，可以说"苹果"的"领属特征"是"他"，这样就区分了层次，低层是"领属"，高层是"特征"；或者说，"他"细化了对象"苹果"的"领属/特征"。同理，"吃的苹果"中，可以说"吃"细化了"苹果"的"用途特征"，"红（的）苹果"中，"红"细化了对象的"颜色特征"。

定中结构的常规表达形式是语序，不过对于那些临时赋予特征视角的成分，或者可能引起歧义的成分（如"吃的苹果"），常常要用"的"来特别标记，这样"的"就是一个特征视角标记；对于可以通过语序表达的框架（如"红苹果"），"的"的作用就是强调特征视角。总的来看，"的"在定中结构里能强化标记相关成分构成的是完整的特征·对象框架。

一般的定中结构有两个特点，一是构建的临时性，二是视角的组合性，不特别强调哪个要素（特征或对象）时，它是平衡的结构，是表意细化的结构（"修饰"对象），"的"能临时构建这种结构，并标记它们的认知关系。抽象地说，它标记的是一种句法关系，具体地讲，它构建的是一种认知框架。

4. 侧重特征的组合视角：描写性定语标记

定中结构的初始平衡随时可能打破，当说话人侧重特征要素时，就是所谓的描写性定语，这时可能还有形式上的变化，如"红的苹果"说为"红红的苹果"，就是通过重叠"红"来强化特征，此时它一般理解为描写性定语。

显然这里有层次的区别，第一层次只是细化的组合视角，第二层次就是对内部要素的侧重。陆丙甫（2003）认为"的"的功能是语义平面的描写性，从字面上看与这里的描写性一样，其实指的是第一层次的认知特征，本文则将"描写"置于第二层次。不过，这种层次区分有时又不明显，也许我们能区分"红苹果"和"红红的苹果"之不同，但"红的苹果"可能处于过渡阶段。

5. 侧重对象的组合视角：限制性定语标记

像"他的苹果"、"吃的苹果"里由非形容词性成分充当的定语一般称为限制性定语，因为它多限定中心语的范围，也是学者更为关注的功能，可能也是"定语"得名的原因，由于这种定语经常要用"的"，因而限定（区别）也被认为是"的"的主要（甚至是唯一）功能。如前所述，限制对象也是定语间接的功能，从第一层次看，"他"、"吃"都是细化对象"苹果"的特征，在此基础上来限制对象的范围。退一步看，其实"红的苹果"中"红"也有某种限制范围的作用，所以描写性定语和限制性定语有时只是说话人的主观区别，有时难以区分正是因为第一层次的功能是一样的。

不过我们也不能据此就否定学者区分描写和限制的意义，因为一则在构成成分的一般性质方面有差别，描写性定语一般由形容词性成分（特别是状态形容词）充当，二则人们用符号来表达意义的目的确实有不同的层次，例如陈述句一般是传递有关客观世界的信息，但有时说话人还用它来"祈使"听话人行动。所以一般的定语（包括描写性定语）主要是细化对象的特征，而限制性定语则可能包含了说话人的进一步的目的，也就是限制（细化）对象的范围。这种功能在不便或不必说出对象为何类对象时更突出，其典型形式就是一般所谓的"的"字短语。在这个层次上说"的"具有限制区别甚至名词化功能也是可以的，这正是朱德熙、袁毓林等学者持论的原因；沈家煊、石毓智等学者对"的"的定位是同时关注了其认知功能和符号化目的，顾及面宽了，本文则更全面地考虑"的"的性质功能。

6. 特征视角的功能扩展：充当状语、补语

"的"能启动特征·对象框架，对象具有空间性，不同于从动态时间视角界定的动作行为，不过动作行为也可以有其认知特征，所以可以有"特征·行为"框架，汉语轻读的"地"与此相关，如"兴奋地说"，形成一般所谓的状中结构。与"的"几乎无所不能比较，"地"更受限制，主要用于那些"描写性"（特征性）更强的状语。虽然在口语里几乎不区分"的"和"地"，书面语里也越来越受到挑战，这说明二者在"特征"视角上走向融合，但是我们认为二者应适当区分，因为在"对象"上的差别是明显的。所以狭义的"的"字进入状语有限制，这种状语非直接细化中心语的特征，也即语义指向上主要联系的是相关的"对象"性成分。如"老人满意的（/地）叹了一口气"

（黄国营 1982 例句），如用"的"，则强调老人满意，如果用"地"，则侧重"叹气"的状态特征，而在"他还是憋不住的笑了起来"里则很难用"地"，因为在语义指向竞争中"憋不住"显然倾向于"他"而不是"笑"；再如"脆脆的炒了一盘花生米"，此句一般不用"地"，因为从语义上理解，"脆脆"更容易理解为名词性成分"花生米"的特征。

　　同理，特征视角的"的"字短语充当补语，如"烧得通红的"，补语"通红"与"隐而未发"的对象的关系更为密切，也可以视为对象的特征。

　　所以"特征·对象"框架的符号化的可能性是多样的，既可能是典型呈现，如定中结构，也可能直接突出某个特征，如"红红的"，或间接转指对象，如"吃的"（指对象）。当特征视角的"的"字短语充当状语、补语时，相关对象也可能出现于其他句法位置（主宾语等），也可能不出现①。

　　7. 对象视角的功能扩展：充当主语、宾语

　　完整符号化的特征·对象框架当然可以充当主语、宾语，如"他的苹果吃完了"，因为主宾语本质上也取空间对象视角，如果主语取"话题"义也不受影响，话题本质上是被陈述的"对象"。

　　一般"的"字结构充当主宾语也很常见，如"红的吃完

---

　　① 至于它们为什么出现在状语、补语位置，涉及因素很多，本文不展开讨论。其实定语也有这种情况，如"他看了一小时书"可以说为"他看了一小时的书"，也许可以理解为从细化行为视角（补语）调整到细化对象特征视角（定语）；当然这个句子也可能是受结构的紧凑化驱动，其认知语义实质则是组合视角成分的简化，其结果是，行为"看"框架直接联系的"对象"从三个减少为两个，这正反映了认知处理的主观能动性，也许还有尚简性。

了"、"吃完了红的，再吃青的"。有学者拿这一点来判定结构的名词性，这是可以的。因为根据我们的观点，名词与主宾语本质上都是取空间对象视角，区别在于名词是静态的、经常性的，主宾语是动态的、临时性的、细化的（如施事、受事）。

"的"字短语也能充当谓语，如"这苹果是吃的，不是看的"。这种"的"自然与特征·对象框架有关，但已经跨入信息世界甚至情绪世界，有了新的身份，一般称为语气助词。

四　结论——传统概念的重新分析和学者观点的定位

在系统讨论了"的"的性质功能后，现在可以集中讨论前面提到的学者观点分歧的本质了，不过其前提或基础是必须对句法、语义、认知、语用等概念作重新梳理，或者说在重新梳理过程中才能更清楚地看清楚传统观点的位置。对这些概念范畴和有关观点的定位，前文已有所分析，下面简要总结于下：

先看"句法"，传统认为它是一种抽象的性质或关系，与语义、语用等对立。根据本文的观点，句法经常反映的是抽象的语义，是认知对客观世界进行主观处理的结果或产物。所以，传统说"的"有句法功能是正确的。其典型者，如词类方面的名词化功能、结构方面的定中关系标记（定语标记功能），其实都说的是认知处理功能，不过传统的这些观点是或隐或显地从符号形式角度来说的，本文则认为句法性质或关系本质上多是关于符号内容的，是属于认知世界的，这种内容的重要特征是认知主观性。系统地看，"的"在词类上还有形容词化功能，在句法成分上还有状语、补语功能，也有主语、宾语功能（包括构成名词性"的"字结构），前者是侧重特征，后者侧重对象。不管是能辅助构成定中结构，还是辅助构成名词性、形容词性成分，"的"在句法上都可以称为结构助词，因为它所构成的形式都是一个结构。

"语义"问题较复杂，传统语法研究着眼于形式分析，有意无意地回避意义。较普遍的观点是，语义是语言符号表达的意义，如词典对词条的释义形式就是语义（词义），义素（语义特征）是意义的基本单位，更传统而朴素的观点认为语义就是符号的所指的客观对象，新近的观点则认为语义是基于认知的①。本文认为语义就是意义，它是双层的，深层的是客观对象（客观世界），表层的（与符号形式直接联系的）是认知处理产物（认知世界），词典释义等不过是对这两层对象的符号表达罢了，形式本身不是语义。这样看，说"的"的指称功能是语义的观点（袁毓林等），是有其合理性的，因为它涉及深层对象；而说"的"具有认知上的转喻、区别、标记认知结构的功能（刘宁生、沈家煊、石毓智、张伯江等），也是有道理的，因为它涉及到语义的表层。本文明确提出语义的层次性，特别强调认知处理的主观能动性和认知产物的多样性、有序性，提出"的"标记的抽象认知结构是"特征·对象"框架，其要素"特征"和"对象"是认知产物，但都有其客观世界的典型的对应物。认知框架和要素的形式表达就是句法的重要内容。

这样一来，"认知"也清楚了，它是语义或意义的一部分，

---

① 哲学上有人（如维特根斯坦）认为语义本质上来源于语用，也是很有道理的。

认知意义的概括是句法的核心内容。强调符号意义的认知性是语义分析的重大进步，但我们要认识到，认知只是语义的一部分。本文强调，句法反映的多是认知处理，句法是语义的，特别是认知语义的。这样，"的"的指称功能、认知功能和句法功能就有机地统一起来了，即它们都是语义的，指称关注客观世界，认知关注认知世界，句法则关注语言世界，关注客观世界、认知世界的形式表达。各种理论和方法中，形式主义无疑是最重视形式的，形式分析就是句法分析，也就是认知处理方式分析和视角组合分析。

比较而言，最复杂的是"语用"。传统认为语用是与信息表达密切相关的概念，话题、焦点等是其基本范畴。根据本文的观点，语用的本质就是以一定的形式去标记或表达一定意义的过程，因此它是综合（形式和内容）的，包含某种目的的，需要一定过程的，达到某种效果的。传统的观点只反映语用的一部分内容（与信息世界有关者），我们称为狭义的语用、高层的语用，广义地看，用"苹果"的形式与指称主客观的"苹果"内容也是语用，是低层的语用，高低、广狭有别，但本质相同。

根据这种语用观，学者从不同角度提到"的"有语用功能是有道理的。"指称"从内容（所指对象）看是语义的，从过程和目的看是语用的，也即有意识地运用某种形式去指称某种对象，"运用"就是一种典型的"语用"。"修饰（描写）"从修饰对象和修饰特征看是语义的，从过程和目的看又是语用的，从形式关系看是句法的，从对象、特征的性质看又是认知的，这也正是前述学者归类多样性的原因。"区别（限制）"从区别对象和区别特征看是语义的，从过程和目的看又是语用的，从特征和对象的层次看是认知的。徐阳春等（2005）说"的"具有凸显其前成分的语用功能，则是就特定的语用效果而言，也是有道理的。这样看，传统语法提出定语具有修饰和限制之分，是基于语用的分类，而本文提出短语结构的"细化"功能，也是一种语用功能①。

语用无处不在，有符号处就有它，它综合了意义和形式、目的和过程、产物和效果。适当限制它的范围是有必要的，传统将其限定在信息世界是一种选择，但我们认为语用的核心是目的性和过程性，这正是本文要强调的，我们称为"符号化过程"，语用过程的产物就是二元的语言符号。说"的"是视角标记，"标记"就是一种语用过程，同理，"名词化"、"形容词化"也是一种语用过程。认知处理和语用过程又都是句法研究的对象。

因此，本文虽名为"结构助词'的'的认知主观性和符号化过程"，通俗地讲就是"结构助词'的'的语义特征和语用功能"，之所以不如此命名，是因为我们要强调语义的认知处理性，强调语用的目的和过程性。从语义上看，"的"标记的主要是认知上的"特征·对象"框架，从语用过程上看，特征化、对象化、修饰、描写、区别、限定、转喻、凸显、细化等是常见的过程，从语用产物上看，其认知框架及其要素在词类上可以符号化为形容词性、名词性成分，在结构或短语成分上可以符号化

① 如果把"描写、限制"等视为句法概念，那么这是一种广义的、涉及语用的句法，不同于前面界定的基于认知的句法，其共同点则是符号形式。不仅如此，话题·焦点等狭义语用结构也是句法研究的范畴，所以语法学里的句法的内涵是十分丰富的，不过研究句法的着眼点还是形式特征，而形式（特别是组合形式）从本质上看都是功能结构的抽象，这样形式就成为理解意义的重要窗口。

为定语、状语、补语和主语、宾语。这些语义和语用功能，可以统称为"的"的句法功能。

参考文献：

[1] 丁声树等. 现代汉语语法讲话 [M]. 北京：商务印书馆，1979.

[2] 吕叔湘主编. 现代汉语八百词 [M]. 北京：商务印书馆，1999.

[3] 朱德熙. 说"的"[J]. 中国语文，1961（1）.

[4] 朱德熙. "的"字结构和判断句 [J]. 中国语文，1978（1、2）.

[5] 朱德熙. 转指和自指——汉语名词化标记"的、者、所、之"的语法功能和语义功能 [J]. 方言，1983（1）.

[6] 袁毓林. 谓词隐含及其句法后果 [J]. 中国语文，1995（4）.

[7] 袁毓林. 从焦点理论看句尾"的"的句法语义功能 [J]. 中国语文，2003（1）.

[8] 刘丹青. 汉语关系从句标记类型初探 [J]. 中国语文，2005（1）.

[9] 沈阳. 题元指派与"VP的"转指的句法条件 [C]//庆祝《中国语文》创刊 50 周年学术论文集. 北京：商务印书馆，2004.

[10] 郭锐. 表述功能的转化和"的"字的作用 [J]. 当代语言学，2000（1）.

[11] 熊仲儒. 以"的"为核心的 DP 结构 [J]. 当代语言学，2005（2）.

[12] 石定栩. "的"和"的"字结构 [J]. 当代语言学，2008（4）.

[13] 陆丙甫. "的"的基本功能和派生功能——从描写性到区别性再到指称性 [J]. 世界汉语教学，2003（1）.

[14] 徐阳春 钱书新. 试论"的"字语用功能的同一性——"的"字逆向凸显的作用 [J]. 世界汉语教学，2005（3）.

[15] 沈家煊. "有界"与"无界"[J]. 中国语文，1995（5）.

[16] 沈家煊. 转指和转喻 [J]. 当代语言学, 1999 (1).

[17] 沈家煊 王冬梅. "N 的 V" 和 "参照体－目标"构式 [J]. 世界汉语教学, 2000 (4).

[18] 沈家煊 完权. 也谈"之"字结构和"之"字的功能 [J]. 语言研究, 2009 (2).

[19] 石毓智. 语法的认知语义基础 [M]. 南昌：江西教育出版社, 2000.

[20] 黄国营. "的"字的句法、语义功能 [J]. 语言研究, 1982 (1).

[21] 张伯江. 汉语的句法结构和语用结构 [J]. 汉语学习, 2011 (2).

[22] 刘宁生. 汉语偏正结构的认知基础及其在词序类型学上的意义 [J]. 中国语文, 1995 (2).

（四川师范大学文学院，成都 610068）

The Cognitive Subjectivity and Symbolized Process of Structural Particle "的（de）"

He Wenbin

（College of Liberal Arts, Sichuan Normal University）

Abstract: In order to systematically explain the main properties and functions of structural particle "De", we need to re－examine its syntactic, semantic, pragmatic and cognitive meanings and the relationships among them. The key is to underline semantic cognitive subjectivity and the diversity of pragmatic process and product.

Semantically, "De" marks the cognitive frame of "Characteristic · Object"; pragmatically, by the processes of characterization, object – orientation, referring, modification, and distinguishing, it can help to generate these grammar elements such as adjectives, nouns, attributives, and can act as adnominal, adverbial, and complement adjunct, as well as subject and object. The adjective and descriptive attributive elements point to "Characteristics", while nominal and restrictive attributive elements, subject, object point to "Object". The syntactic function of "De" sums up its cognitive subjectivity and symbolizing process.

Key words: structural particle " de "; syntax; cognitive subjectivity; pragmatics; Symbolizing Process

从互动视角看汉语语气词

——以清末民初北京话为例

陈颖[*]

摘　要　本文考察了清末民初北京话语气词中"啊"的音变、疑问句和形容词感叹句使用语气词的情况，从中观察到影响语气词使用的互动因素，包括说话人的态度、说听双方的固定社会地位和临时交际需求。

关键词　互动；清末民初；语气词

一　语气和互动

互动语言学认为，"话语的形式和互动参与者之间的关系转换是纠缠在一起的"，"作为互动结构，语言形式可以被看成是

　＊　作者简介：陈颖，女，四川师范大学文学院副教授，硕士生导师，北京大学中文系博士研究生，主要从事现代汉语语法研究。

不同交际者的合作成果"[1]39。交际中，说话人说出信息或态度的同时，对听话人也有不同程度的要求或期待，说什么、如何说，很大程度上取决于对话双方的社会地位和交际需求。如赵元任就曾提到句末的下降尾音"总体表示说话的人高自位置的态度，如大人对小孩儿说话"[2]367，这种由高低位置决定的态度表现在语言形式中，即为互动的成果。具体到说话的内容，既可以是传递信息（如陈述句）或索取信息（如疑问句），也可以是传递情绪或态度（如祈使句、感叹句）。当然句类和传递/索取的信息/情绪的关系并非简单的一一对应。吕叔湘早就指出，语气是概念和内容相同的语句"因使用目的的不同所生的分别"，兼用语调与语气词两种手段表示[3]257。王力将语气分为四大类十二小类，即：确定（决定、表明、夸张）、不定（疑问、反诘、假设、揣测）、意志（祈使、催促、忍受）、感叹（不平、论理）[4]161。吕叔湘则将疑问更细分为复问、自问自答、提醒等[3]296。按照对听话人由低到高的要求程度，大致可将这些语气排列如下：

$$
\begin{array}{l}
\nearrow 疑问（自问自答 - 复问 - 提醒）\\
决定\rightarrow 不平 | 论理\rightarrow 表明 | 假设\rightarrow 夸张 | 揣测 | 忍受\rightarrow 反诘\\
\searrow 祈使 - 催促
\end{array}
$$

对听话人无期待————————————期待言语或行动上的回应

　　汉语语气词的"传情"功能受人关注，以往多从说话人的单向信息传递角度来看。也有一些研究注意到了语气词的互动功能，如史金生认为"呢"主要用于对话语体，与它表说话人情态的功能有关[5]35，韩志刚认为"吗"是非问句主要传达理性信息，向对方提出信息要求[6]95，王洪君等认为"了₂"句比其他句子更有互动交流的意愿[7]319。语气词本身意义空灵，全句传递的具体意义依命题而不同，再加上语境因素，语气词的作用始终雾里看花，众说纷纭。

本文从互动角度出发，关注"语法中嵌入的主观性和社会性"[1]38，讨论影响汉语语气词使用的三个因素：说话人的主观态度、说听双方的社会地位和交际角色以及说话人对听话人的要求。为排除自拟例句的语感不确定性，本文将语料限定在清末民初北京话小说中，力求以语气词的"最小差别对"为研究对象，辅以统计数据，观察语气词的倾向性用法以及语音、句法、语用因素之间的相互影响。

二　主观意愿对"啊"的影响

现代汉语语气词"啊"前字韵腹为舌尖元音 $[\textrm{ʅ}]$、$[\textrm{ɿ}]$ 时，"啊"变读为 $[\textrm{za}]$、$[\textrm{ʐa}]$，写作"啊"。发生这一音变的重要条件是"啊"在句尾读轻声，才能和前字末音相连。但如果说话人需要增强命题之外的主观情感，将"啊"延长，它的音强就不能过于微弱，也就难以和前字末音相连。既要使用语气词传情，又要加重读为次重音，从音理上看，最为合理便捷的方法就是在发完舌尖元音后，舌头略降，顺势发出舌面高元音开头的独立音节 $[\textrm{ia}]$"呀"。

京味小说中，清末民初的蔡友梅、亚铃、尹箴明、穆儒丐等小说家（1909－1924）在舌尖元音后只用"呀"不用"啊"，现代的老舍作品（1929－1961）除早期《老张的哲学》（1926）有

"是啊"，其余作品均写作"是呀"。当代的刘一达（1990）也是如此。这说明京味小说家们都将［za］［ẓa］记为"呀"。王朔（1980）例外，他的作品以"是啊"为主，不过他的作品通常被认为属于"大院文化"而非"胡同文化"，他的用字更符合规范化标准。

比较复杂的是《儿女英雄传》（1878），舌尖元音后的语气词有"啊"也有"呀"。列举时，复杂的列举项后面常常有停顿（例1、2），"啊"受语速限制不能读得又长又重，则只能轻读并前附连音；简单的列举项之间没有停顿（例3、4），"啊"起到分隔列举项的作用，成为列举格式的标志，为了隔音，元音［ɿ］、［ʅ］后的"啊"就读为"呀"：

例1. 褚大娘子道："我想明日来的人必多，你得在灵前还礼，分不开身。<u>张罗张罗人哪，归着归着屋子啊</u>，那不得人呢？再就剩这两天了，知道你此去咱们是一个月两个月才见？我也合你亲热亲热。所以我带了铺盖来，打算住下，省得一天一荡的跑。"（儿女）

例2. 他口里连称："怪事！"说："我安骥此刻还是活着呢，还是死了？<u>这地方还是阳世啊</u>，<u>还是阴司</u>？我这眼前见的这光景，还是人境啊，还是……"（儿女）

例3. 所以我乘你合人家拧眉毛瞪眼睛的那个当儿，我就把你那把刀溜开了。不想姑娘你果然就<u>死呀活呀</u>的胡闹起来了。（儿女）

例4. 他道："咻！姑奶奶，你婆婆托付了我会子，咱把人家舅太太一个人儿丢下不是话，再说他晚上还给我弄下吃的了。我更不会吃那些<u>果子呀酒</u>的咧。你们自家吃罢。"

（儿女）

再看对话中表示赞同的"是啊/是呀""甚么事啊/甚么事呀"。"呀"句常常独立成段，处于话轮结束位置（例6、8），而"啊"句均非话轮结尾，其后续句往往为段落表义重点（例5、7）：

例5. 张老听了，先说道："……鬼可怕他作傔呀？我们庄稼的，到了青苗在地的时候，那一夜不到地里守庄稼去，谁见有个鬼哪？"安公子接着说道；"<u>是啊！</u>鬼神者，二气之良能也。以二气言，则鬼者，阴之灵也；神者，阳之灵也。以一气言，则引而伸者为神，返而归者为鬼，其实一物而已。怕他则甚！怕他则甚！——只是姑娘到底怎样打发我们上路？"（儿女）

例6. 老爷听了，才说了句"<u>是呀</u>"，张姑娘那里就说："那么说，还得换上长飘带手巾呢。"（儿女）

例7. 公子听了，连忙站起来回道："母亲问到这里，这其中还有一段隐情，儿子不敢不禀知母亲，不敢就禀明父亲。这桩事，儿子出于万分不得已，此时实在作难，实在害怕。"太太说："<u>甚么事啊？</u>你好歹的不要为难，我的孩子，你可搁不住再受委屈了！你如果有甚么不得主意的事，不敢告诉你父亲，有我呢，我给你宛转着说。"（儿女）

例8. 归着完毕，正谈明日的事，忽见晋升匆匆的跑过来回道："舅太太家打发车接来了，说请舅太太立刻回去。"舅太太满脸惊慌道："<u>甚么事呀？</u>"晋升回道："奴才问过来人，他说不知道甚么事，只说那两房的爷们说的，务必求舅

太太今日回去才好。"（儿女）

也就是说，语气词"啊"用在舌尖元音之后时，说话人的表达重点在"啊"句的后续成分，"啊"则轻读前附合为［za］［ẓa］，说话人希望以"啊"句放弃话轮时，则将语气词独立延长，读作［ia］写作"呀"。

检汉语教科书，与《儿女英雄传》同时代的《亚细亚言语集》（1879 - 1892 日本）、与蔡友梅小说同时代的《燕京妇语》（1906 日本）、与穆儒丐同时代的《官话丛集》（1924 朝鲜），无论何种情况都使用"啊"，个别用"呀"。非母语者记音，不可能像京味小说家那样敏感、准确。也有个别教科书倾向于记作"呀"，如《官话问答》（1915 - 1924 朝鲜）不区别语境地只用"呀"，《天时》（日本）则基本符合话轮结束必用"呀"句（例9），"啊"句大都有后续句的条件（例10）：

例9．"您这程子作甚么哪？""我天天跟张子元在一块儿哪。""张子元，是九江磁业公司的股东么？""是呀。"（天时）

例10．"现在陆军的军制不是都改编了么？""是啊，从前的那些个名目都改了。"（天时）

是否结束话轮是说话人的主观意愿，它决定了句末语气词实际读法的轻重和长短，母语者可以察觉到这一特征并用不同的书写形式记录下来。后人忽略了主观意愿的不同，只关注到读音和写法上的区别，外族汉语学习者就更难注意到这个不承担命题意义的情态成分了。

三 疑问句的疑惑和求应程度

互动参与者的关系决定了话语的形式。与其说语气词具有缓和语气的作用，倒不如说是较亲近的交际关系决定了说话人使用语气词。

史金生等将疑问信息分为传疑和发问两方面[8]76，传疑是句子命题所表达的内容，发问则是说话人对听话人的回答要求。疑问句中有无语气词以及不同的语气词在疑惑和求应方面都有程度上的差异①。

无语气词问句依靠语调和疑问词来表示疑惑，特指问、正反问、选择问在形式上指明了疑问点，疑惑程度高于是非问。同时，发问必然要关注到听者，就会有一定的求应性。和带语气词的问句相比，无语气词问句对听者的求应程度不高。

蔡友梅小说共有 11 处"怎么好"问句，共 6 处不带语气词，听话人往往是围观者、不尊重的人，交际关系较疏远，说话人也并不期待得到回答，发问的意图是展现为难或埋怨（例11）：

例11. 天已然二更多啦，老张跟大伙儿抱怨说："你瞧，小荣小荣也不回来啦，少大爷少大爷也不回来啦，孙先生又有事，你说这事怎么好?"（小额）

4 处带语气词"呢"的问句，说听双方关系亲近，说话人列

---

① 为避免干扰，此处不讨论反问句的情况。

出多个选项之后发问，目的是求助，增加了对听话人的回答要求（例12）：

例12. 忽然想起，大丫头麻穆子素日很有主意，跟他讨论讨论。当时把麻穆子叫到跟前，把成氏说的话对麻穆子说了，跟麻穆子要主意。……文氏说："我要帮他办，我没那个胆子，再一说我也不忍心下这宗毒手。我不帮他办，我真怕他。这可怎么好呢？"（搜救孤）

比较"呢/吗/啦/吧"问句，"呢"问句均为非是非问，有明确的疑惑点，求应程度很高：

例13. 正在这个时候儿，小文子儿且外头毛毛腾腾的就进来啦。一瞧，外头屋里好些个底下人，说："你们都在这儿干甚么呢？外头一个人儿没有。里头屋谁唱呢？"（小额）

"吗"问句均为是非问，和"呢"问句形成互补分布，没有明确的疑惑点，疑惑的程度不高，但求应程度高，使用问句的主要目的是得到对方的回答，韩志刚称之为"主动索取新信息的言语行为"[6]，如例14胎里坏和小催的关系并不亲密，第一次发问没有得到回答，便再次发问，对方回答的内容十分重要。"吗"问句也可以只是主动索取回答形式，例15王香头问话只是为了显示做派，她并不关心回答的内容，但对方的回答在形式上十分重要：

例14. 胎里坏进门一瞧，有一个掌戥儿的小催在那里邀烟呢，说："辛苦您哪，掌柜的在家哪吗？"小催一瞧，是胎里坏，说："少见哪，孙先生，怎么老没来呀？掌柜的还

直念叨你哪。"胎里坏说："<u>他在家哪吗?</u>"小催说："在后头屋里抽烟哪。"（小额）

例15. 王香头问老张说："<u>都预备好啦吗?</u>"老张说："都预备好啦。"……老张说："<u>这到了时候儿啦吧?</u>"王香头说："你忙甚么?"说着，这才慢慢儿的下地，又问老张，说："<u>干净水温了吗?</u>"老张说："都预备好啦。"（小额）

"吧$_1$"问句均为是非问，没有明确的疑惑点，陆俭明认为"介于疑信之间"[9]，因而疑惑程度不高。通常认为"吧"表示征询、猜测、不肯定的语气，或称之为"缓和标记语"[10]157，正体现出"吧"问句的听说双方有一定的交际距离，说话人对听者没有明确的回答期待，如例16是用"吧"问句给听话人递话找个台阶下①：

例16. 正在难解难分的时候，花鞋德子早瞧出小额一谱儿来啦，赶紧说道："阿玛，<u>您还是有点儿不舒服吧?</u>您要是不得劲儿，<u>要不咱们走吧。</u>不用听啦。"（小额）

"吧$_2$"问句用例不多，都是特指问或正反问，有明确的疑惑点。赵元任认为它和"吧$_1$"不同，是建议性的，意思是"你说吧"[2]361，这就对听话人有了明确的回答要求，如例17是"你说吧，叫我先见谁"，例18是"你就直说吧，你到底打算怎么办"：

例17. 霍头把银票接在手内一瞧，二十两，立刻就改了话咔儿，遂说："……你打算先见朱二呀，还是先见勾一贵

---

① 蔡友梅小说共20处"吧"问句，都不需要听话人回答。

呢？"詹生假装低头思想XX，遂说道："X说两个人，都得见，<u>你说叫我先见谁吧？</u>"（亚铃·何喜珠）

例18. 刁和曹说："掌柜的不怪雷先生生气，本来没你那么说话的。你想一想，二百银要了这么大的事，那不是梦话么？我们先生做事最讲究积功累德，你眼睛太不认得好人了，你快说正经话，<u>是打算怎么办罢？</u>"（日本·虎头蛇尾）

"啦"问句的疑惑程度根据命题内是否有疑问词而定，是非问的疑惑程度不高，所以也可以用句号（例19），对听者的回答要求不高；特指问和正反问的疑惑程度稍高，需要听者回答（例20、21）：

例19. 小秃儿瞧见爷爷回来啦，赶紧跑过来，拉住伊老者的手说："爷爷，<u>您回来啦？</u>"（小额）

例20. 上岁数儿的问那个年轻的，说："大奶奶，<u>怎么你关钱粮来啦？</u>"（小额）

例21. 少奶奶又问伊老者说："阿玛，<u>您还吃不吃啦？</u>"（小额）

综上所述，疑问句的形式决定了疑惑程度的高低，是非问低于非是非问；语气词决定了求应程度的高低，无语气词问句最低，"呢"最高。句法形式和语用目的交织在一起，形成疑问句两方面因素交错的局面：

	弱求应	中求应	强求应
弱疑惑（是非问）	无语气词问句 "啦"问句	"吧₁"问句	"吗"问句
强疑惑（非是非问）	无语气词问句	"啦"问句 "吧₂"问句	"呢"问句

四　形容词感叹句中的副词和语气词

形容词感叹句常常使用副词"真""太"和语气词配合，如"真好啊/太美啦"。"真""太"均为评注性副词，具有交际功用[11]66，但它们和语气词"啊/呀"和"了/啦"配合的情况不同。

汉语"在语法和语义完成句的结尾常常会附加语气词……然后伴随停顿，以此作为放弃话轮的信号"[12]72。相比之下，非话轮结尾处的形容词感叹句，有评注性副词无语气词，句法语义独立而有"话犹未尽"之感，从关照听话人的角度来看，互动交际功能最弱（例22、23）：

例22.谁知他贪心太大，欲望过奢，不是自甘淡泊的人，锁了两头，也不得门路。（忠孝全）

例23.老翁说："贵客不饮，他小孩子家焉敢先吃？殷爷是酒量真大，一想莫如我豁出醉去同他们稿稿酒，倘能把他们灌醉，一现露原形，个个儿是什么变的，我也好看得出来。"（亚铃·聊斋演义）

王洪君等分析"了$_2$"的使用条件是"话主主观显身、主观上与受话共处一个话语时空、与受话主观近距交互"[7]328。"啦"往往显示出说话人对听话人表达的强烈交际互动意愿，含"我得告诉你""你要知道"的意味。"了"和"啦"都能和"太""真"配合，但"太A了/啦"多用在对话中（例24、25），"真A了/啦"多用在叙述中，具有描述性，前面常带"可/倒"增加夸张色彩（例26、27）：

例24. 吴八儿说："洗村子这个举动儿<u>太大了</u>。我倒有个主意……"（张二奎）

例25. 岳魁说："您脑子<u>太简单啦</u>，随便说一个得了，这又不是过堂写口供，说错了又不罚几块。"（忠孝全）

例26. 丁狗子那天也在场。这小子心里这个气<u>真大了</u>，自己暗叫自己，说："丁狗子，你瞧瞧人家怎么长来着。人家是人生父母养的，难道说我不是？真要把谁气死。以后我们还是短不了见，这真正的是冤孽。"（裤裆眼）

例27. 狗爷一听，这个气<u>可真大啦</u>，当时由小屋儿就进出来啦，说："受甚么双礼呀？你冤透了我啦！咱们就是官司！"（姑作婆）

屈承熹将"啊"称作"关心虚词"，指该句所表述的内容代表说话者个人的关心[13]112，也就是"啊"体现说话人对听话人的亲近态度，从互动的角度来看，对听者无要求是单向的情绪表现。"真A啊/呀"用于说话人的自我感叹（例28、29），用例不多，"太A啊/呀"只有1例（例30），且感叹语气还不如疑问语气明显：

例28. 赵文祥说："这根烟枪真讲究呀。……"（新侦探）

例29. 又听王香头唱道："你这个病啊，真不轻啊，这场儿官司打的凶啊，额少峰啊（倒是中东辙），你这个病啊，我给你瞧哇，我给瞧的准把牢哇，我给你瞧的准得好哇（又改了姚条辙啦）。"（小额）

例30. 长大人就奔到轿子头里去问："某知县是上那儿去?"某知县见是抚台，就赶紧的下了轿子，回答说："现在是下街查夜去。"长大人说："现在才二更天，查夜也太早啊?"（日本·搜奇新编）

数据表明，形容词感叹句中，"太"的用例远比"真"多，"了/啦"的用例远比"啊/呀"多。

	京味小说				汉语教科书（西人、日本、朝鲜）			
	～A了	～A啦	～A呀	～A啊	～A了	～A啦	～A呀	～A啊
太	71	24	0	0	54	0	0	1
真	4	3	1	1	16	0	4	0

副词"太"表示超出标准，向听者传递信息的愿望表现强烈；"真"表示符合标准，对听者的关照不如"太"。语气词"了/啦"的交互性强，因而更能与"太"相配，与"真"相配时常用语气词副词"可/倒"来补足主观性。语气词"啊/呀"交互性弱，只能跟"真"相配。

以上讨论说明，汉语语气词的使用极大地受到交际因素的影响，包括说话人的态度、说听双方的固定社会地位和临时交际需求。也可以说，听话人的存在决定了说话人用/不用以及用哪一个语气词来表达命题之外的情绪和态度，这也是语言交互主观性（intersubjectivity）的体现。

参考文献：

［1］Ochs E. , Schegloff E. A. , Thompson S. A. (Eds.). Interaction and Grammar. Cambridge University Press, 1996.

［2］赵元任. 汉语口语语法［M］. 吕叔湘译. 北京：商务印书馆, 1979.

［3］吕叔湘. 中国文法要略［M］. 北京：商务印书馆, 1942/1982.

［4］王力. 中国现代语法［M］. 北京：商务印书馆, 1943/1985.

［5］史金生. 传信语气词"的""了""呢"的共现顺序［J］. 汉语学习, 2000（5）.

［6］韩志刚. 语调是非问句与"吗"是非问句的差异［C］//似同实异——汉语近义表达方式的认知语用分析. 北京：中国社会科学出版社, 2002.

［7］王洪君, 李榕, 乐耀. "了2"与话主显身的主观近距交互式语体［C］//语言学论丛. 第四十辑. 北京：商务印书馆, 2009.

［8］史金生, 胡晓萍. 表疑问时"吗"与"呢"的差异［C］//似同实异——汉语近义表达方式的认知语用分析. 北京：中国社会科学出版社, 2002.

［9］陆俭明. 关于现代汉语里的疑问语气词［J］. 中国语文, 1984（5）.

［10］陈颖. 现代汉语传信范畴研究［M］. 北京：中国社会科学出版社, 2009.

［11］张谊生. 现代汉语副词研究［M］. 上海：学林出版社, 2000.

［12］刘虹. 会话结构分析［M］. 北京：北京大学出版社, 2004.

［13］屈承熹. 汉语认知功能语法［M］. 哈尔滨：黑龙江人民出版社，2005.

（四川师范大学文学院，成都 610068）

The Observation of Chinese Sentence – final Particles from the View of the Interaction

Chen Ying

(College of Liberal Arts, Sichuan Normal University)

Abstract: Based on the theory of the Interactive Linguistics, this paper studies the sentence – final particles in the Late Qing Dynasty and the Early Republic of China. The conclusion is that the interactive factors, including the speaker's attitude, the social status of the speakers and listeners and the temporary communication needs, will influence the use of the sentence – final particles.

Key words: interaction; the Late Qing Dynasty and Early Republic of China; Modern Chinese; sentence – final particles

剑阁县金仙镇方言音系

杨波　周及徐[*]

　　摘　要　本文在田野调查基础上，描述并分析了四川剑阁县金仙镇方言音系的情况。金仙话音系具有入声独立、分尖团、分平翘舌和见系细音字不腭化（部分）等特征，在四川方言中独具特色。

　　关键词　金仙话；方言音系；语音特征；四川方言

一　概　况

（一）地理位置

金仙位于四川广元市剑阁县南部，距剑阁新城（下寺）一百多公里，在山区深处。靠近流经剑阁境内的西河和白龙河，两

---

　　* 作者简介：杨波，四川师范大学文学院汉语言文字学专业 2013 级研究生。周及徐，四川师范大学文学院教授。

条河都是嘉陵江流域的支流。南面是位于南部县境内的升钟水库。

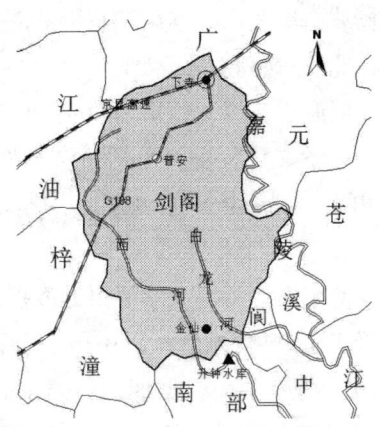

金仙镇离 108 国道及京昆高速较远，本地区人口稀疏，辖区总人口不到一万人（2011 年）。本区交通不发达，地区山路崎岖，今有乡道相通。长期以来对外交流不畅，加之处在西河与白龙河之间，南面又是升钟水库，该地区语音受外来语音影响较弱。走进剑阁，当地人告诉我们金仙口音很特别，是剑阁一大特色，称为"金仙腔"。

（二）前人调查

此前有杨时逢《四川方言调查报告·剑阁》以及康婧《四川剑阁县白龙方言语音和词汇研究》对剑阁地区语音做过描述，前者为 1946 年周法高记音，发音人 22 岁，剑阁（普安）城内人。[1] 后者为 2010 年康婧记音，发音人分别为 50 岁及 46 岁，皆为白龙镇人。[2] 虽涉及剑阁县及剑阁境内白龙镇语音调查，但金仙话却未涉及。

（三）田野调查情况

调查时间：2014 年 4 月 26 日。调查地点：剑阁县金仙镇文化站。调查人：杨波，周及徐。本次调查得剑阁县文化局和金仙乡文化站协助，在此表示感谢。

发音人情况：罗海文，男，1940 年 9 月 29 日出生，剑阁县金仙镇赛金村人，小学文化程度，干部，讲本地话；李某，男，1945 年 2 月 1 日出生，剑阁县金仙镇人，小学文化程度，农民，讲本地话。

本次田野调查使用上海师范大学潘悟云教授研发的语言田野系统（TFW）以及 Praat 软件录音，以中国社会科学院语言研究所《方言调查字表》为基础，根据四川方言的自身特点有所删减，同时另制声调字表，发音人用本地话依次读字表。笔者用 TFW 听记音，再由周及徐教授听校，最后做成数据库，用方言处理系统（TDF）分析音系及 Praat 分析声调调值。

二 音 系

（一）声母表及代表字

发音方法 发音部位		唇音	唇齿音	龈音	卷舌音	龈腭音	腭音	软腭音
塞音	送气	ph 片匹辟捕簿		th 天贴田亭同				kh 箍口克狂况溃
	不送气	p 巴包棒罢白		t 都斗杜舵毒				k 哥搞告共柜

续表

发音方法 / 发音部位		唇音	唇齿音	龈音	卷舌音	龈腭音	腭音	软腭音
擦音	清		f 夫锋番伐冯	s 三西僧似夕盛	ʂ 沙赏上柿蜇	ɕ 饷掀暇弦懈	ç 吸香喜欣霞闲	x 喊花孩滑恢何衔杓蟹杏
	浊				ʐ 然热人任日			
塞擦音	送气			tsh 七妻才侧谗				
	不送气			ts 灾即迹造疾在				
	送气				tʂh 叉查茶拆柴缠产颤唱臣翅			
	不送气				tʂ 渣闸摘占赵侦郑植拽桌			
	送气					tɕh 欠巧强乔囚		
	不送气					tɕ 加急及极件建		
鼻音		m 麻蔓猫萌米				ɲ 你年疑谊咬严		ŋ 哀奥爱恶纽崖额
边近音				l 拉来篮郎牢耐脑				
零声母		ø 阿俄而挖弯忘王皖宛维屋寅银云						

声母除零声母共 23 个，声母特点：

1. 分平翘舌，精组全读舌尖前 ts、tsh、s，知系除少部分读舌尖前外，绝大部分读舌尖后 tʂ、tʂh、ʂ，如"子再昨阻"等读 ts，"粗存才侧"等读 tsh，"斯寺所搜"等读 s；"猪致展栈丈折正植郑"等读 tʂ，"朝车臣沉揣船抽愁"等 tʂh，"士史世市示枢"等读 ʂ。

2. 泥来组字，来母读 l，泥母字洪混细分，洪音前读 l，细音前读 ŋ，如："拉蓝郎乃男嫩内"等读 l，"念娘你尿年女"等读 ŋ。

3. 精组细音字读龈音（尖音）：

精组细音未腭化，仍读舌尖前音，如：精母"迹积尖煎将椒焦节姐借酒爵俊"等读 ts，"笺歼溅浸雀"等读 tsh；清母"七妻千签浅枪切且妾青"等读 tsh；从母"疾集辑籍寂匠藉尽净靖静就"等读 ts，"齐前钱墙秦全泉"等读 tsh；心母"西昔析息洗仙先鲜相削箫小笑心辛姓宣迅"等读 s；邪母"夕席习象斜谢寻"等读 s。总之，精组字除清母"趋"读 tɕh；心母"恤"读 ç，读到见系，邪母"泅囚"读 tɕh 之外，细音全未腭化，洪细皆读舌尖前音。

4. 见系细音字部分读腭音：见系细音前仍有不少读舌面中擦音，如：见母"懈"读 ç；溪母"隙墟"读 ç；晓母"吸希牺喜戏掀险献香乡向胁欣兴休轩显孝吓许兄靴训旭"等读 ç，匣母"系兮狭暇霞下夏弦闲限现馅巷效谐行形幸玄悬穴学"等读 ç。

5. 部分见系二等字读洪音：见母"皆阶街解"读 k，也有少数三等字读 k，如"纠"。匣母"荟衔咸朽荒陷项蟹行杏鞋"读 x。

6. 见系字部分在 u 前的字读 x：

见母"矿昆"读 x；

溪母"夸跨快块宽款盔窥亏奎魁傀坤困"读 x；

群母"跪狂逵葵"读 x。

7. 日母止摄读 ɚ，如："而儿耳尔饵二"，其余全读 ʐ，如："若闰弱"。

8. 影疑两母开口洪音多读 ŋ，如：影母"哀矮欧樱"，疑母"崖硬"。

9. 定母仄声字"笛导掉调夺"读送气 th。

（二）韵母表及代表字

		开口呼	齐齿呼	合口呼	撮口呼
无韵尾		ɿ 瓷司四紫姿字	i 爹基借里迷提衣	u 阿波步出促杜舵夫固忽湖哭拇蒲	y 靴瘸
		ʅ 蜘迟士纸至汁实			
		ʮ 女旅趋须居墟区			
		ɚ 儿尔二而			
		A 巴怕马发打他杂	iA 斜家押虾狭	uA 抓刷瓜跨瓦画	
		o 拨沫脱诺乐作	io 略雀脚岳学		
		ɔ 保泡姥貌刀桃早	iɔ 表苗刁聊蕉敲妖		
		ɛ 百墨德勒贼泽色	iɛ 编面店田年千页	uɛ 括郭扩或获	yɛ 全宣卷犬原血
			iɯ 究就菊掘流秋		

续表

	开口呼	齐齿呼	合口呼	撮口呼
元音尾	ai 拜戴奶再蔡柴		uai 衰乖外坏	
	ei 杯批媒妃遮车		uei 尾对退雷醉随	
	əu 陡头纽楼走愁			
鼻音韵尾	æn 扮板慢站扇染		uæn 晚短团暖酸传	
	in 彬兵品屏民鼎听林情新		yn 寻均顷熨运永	
	en 奔彭芬等吞冷尊镇			
			uən 蚊孙准唇闰滚昏	
	aŋ 胖忙仿担丹滩弹但	iaŋ 良将枪相降央香	uaŋ 忘装霜光枉晃	
	oŋ 充丛冬洞蜂龙戎送童中宗	ioŋ 庸穷容胸		
	əŋ 封工烘空贸朋翁			

韵母共 36 个，韵母特点：

1. 果摄多读 u，如：

开口一等"阿搓舵蛾鹅饿何河贺可罗萝挪拖陀左"等读 - u；

合口一等"波播簸锉惰锅果裹过禾火货祸科棵胴摹磨糯婆梭蓑锁妥椭坐"等读 - u。

2. 假摄开口三等：

精组見系读 – i，如"姐借藉且些邪写卸谢泻爷也野夜爹"；

知系读 – ei，如"车扯奢赊蛇舍社射赦遮者惹"；

3. 遇摄合口三等见系、精组和泥来母读 – ʮ，如：见系"居驹菊橘举句巨具惧区渠去虚许于娱鱼愉余语遇预"等，精组"聚须需徐绪取趋"等，来母"滤驴吕旅"，泥母"女"。

4. 效摄主元音都是 – ɔ，一等读 – ɔ；二三四等知系读 – ɔ，其余读 – ɔ，– iɔ 不定，如：

一等豪韵"熬袄奥刀毫好考"等读 – ɔ；

二等肴韵"抄吵窖貌闹"等读 – ɔ；"交郊胶教"读 – iɔ；

三等宵韵"标臕表椒焦"读 – iɔ；"超朝藐"读 – ɔ；

四等萧韵"刁雕掉"读 – iɔ。

5. 流摄开口三等多读 – iu，多是见系字，如："究纠九灸韭酒咎救舅旧"等，另外"溜流留琉谬硫牛宿休"等也读 – iu。

6. 咸、山两摄

开口一二等舒声字多同宕摄合流，读 – aŋ，如：咸摄开口一等"庵暗参耽"，开口二等"换凑馋尴舰"，山摄开口一等"安按餐残灿丹干"，开口二等"产间盏"皆读 – aŋ；

开口三四等除知系外多读 – iɛ，– n 尾丢失，如：咸摄开口三等"贬奸"，开口四等"战点兼拈"，山摄开口三等"编边扁辨颠肩煎蹁"，开口四等"天眠千先"皆读 – iɛ。

7. 臻摄舒声合口端系字部分 – u – 介音丢失，如合口一等"敦沌盾钝顿嫩损屯豚尊"读 – ən，合口三等"伦论轮椿遵"读 – ən；

8. 咸深山臻宕江曾梗通九摄入声虽独立成调，但韵母读似北京话或成渝话，多没有入声独有的韵，如：

咸摄入声开口一等"搭答拉插眨"读 - ʌ，"鸽喝合盒磕"读 - o，开口二等"夹甲掐恰峡压"等读 - iʌ；开口三等"接劫猎聂妾页"等读 - iɛ；开口四等"贴帖协挟"读 - iɛ；

山摄入声开口一等"擦达辣撒"读 - ʌ；"割葛渴"读 - o；开口二等"八察抹杀煞札"等读 - ʌ；"瞎辖"读 - iʌ；开口三等"别揭杰列灭歇"等读 - iɛ；"彻热舌折浙"等读 - ɛ；开口四等"牒结截切铁楔"等读 - iɛ；"屑"读 - iɔ；合口一等"拨夺活末脱"等读 - o；合口二等"滑猾刷挖"读 - uʌ；合口三等"发伐罚法"读 - ʌ，精见组："绝雪月悦越"等读 - yɛ；

臻摄入声开口三等"笔吉密匹七一讫"等读 - i；

深摄入声开口三等知系"湿十执"等读 - ʅ；其余读 - i，如"给及急集立吸"等；

宕摄入声开口一等"博各恶鹤乐落莫诺昨"等读 - o；开口三等"绰虐若酌着"等读 - o，"脚掠雀药"等读 - io；合口一等"郭廓扩"读 uɛ；

江摄入声"剥朴卓捉浊"等读 - o；

曾摄入声开口一等"北德克墨则贼"等读 - ɛ；开口三等知、章组"食识式饰直"等读 - ʅ；

梗摄入声开口二等"白册拆革核迫"等读 - ɛ；开口三等"尺斥赤石适释"读 - ʅ；"碧积击逆寂夕"等读 - i；开口四等"壁的滴狄笛历戚"等读 - i；

通摄入声合口一等"督谷哭酷秃屋族"读 - u；

通摄入声合口三等"触促伏服幅覆六牧辱熟粥"等读 - u。

9. 曾梗两摄舒声，多丢失 -ŋ 尾，与深臻两摄合流，如：

曾摄开口一等"层登灯等肯能僧"等读 -en；

曾摄开口三等"承乘秤升胜蒸证"等读 -en；

梗摄开口二等"撑橙更庚耕埂茎坑烹彭生杏樱"等读 -en；

梗摄开口三等帮系、精组、见系读 -in，如"兵丙饼京荆晶睛"等；知系读 -en，如"成程声"等；

梗摄开口四等"丁鼎定经拎宁青庭"等读 -in。

（三）声调

共 5 个调，入声独立。

声调	调值	代表字
阴平	44	哀安巴班包杯奔规枯妻胎烟张召
阳平	31	昂才残常蛾凡胡蓝隆萌尼晴囚拳时唯荀由
上声	451	矮把保彩产翡釜管喊考朗每哪偶撒闪想早
去声	35	爱岸霸败唱翅赐袋范泛概恨记健浪漫念破事示世
入声	34	八白册吃出促答达伐佛福覆接捷决克烙麦逆叔熟沃昔宅浙

三 结 论

剑阁县金仙镇方言所具有语音特征从音系特点上可分为两类。一是自己在比较封团的环境中发展出来的特征。例如咸山摄开口一二等字读同宕摄，读 -aŋ，咸山摄开口三四等字鼻音尾失去，读 -iɛ，效摄字单元音化读 -ɔ，等等。这是金仙话自己的变化。二是金仙话存古的特征。例如分尖团、分平翘舌、入声独立、果摄读 -u 等特点，与中古音系都具有很强的对应性，而前三种特征尤其表明其与成渝话的不同[3]。另外入声独立、果摄读－u、麻三精见组读－i，章组读－ei等特征表明金仙话有南路话的语音特征，而南路话是四川地区明代以前的方言层次的存留。[3]分尖团、分平翘舌、见系细音字不腭化的特征同时存在于一种方言中，这是四川境内方言罕见的现象。这些现象提示金仙话是迄今所见的四川境内最为古老的汉语方言，是南路话中早期的层次[4]。

（本次金仙话调查结果，与《四川方言调查报告·剑阁》（杨时逢 1984）[1]中的语音体系有别，也与《四川剑阁县白龙方言语音和词汇研究》（康婧 2012）[2]所描写的白龙镇语音差异明显①。我们同时也调查了白龙镇语音，其语音特征与金仙话基本一致。读者可参见相应的材料。）

附1　声韵配合表

声母\韵母	i	o	u	y	ʮ	ɿ	ʅ	ɚ	ʌ	ɔ	ɛ
p	箅	驳	跛						杷	鲍	帛
ph	枇	卜	铺						怕	泡	迫
m	篾	穆	牧						马	牡	麦
f			麸						髪		
t	隶	读	镀						达	叨	得
th	体	托	驼						沓	讨	特
l	丽	骆	卤		驴				捺	闹	肋

---

① 白龙镇与金仙镇相邻，位于四川省剑阁县南部。

续表

声母＼韵母	i	o	u	y	ʮ	ʯ	ɿ	ʅ	ɚ	ʌ	ɔ	ɛ
ts	鲫	作	座		骤		梓			杂	皂	贼
tsh	齐	撮	凿	趣			驰			擦	造	侧
s	饲	索	锁	须			祀			萨	骚	色
tʂ		镯	驻					痣		闸	赵	褶
tʂh		绰	箸					齿		差	钞	辙
ʂ		说	输		戍			敤		煞	筲	设
z̩		诺	褥					日		饶		热
tɕ	饥			驹								
tɕh	骑			瘸	驱							
ɕ	奚											
ȵ	议			女								
ç	嬉			靴	许							
k		鸽	顾								窖	骼
kh		渴	颗								犒	客
ŋ		沃	我								袄	额
x		鹤	伙							呵	薅	骇
ø	医		鹉	鱼					饵			

续表

韵母＼声母	io	iʉ	iA	iɔ	iɛ	uA	uɛ	yɛ	ai	ei	uai	uei
p			彪	边					稗	婢		
ph			飘	骗					派	赔		
m			妙	面					迈	霉		
f										翡		
t		丢	貂	点					贷			碓
th			调	铁					太			退
l	略	馏	杳	镰					赖			类
ts	爵	卒	剿	饯	爪			绝	载			锥
tsh	鹊	黢	樵	妾				全	财			翠
s		锈	斜	销	泄			鲜	鳃			虽
tʂ									斋	者	拽	追
tʂh									钗	车	揣	槌
ʂ					刷				晒	赊	衰	水
ʐ									惹			锐
tɕ	觉	鸠	驾	骄	髻			蕨				
tɕh	确	屈	洽	荞	虔			颧				
ç	学	嗅	辖	效	馅			轩				
ŋ̊		牛		鸟	镊							
ɕ		休	瑕	显								
k						卦	郭		阶		怪	龟
kh							阔		开		剀	愧

续表

声母＼韵母	io	iʉ	iA	iɔ	iɛ	uA	uɜ	yɛ	ai	ei	uai	uei
ŋ									捱			
x						夸	惑		蟹	快	逮	
ø	钥	柚	鸭	鹞	盐	袜		愿			外	煨

声母＼韵母	en	in	uən	uæn	yn	æn	aŋ	iaŋ	ioŋ	oŋ	uaŋ	əŋ	ue
p	笨	鬓				颁	谤					崩	
ph	膨	频				螃	庞					捧	
m	门	鸣				鳗	蟒					懵	贸
f	冯					饭				蜂		凤	
t	顿	疔	蹲	锻			党			洞			斗
th	腾	蜓		团		贪				铜			头
l	轮	鳞		暖			螂	辆		龙			陋
ts	甑	静	钻		俊	暂	簪	酱		粽			走
tsh	曾	蜻		窜		馋		枪		聪			奏
s	榫	姓	笋	闩	逊		磉	镶		颂			馊
tʂ	阵	准	转			黏	长			春	装		邹
tʂh	陈	蠢	铲			缠	昌			铳	闯		丑
ʂ	剩	顺	疝			鳝	赏				双		受
ʐ	韧		闰	软		染		酿		茸			肉
tç		惊			迥			豇					
tçh		轻			项			强	穷				
ç		幸			训			饷	熊				
ɲ		凝						娘					

续表

声母\韵母	en	in	uən	uæn	yn	æn	aŋ	iaŋ	ioŋ	oŋ	uaŋ	əŋ	əu
ç		欣								响			
k	哽		滚	鲧			橄				逛	蚣	钩
kh	坑						龛				况	控	叩
ŋ	硬						庵						偶
x	杏		荤	还			咸				黄	鸿	后
ø		鹦	隐	顽	熨			养	用		妄	壅	

附2　剑阁县金仙镇卫星地形图

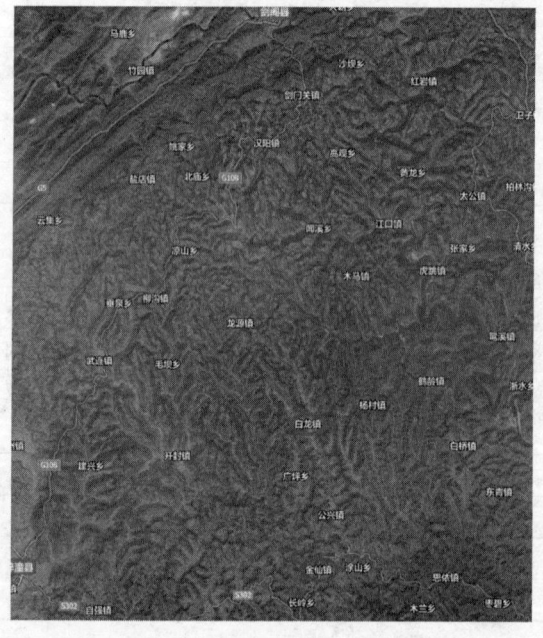

参考文献:

[1] 杨时逢. 四川方言调查报告 [M]. "中央研究院"历史语言研究所, 1984.

[2] 康婧. 四川剑阁县白龙方言语音和词汇研究 [D]. 2012.

[3] 周及徐. 南路话和湖广话的语音特点——兼论四川两大方言的历史关系 [J]. 语言研究, 2012 (3).

[4] 周及徐. 从移民史和方言分布看四川方言的历史——兼论"南路话"与"湖广话"的区别 [J]. 语言研究, 2013 (1).

（四川师范大学文学院　成都 610068）

The Phonetic System of Jinxian Speech in Jian‑ge County, Sichuan

Yang Bo, Zhou Jixu

(College of Liberal Arts, Sichuan Normal University)

Abstract: Based on the fieldwork, this essay describes and analyzes the phonetic systems of Jinxian Speech in Jiange County, Sichuan Province. It is unique in Sichuan dialects with some features such as the retaining of the ancient ending‑tone, the keep of the distinctions between *Tsi*‑syllables and *Ki*‑syllables, and the differentiation between retroflex and non‑retroflex initials. Moreover, some words from the ancient initials *K*‑ have not been palatalized in front of the medial [-i-] or [-y-].

Kcy words: Chinese dialect; phonetic system; Ancient features; Jian‑ge County; Sichuan

四川盐亭射洪西充方言岛

张强*

摘　要　南路话与湖广话有不同的来源。盐亭、射洪和西充方言属于南路话语音系统，今天盐亭、射洪和西充话处于湖广话方言的包围之中，形成方言岛。这是明清之际湖广移民将湖广话带入四川，与当地方言接触形成的结果。从语音系统来看，盐亭、射洪、西充话同南路话一样，都是元末以前的四川本地汉语方言的语言后裔。

关键词　四川方言；南路话；湖广话；语音比较；方言岛

* 作者简介：张强，四川师范大学文学院汉语言文字学专业2014级博士研究生。

一　问题的提出

　　盐亭、射洪、西充方言点地理位置位于四川西南地区岷江东岸位置，四周被湖广话语音区域包围着。语音上有西南官话湖广话语音特征，例如不分平翘舌声母，高元音后的后鼻音韵尾变为前鼻音韵尾，调值相似等。更突出的是南路话语音特征，最明显的是入声独立。盐亭、射洪、西充地区在湖广话区域中，语音的主要特征具有突出的南路话语音特点。这些现象引起了笔者的注意。

　　盐亭、射洪、西充方言属于西南官话灌赤片岷江小片，处于广阔的湖广话方言区包围之中（见下图）。这些方言既有湖广话特点，也有南路话方言特征。黄雪贞与李荣的划分归灌赤片岷江小片[1][2]，李蓝的划分是川黔片成渝小片[3]。究竟哪一种方言划分更接近于语音实际呢？四川师范大学文学院研究生唐毅于2011年夏对这三个点进行了实地的音系调查，使用中国社会科学院语言所《方言调查字表》调查录音，在周及徐师的指导下做成了三个点的音系数据库。本文的资料来自于此。我们分析后发现，这三个点的方言更接近于灌赤片岷江小片南路话语音特征。以下，笔者参照周及徐师提出的"南路话"九条语音特征对它们进行音系比较。

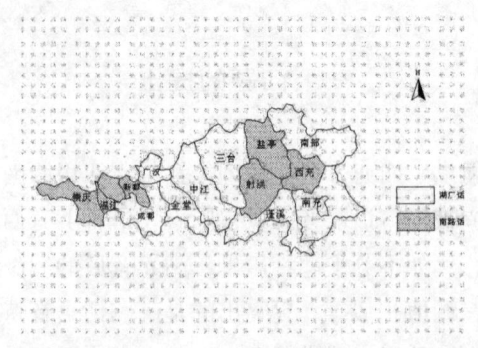

盐亭射洪西充方言岛语音分区图

二　以往的研究

西南官话是现代汉语北方方言的一个重要分支，其共性是古入声字今读阳平，多数方言的调值也非常接近。西南官话分布的地区很广，四川方言属于西南官话，境内有成渝片和灌赤片两大方言区。

在以往的研究中，研究四川方言卓有贡献的前辈学者崔荣昌先生认为现在留存的四川方言全都是明清之际"湖广填四川"的结果，"元末明初的大移民把以湖北话为代表的官话方言传播到四川，以而形成了以湖北话为基础的四川话，清朝前期的大移民则进一步加强了四川话在全省的主导地位，布下了四川话的汪洋大海"[4]。"我们认为，四川方言，包括四川官话都是外省移民带来的。"[5]这样就将川西南地区的"南路话"混同在了"湖广话"之中，忽略了重要的四川方言事实。

"湖广话"是四川人对当地方言的俗称，一般指以成都和重庆两地的方言为代表的通行于成渝地区的方言，具有西南官话的共同特征。从地理位置上看，覆盖了东起万州西至成都岷江以东的地区，相当于《中国方言地图集》中的"西南官话成渝片"的大部分[6]。整个四川盆地，除去岷江西南以及沱江和岷江之间的部分，都是"湖广话地区"。

"南路话"是周及徐师新近提出的有关四川方言的历史层次的分区："南路话"指岷江以西及以南，特别是成都西南的都江堰、温江、崇州、大邑、邛崃、蒲江和新津一带的方言。它在语音、词汇上都有自己的特征，最明显的不同于"湖广话"的语音特征是入声独立。在更大的范围上，有这种语音特征的方言沿岷江以西一直向南分布，经乐山、宜宾直至泸州地区，再折向东北进入今重庆市境内。成都的"湖广人"称讲这种当地方言的人为"南路人"[7][8]。"南路话"的语音特征与"湖广话"大不相同，它应该是明清大移民之前的四川方言的留存。

三 "南路话"语音特征

周及徐先生在《南路话和湖广话的语音特点——兼论四川两大方言的历史关系》一文中，通过方言田野调查总结了"南路话"9个语音特征，笔者在本文论述"四川境内盐亭、射洪、西充方言岛"问题时，以此作为语言学依据。

1. 南路话泥来母三四等字区别，区分"泥离"，形成 l – / n – 与 ȵ – 对立，是与切韵音系相应的。

2. 南路话蟹山摄舒声合口一等端组（山摄又泥组）字失去 u – 介音读开口。

3. 南路话果摄一等字多数读 – u，遇摄一等字老派读 – o。

4. 南路话麻三精组见系字韵母读 –i。如"姐泻谢爷"。

5. 南路话的一大特点是有一大群韵母读 –æ 的入声字，咸深山臻曾梗开口入声一二三等字韵母都读 –æ，如"答腊白色"。

6. 南路话的又一大特点是有一大群韵母读 –o/ –io 的入声字，山臻曾梗通合口和宕江开口入声字大部分韵母读 –o/ –io，如"绝学局不出竹"。

7. 南路话深臻曾梗入声三四等开口帮端见系读 –ie，如"集笔力激"等字。

8. 南路话深臻曾梗入声开口三等知章组字读央元音 –ɘ/ –ə 或 –ʅ，如"十侄直石"。

9. 南路话中古入声字今独立成调，所有的南路话都是这样。

四　盐亭射洪西充方言岛音系与南路话、湖广话语音特征比较

1. 南路话泥来母三四等字区别，区分"泥离"，形成 l –/n – 与 ȵ – 对立，是与切韵音系相应的。

例字	泥	离	南	蓝
中古音	泥齐平	来支平	泥覃平	来谈平
盐亭	ȵi31	li31	læn31	læn31
射洪	ȵi31	li31	læn31	læn31
西充	ȵi32	li32	læn32	læn32
崇州	ȵi31	li31	lan31	lan31
成都	ȵi21	ni21	nan21	nɑn21
北京	ni35	li35	nan35	lan35

盐亭、射洪、西充方言岛泥来母一二等字相混，三四等字区分，洪音相混，细音区分，区分"泥离"，形成 l -/n - 与 ȵ - 对立，南路话崇州方言同样区分 l - 与 ȵ -，湖广话西南官话成都方言没有区分，全部混读为 n -。盐亭、射洪、西充方言岛是与《切韵》音系相应的，符合南路话语音特征，是南路话保留的底层语音特征。如果说是湖广方言区域的覆盖，就不能合理解释为何较早语音没有区分，沿袭到现在反而区分。

2. 南路话蟹山摄舒声合口一等端组（山摄又泥组）字失去 u - 介音读开口。

例字	堆	腿	端	乱
中古音	端灰平	透贿上	端桓平	来换去
盐亭	tuei35	thuei51	tuæn35	luæn324
射洪	tuei45	thuei51	tuæn45	luæn435
西充	tuei35	thuei51	tuæn35	luæn325
崇州	tei45	thei52	tan45	lan324
成都	tuei45	thuei42	tuan45	luan213
北京	tuei55	thuei214	tuan55	luan51

盐亭、射洪、西充方言岛蟹山摄舒声合口一等端组（山摄又泥组）字保留 -u 介音读合口，"对端暖乱"等字读 -uei/-uæn；南路话崇州方言失去 -u 介音读开口，这些字读 -ei/-an；湖广话西南官话成都方言读合口。盐亭、射洪、西充方言岛与湖广话西南官话成都方言语音相同，南路话则是独立的语音演变过程。

3. 南路话果摄一等字多数读 - u，遇摄一等字老派读 - o。

（1）南路话果摄一等帮端系韵母为 - u，见系字为 - u/
- ɯ/ - ɤ。

例字	哥	我	糯	锅
中古音	见歌平	疑哿上	泥过去	见戈平
盐亭	kə35	ŋo51	lo324	ko35
射洪	ko45	ŋə51	lo435	ko45
西充	kə35	ŋo51	lo325	ko35
崇州	kə45	ŋu52	lu324	ku45
成都	ko45	ŋo42	no213	ko45
北京	k ɤ55	wo214	nuo51	kuo55

盐亭射洪西充方言点不同于南路话崇州方言点果摄一等 - u
主元音，在舌根音后变为展唇的央后高元音 - ɯ/ - ɤ 等，主元音
是 - o。与成渝片湖广话成都方言音类相同。

（2）南路话遇摄模韵帮系端组字（老派）读 - o。

例字	普	肚	炉	股	图徒
中古音	滂姥上	定姥上	来模平	见姥上	定模平
盐亭	phu51	tu324/tu51	lu31	ku51	thu31
射洪	phu51	tu435/tu51	lu31	ku51	thu31
西充	phu51	tu325/tu51	lu32	ku51	thu32
崇州	phu52	tu324/tu52	lu31	ku52	tu31
成都	phu42	tu213	lu21	ku42	thu21
北京	phu214	thu51	lu35	ku214	thu35

盐亭射洪西充方言点同于南路话崇州方言点新派读音，遇摄

模韵主元音是－u，与果摄合流，杨时逢先生《四川方言调查报告》"73 崇庆"音系描写的崇州方言老派读音：普 pu52 肚 to11 炉 no31 股 ko52 图 tho31 徒 tho31[9]。南路话果摄一等字主元音后高化，抢占 8 号定位元音－u 位置，使遇摄模韵主元音滞留在中古－o 韵位置，南路话崇州方言新派读音模韵元音高化为－u，与果摄一等合流，受强势方言音系影响。

以上可以看出，盐亭、射洪、西充方言岛果摄一等帮端见系字读音为－o，遇摄模韵帮系端组一等字老派读－u；湖广话西南官话成都方言果摄读为－o，遇摄模韵读为－u；南路话崇州方言老派读音则是果摄一等字读音为－u，遇摄一等字读音为－o。南路话果摄一等字主元音后高化，占住 8 号元音－o 位置，以致遇摄模韵老派主元音滞留在中古－o 韵原位置，臻通摄入声字同样滞留在中古－o 韵。新派南路话模韵高化为－u，与果摄一等合流，是受强势方言语音影响。盐亭射洪西充方言岛与湖广话西南官话成都方言语音相同，与南路话崇州方言语音不同，各自不同音系。

4. 南路话麻三精组见系字韵母读－i。如"姐泻谢爷"。

例字	姐	写	谢	爷
中古音	精马上	心马上	邪祃去	以麻平
盐亭	tçie51	çi51	çie324	i31
射洪	tçie51	çie51	çie435	jie31
西充	tçi51	çi51	çi325	i32
崇州	tçi52	çi52	çi324	i31
成都	tçie42	çie42	çie213	ie21
北京	tçie214	çie214	çie51	ie35

　　盐亭、射洪、西充方言岛假摄麻三精组见系字韵母，如"姐泻谢爷"，盐亭、西充方言读音是－i，射洪方言读音是－ie；南路话崇州方言读音是－i；湖广话西南官话成都方言读音是－ie。盐亭、西充方言读－i与南路话崇州方言语音相同；射洪方言读－ie与湖广话成都方言读音相同，是西南官话普遍读音。各自不同音系。南路话音系另有韵母－ie，例如咸山深臻曾梗摄三四等入声字，如"蝶接立集"。

　　5. 南路话的一大特点是有一大群韵母读－æ的入声字，咸深山臻曾梗开口入声一二三等字韵母都读－æ，如"答腊白色"。

　　（1）南路话咸山摄开口入声一二等帮端系庄组、三等知章组字读－æ。

例字	答达	腊/辣	涉/舌	袜
中古音	端合入/ 定曷入	来盍入/ 来曷入	禅葉入/ 船薛入	微月入
盐亭	tA44	lA44	se44	uA44
射洪	tA44	lA44	se44	uA44
西充	tA44	læ44/lA44	sæ44/se44	uA44
崇州	tæ33	læ33	sæ33	uæ33
成都	tA21	lA21	se21	uA21
北京	ta35	la51	ʂɤ51/ʂɤ35	uA51

　　西充方言点同于南路话崇州方言点，韵母读－æ；盐亭射洪方言点同于成渝片湖广话成都方言，韵母读－A。

　　（2）南路话曾一梗二开口入声帮端知见系字读－æ（－ɛ）。

例字	北	白	特	泽	黑
中古音	帮德入	并陌入	定德入	澄陌入	晓德入
盐亭	pe44	pe44	the44	tshe44	xe44
射洪	pe44	pe44	the44	tshe44	xe44
西充	pe44	pe44	the44	tshe44	xe44
崇州	pæ33	pæ33	thæ33	tshæ33	xæ33
成都	pe21	pe21	the21	tshe21	xe21
北京	pei214	pai35	thɤ51	tsɤ35	xei55

　　盐亭射洪西充方言点不同于南路话崇州方言点 - æ，韵母读 - e。与成渝片湖广话成都方言韵母相同。

　　（3）南路话深臻曾梗摄入声二三等开口庄组（缉栉职麦）读 - æ。

例字	涩	色	虱	测/策
中古音	生缉入	生职入	生栉入	初职入/初麦入
盐亭	se44	se44	se44	tshe44
射洪	se44	se44	se44	tshe44
西充	sæ44	se44	sæ44	tshe44
崇州	sæ33	sæ33	sæ33	tshæ33
成都	se21	se21	se21	tshe21
北京	sɤ51	ʂɤ51/sai214	ʂʅ55	tshɤ51

　　西充方言点同于南路话崇州方言点，韵母读 - æ；盐亭射洪

方言点同于成渝片湖广话成都方言，韵母读－e，处于语音渐变阶段。

　　以上可以看出，盐亭、射洪、西充方言岛咸深山臻曾梗摄入声开口一二三等字韵母，如"答腊白色"，语音两分。

　　咸山摄开口入声一二等帮端系庄组、三等知章组字以及深臻曾梗摄入声二三等开口庄组（缉栉职麦）字，盐亭、射洪方言读音是－ʌ／－e，西充方言读为－æ，南路话崇州方言读为－æ，湖广话西南官话成都方言读为－ʌ／－e。盐亭、射洪方言与湖广话西南官话成都方言语音相同；西充方言与南路话崇州方言语音相同，合并成一个次低元音－æ。

　　曾一梗二开口入声帮端知见系字，盐亭、射洪、西充方言岛读音是－e，湖广话西南官话成都方言读音是－e，二者语音相同。南路话崇州方言读音是－æ。

　　盐亭、射洪、西充方言岛咸深山臻曾梗摄入声开口一二三等字韵母语音两分，咸山一二等字韵母是央低元音－ʌ，其余是半高元音－e；湖广话西南官话成都方言语音两分，咸山一二等字韵母是央低元音－ʌ，其余是半高元音－e，沿袭中古语音特征。南路话崇州方言合并成一个次低元音－æ。各自分属不同音系。

　　6. 南路话的又一大特点是有一大群韵母读－o／－io 的入声字，山臻曾梗通合口和宕江开口入声字大部分韵母读－o／－io，如"绝学局不出竹"。

　　（1）南路话山摄合口三四等、宕江摄开口二三等入声精组见系字读－io／－iɵ。

例字	绝	月	脚	学
中古音	從薛入	疑月入	见药入	匣觉入
盐亭	tɕhio44	ye44	tɕio44	ɕio44
射洪	tɕhiɵ44	yɵ44	tɕiɵ44	ɕiɵ44
西充	tɕhio44	io44 ye44	tɕio44	ɕio44
崇州	tɕiɵ33	iɵ33	tɕiɵ33	ɕiɵ33
成都	tɕhio21	ye21	tɕio21	ɕio21
北京	tɕhyɛ51	yɛ51	tɕiau214	ɕyɛ35

盐亭射洪西充方言点同于南路话崇州方言点，韵母读为 – io∕ – iɵ。

（2）南路话臻摄入声合口一三等帮知系端泥组读 – o∕ – u。

例字	不	突	物	律	出
中古音	帮没入	定没入	微物入	来术入	昌術入
盐亭	po44	tho44	o44	lo44	tsho44
射洪	pu44	thu44	wu44	lɵ44	tshu44
西充	po44	tho44	o44	lo44	tʂho44
崇州	pɵ33	thɵ33	ɵ33	lɵ33	tshɵ33
成都	pu21	thu21	u21	nu21	tsu31
北京	pu51	thu55	u51	ly51	tʂhu55

盐亭方言点韵母读为 – o，射洪方言点韵母读为 – u，西充方言点韵母读为 – o。语音相近于南路话崇州方言点主元音 – ɵ。

（3）南路话臻摄入声合口三等精见组读－io。

例字	戌	橘	屈	掘	倔
中古音	心術入	见術入	溪物入	群物入	群物入
盐亭	ɕy44	tɕy44	tɕhio44	tsho44	tɕhio44
射洪	ɕio44	tɕy44	tɕhiɵ44	tɕhy44	tɕhiɵ44
西充	tɕio44	tɕio44	tɕhio44	tɕhio44	tɕhio44
崇州	ɕiɵ33	tɕiɵ33	tɕhiɵ33	tɕhiɵ33	tɕhiɵ33
成都	ɕio21	tɕy21	tɕhio21	tɕio21	tɕio21
北京	ɕy51	tɕy35	tɕhy55	tɕyɛ35	tɕyɛ35 tɕyɛ51

  盐亭方言点韵母读为－y/－io，射洪方言点韵母读为－io/－y，西充方言点韵母读为－io。语音相同或相近与南路话崇州方言点－iɵ。

  （4）南路话曾梗摄入声三等合口见系、通入三精组见系（职昔屋三烛）读－io/－iɵ。

例字	域	役	肃	局
中古音	云职入	以昔入	心屋入	群烛入
盐亭	io44	io44	ɕio44	tɕio44
射洪	iɵ44	iɵ44	ɕiɵ44	tɕy44
西充	io44	io44	ɕio44	tɕio44
崇州	iɵ33	iɵ33	ɕiɵ33	tɕiɵ33
成都	io21	io21	ɕio21 老 ɕiu21 新	tɕy21
北京	y55	i51	su51	tɕy35

盐亭方言点韵母读为 - io，射洪方言点韵母读为 - iɵ，西充方言点韵母读为 - io。语音相同或相近于南路话崇州方言点 - iɵ。

（5）南路话通摄入声帮知系、端泥组读 - o/ - ɵ。

例字	木	毒	绿	竹
中古音	明屋入	定沃入	来烛入	知屋入
盐亭	mo44	to44	lo44	tso44
射洪	mɵ44	tu44	lu44	tsu44
西充	mo44	to44	lo44	tso44
崇州	mɵ33	tɵ33	lɵ33	tsɵ33
成都	mu21	tu21	lu21	tsu21
北京	mu51	tu35	ly51	tʂu35

盐亭方言点韵母读为 - o，射洪方言点韵母读为 - u，西充方言点韵母读为 - o。语音相同或相近于南路话崇州方言点 - ɵ。

以上可以看出，盐亭、射洪、西充方言岛山臻曾梗通摄合口与宕江摄开口入声字大部分韵母读 - o/ - io，与南路话崇州方言语音相同。南路话遇摄一等与山臻通摄合口一等入声字韵母是 - o，而湖广话西南官话成都方言臻通摄一等合口入声字读 - u，山摄读 - o。"拨/不"、"夺/毒"，南路话同音，盐亭、西充方言岛同音，韵母主元音 - ɵ/ - o；射洪不同音，湖广话西南官话成都方言不同音，韵母主元音 - ɵ/ - u。二者语音区别不能用相互延续的语音沿袭演变解释。

7. 南路话深臻曾梗摄入声三四等开口帮端见系（缉质迄职昔陌三锡）读 - ie，如"集笔力激"等字。

例字	集	笔	七	力	激	席
中古音	從缉入	帮质入	清质入	来职入	见锡入	邪昔入
盐亭	tɕi44	pi44	tɕhi44	li44	tɕi44	ɕi44
射洪	tɕi44	pi44	tɕhi44	li44	tɕie44	ɕi44
西充	tɕi44	pi44	tɕhi44	li44	tɕi44	ɕi44
崇州	tɕie33	pie33	tɕhie33	lie33	tɕie33	ɕie33
成都	tɕhie21	pi21	tɕhi21	li21	tɕie21	ɕi21
北京	tɕi35	pi214	tɕhi55	li51	tɕi55	ɕi35

　　盐亭、射洪、西充方言岛深臻曾梗摄入声三四等开口帮端见系读 –i，如"集笔力激"等字；湖广话西南官话成都方言读 –i；二者语音相同。南路话崇州方言读 –ie。

　　湖广话西南官话成都方言咸山摄三四等开口帮端见系入声字读 –ie，深臻曾梗摄相应入声字读 –i，语音沿袭继承中古音系。射洪方言语音特征与之完全相同。盐亭、西充方言咸山摄入声开口三四等帮端见系读为 –i，深臻曾梗摄入声入声三四等开口帮端见系读为 –i。

　　南路话咸山深臻曾梗摄入声三四等帮端见系字同音，如"接结集节极积"读音 –ie。入声尾失去较慢，入声调很明显，咸山深臻曾梗摄入声主元音，语音同化合流，入声独立成调，保留与阴声韵语音区别。

　　8. 南路话深臻曾梗摄入声开口三等知章组字（缉质职昔）读央元音 – ə/ –ɤ 或 –ʅ，如"十侄直石"。

例字	侄直织	尺	十失食石
中古音	澄质入/澄职入/章职入	昌昔入	禅缉入/书质入/船职入/禅昔入
盐亭	tsʅ44	tshʅ44	sʅ44
射洪	tsʅ44	tshʅ44	sʅ44
西充	tʂʅ44	tʂhʅ44	ʂʅ44
崇州	tsɘ33	tshɘ33	sɘ33
成都	tsʅ21	tshʅ21	sʅ21
北京	tʂʅ35	tʂhʅ214	ʂʅ35

　　盐亭、射洪、西充方言岛深臻曾梗摄入声开口三等知章组字，如"十侄直石"，盐亭、射洪方言读为 -ʅ，保留入声调；西充方言读为 -ʅ，保留入声调；南路话崇州方言读为央后元音 -ɘ，保留入声调；湖广话西南官话成都方言读为 -ʅ，读为非入声调。盐亭、射洪方言这些字韵母读 -ʅ，与止摄字读音混同，与湖广话西南官话成都方言语音相同。南路话语音分得很清楚，声调和韵母不同，西充方言 -ʅ 与南路话崇州方言 -ɘ 语音相近。如果是湖广话的语音覆盖，不能合理解释原在湖广话语音区域同音的字为何在南路话方言岛西充方言分开，而且分得与古入声系统相合。

　　9. 南路话中古入声字今独立成调，所有的南路话都是这样。

　　有五个声调（阴平、阳平、上声、去声、入声），中古入声字今读入声调，调值多为中平调。

	阴平	阳平	上声	去声	入声
盐亭	35	31	51	324	44
射洪	45	31	51	435	44
西充	35	32	51	325	44
崇州	45	31	52	324	33
成都	45	21	42	213	21
北京	55	35	214	51	

盐亭射洪西充方言点同于南路话崇州方言点，中古入声今音独立成调，调值为中平调。湖广话西南官话成都方言古入声字今音阳平调。二者在声调系统的差别，至少追溯到中古音系。在一种语言中，声调与声母、韵母相比，类别数量极少，但是使用频率是最高的，因而声调最具稳定性，明显的辨音声学特征。

五　盐亭射洪西充方言岛与南路话湖广话的语音相似度

为了方便直接地观察，现将语音特点做成"盐亭射洪西充方言岛、南路话、湖广成都话语音特点比较表"。以各项语音特点为比较[①]，崇州方言作为南路话代表点，成都话作为湖广话代表点，盐亭射洪西充方言岛与其它方言点语音特征相似标记为"＋"，语音特征与之不同则标记为"－"。

---

① 西充方言帮系帮组有齿擦化语音现象，发生在齐齿呼，例如皮 $ph^z\eta32$，米 $m^z\eta51$。

表1 盐亭射洪西充方言岛、南路话、湖广成都话语音特点比较表

方言语音特点	南路	盐亭	射洪	西充	崇州	成都	北京
古晓组字 - u 韵前读为 f - 。	+	+	+	+	+	+	-
ts - 与 tʂ- 相混。	+	+	+	-	+	+	-
古泥母三四等字读 ȵ - ，其余泥来母读 n -/l - 。	+	+	+	+	+	+	±
臻摄一三等端泥精组合口字失去 - u - 介音。	+	+	+	+	+	+	-
蟹摄舒声合口一等端组、山摄端泥组字读开口。	+	-	-	+	-	-	-
果摄一等元音为 - u，见系为 - u/ - ɯ/ - ɤ。（乐泸成渝读 - o）	+	-	-	+	-	-	±
麻三精组见系字韵母读 - i。（成渝读 - ie ）	+	+	+	+	+	+	-
"者蔗" 读 - ai 。（成渝读 - e）	+	-	-	+	-	-	-
模韵帮系端组字（老派）读 - o。（成渝读 - u)	+	-	-	+	-	-	-
咸山宕摄入声一等开口见系读 - ə／- e。（成渝读 - o）	+	+	+	+	-	-	+
咸山开口入声一二三等帮端知系字读 - æ。	+	-	-	+	-	-	-
曾一、梗二开入声帮端知见系字读 - æ。（成渝读 - e）	+	-	-	+	-	-	-
深臻曾梗入声一三等开口庄组读 - æ。（成渝读 - e）	+	-	-	+	-	-	-

续表

方言语音特点	南路	盐亭	射洪	西充	崇州	成都	北京
山摄合三四等、宕江开二三等入声精组见系字读 – io。	+	+	+	+	+	–	–
臻入声合口一三等帮知系端泥组读 – o。（成渝读 – u）	+	+	–	+	+	–	–
臻入声合口三等精见组读 – io。（成 – io；乐泸渝 – iu）	+	+	+	+	+	+	–
深臻曾梗入声三四等开口帮端见系（缉质迄职昔陌_二锡）读 – ie。与咸山三四等开口帮端见系（葉业帖薛月屑）同。（成泸 – ie/ – i；渝读 – i）	+	–	–	+	+	+	–
深臻曾梗入声三等开口知章组（缉质职昔）字读央元音 – ə/ – ə/ – ʅ。	+	+	–	+	+	–	–
曾梗入声三等合口见系、通入三精组见系读 – io。（"域疫肃局"，成 – io；乐泸 – yo/ – yu；渝 – iu）	+	+	+	+	+	+	±
通摄入声帮知系、端泥组读 – o。（成渝 – u；泸 – yu/ – u）	+	+	–	+	+	–	–
入声独立，不归阳平。	+	+	+	+	+	+	±

　　盐亭射洪西充方言岛与南路话、湖广话方言语音特征比较中，引进语音特点出现概率的权重数值，以每个方言平均声、韵、调数为20个、40个、5个，以每个韵母出现次数的权重数值为1，每个声母和声调特点的权重数值就应为2和8。表1中的声母特点和调类特点，计分应分别为2（第1、2、3条）和8（第21条），韵母特点计分应分别为1（其余各条）。如果两方言点的21个语音特点都相似，最高数值积分是31；都不相似则是0。据此做出盐亭、射洪西充方言岛与南路话湖广话相似语音特

征（权重数值）比较表。

表2 盐亭射洪西充方言岛与南路话湖广话相似语音特征（权重数值）比较表

	盐亭	射洪	西充	崇州	成都	北京
南路	22	19	22	——	10	1
盐亭	——	28	25	22	17	9
射洪	28		22	19	20	12
西充	25	22	——	22	13	7
崇州	22	19	22	——	10	1
成都	17	20	13	10	——	11
北京	9	12	7	1	11	——

上表中每两两方言间相似语音特征权重数值与最大值（31）
的百分比，即是方言间"语音特征相似度"，以此做出"盐亭射
洪西充方言岛与南路话湖广话语音相似度表"。

表3 盐亭射洪西充方言岛与南路话湖广话语音相似度表

	盐亭	射洪	西充	崇州	成都	北京
南路	71%	61%	71%	——	32%	3%
盐亭	——	90%	81%	71%	55%	29%
射洪	90%		71%	61%	65%	39%
西充	81%	71%	——	71%	42%	23%
崇州	71%	61%	71%	——	32%	3%
成都	55%	65%	42%	32%	——	35%
北京	29%	39%	23%	3%	35%	——

盐亭、射洪、西充方言岛与南路话、湖广话语音特征相比较，能反映出方言之间相对的语音差别。相似度越大，两方言语音特点差别越小，方言间关系越近；相似度越小，两方言语音特点相差越大，方言间关系越远。盐亭、射洪、西充与南路话崇州话的语音相似度分别是71%、61%、71%，与湖广话成都话的语音相似度分别是55%、65%、42%，盐亭射洪西充方言岛与南路话崇州话的语音相似度比例更高，显示出盐亭、射洪、西充方言更接近南路话语音，表层是湖广话语音，是受湖广话语音区域包围影响的南路话方言岛。

六 结 论

盐亭射洪西充方言岛既有与南路话崇州方言相同的语音特征，又有与湖广话成都方言相同的语音特征，前者明显多于后者。前者是盐亭射洪方言岛沿袭固有的语音底层，后者是盐亭射洪西充方言岛被同化的语音表层。

（一）盐亭射洪西充方言岛保留的南路话底层语音特征

1. 盐亭、射洪、西充方言岛泥来母洪音相混，细音区分，区分泥离，形成 l - 与 ȵ - 对立。

2. 盐亭、射洪、西充方言岛假摄麻三精组见系字韵母，如"姐泻谢爷"，盐亭、西充方言读音是 - i，射洪方言读音是 - ie。

3. 盐亭射洪西充方言岛咸山摄开口入声一二等帮端系庄组、三等知章组字以及深臻曾梗摄入声二三等开口庄组（缉栵职麦）字，盐亭、射洪方言读音是 - ʌ / - e，西充方言读为 - æ，

4. 盐亭、射洪、西充方言岛山臻曾梗通摄合口与宕江摄开

口入声字大部分韵母读 – o/ – io。

5. 盐亭、射洪、西充方言岛深臻曾梗摄入声开口三等知章组字，如"十侄直石"，盐亭、射洪方言读为 – ʅ，保留入声调；西充方言读为 – ʅ，保留入声调。

6. 盐亭、射洪、西充方言岛中古入声字今音独立成调，调值为中平调。

（二）盐亭射洪西充方言岛被同化的表层湖广话语音特征

1. 盐亭、射洪、西充方言岛蟹山摄舒声合口一等端组（山摄又泥组）字保留 – u 介音读合口，"对端暖乱"等字读 – uei/ – uæn。

2. 盐亭、射洪、西充方言岛果摄一等帮端见系字读音为 – o，遇摄模韵帮系端组一等字老派读 – u。

3. 盐亭、射洪、西充方言岛咸深山臻曾梗摄入声开口一二三等字韵母，如"答腊白色"，语音两分。曾一梗二开口入声帮端知见系字，盐亭、射洪、西充方言岛读音是 – e。咸深山臻曾梗摄入声开口一二三等字韵母语音两分，咸山一二等字韵母是央低元音 – ʌ，其余是半高元音 – e。

4. 盐亭、射洪、西充方言岛深臻曾梗摄入声三四等开口帮端见系读 – i，如"集笔力激"等字。

综上所述，盐亭、射洪、西充方言系的语音特征以中古音类为条件，深层语音特征与南路话相符，是南路话语音的遗存。盐亭、射洪、西充方言岛从音系特点来说，是带有湖广话色彩的南路话。同于南路话崇州方言的语音特征是底层"南路话"的遗存，同于湖广话成都方言的语音特点是"湖广话"的表层覆盖。盐亭、射洪、西充方言岛的语音特征兼具崇州方言和成都方言音系特点的语音现象，显示出"湖广话"对"南路话"的语音影响，也显示出南路话的语音演化过程和未来演变方向，是被湖广话包围的典型的南路话方言岛现象。更详细深入材料请见笔者硕士毕业论文《四川盐亭等六县市方言音系调查研究》[10]。

参考文献：

[1] 黄雪贞. 西南官话的分区（稿）[J]. 方言，1986（2）.

[2] 李荣. 官话方言的分区 [J]. 方言，1985（2）.

[3] 李蓝. 西南官话的分区（稿）[J]. 方言，2009（1）.

[4] 崔荣昌. 四川方言的形成 [J]. 方言，1985（1）.

[5] 崔荣昌. 四川境内的湘方言 [J]. 台北："中央研究院"历史语言研究所集刊，1996.

[6] 中国社会科学院，澳大利亚人文科学院. 中国语言地图集 [M]. 香港：香港朗文出版公司，1987.

[7] 周及徐. 南路话和湖广话的语音特点——兼论四川两大方言的历史关系 [J]. 语言研究，2012（3）.

[8] 周及徐. 从移民史和方言分布看四川方言的历史——兼论"南路话"与"湖广话"的区别 [J]. 语言研究，2013（1）.

[9] 杨时逢. 四川方言调查报告 [M]. 台北："中央研究院"历史语言研究所，1984.

[10] 张强. 四川盐亭等六县市方言音系调查研究 [D]. 四川师范大学硕士学位论文，2012.

（四川师范大学文学院　成都 610068）

Yanting, Shehong and Xichong Dialect Island in Sichuan Province

Zhang Qiang

(College of Liberal Arts, Sichuan Normal University)

Abstract: There are the different origins of Nanlu dialect and Huguang dialect. As part of the Nanlu dialect, Yanting, Shehong and Xichong dialects are surrounded by Huguang dialect which was introduced to Sichuan by Hunan and Hubei immigrants during the Ming and Qing dynasties. As a result of the immigration and the inter – activities between the natives and the immigrants, the phenomenon of dialects island came into being. In terms of phonetic system, the three former dialects, along with Nanlu dialect, are descendants of native dialect in Sichuan area before the late Yuan dynasty.

Key words: Sichuan dialect; Nanlu dialect; Huguang dialect; phonetic comparison; dialect island

四川甘洛县与成都、乐山等周围五地方言音系特征比较研究

李林蔚*

摘 要 甘洛与乐山、峨边、越西、西昌、成都五地方言语音相似度研究，旨在厘清甘洛与乐山、成都等五地方言的相对亲疏远近关系。从众多语音特征中选出最具代表性的语音特征进行比较，可以提供可靠的依据。

关键词 语音特征；相似度研究；南路话

越西、甘洛等五地方言在前人研究成果中大致的分区状况如下：乐山、峨边方言以其古入声独立等特点，被归在北方方言西

---

* 作者介绍：李林蔚，女，四川师范大学文学院汉语言文字学专业 2011 级研究生。

南官话灌赤片。西昌方言归片不太一致，根据调查，笔者赞同西昌话应是"拒绝归类"的方言，虽其入声独立，但是有很多不同于四川地区方言的特点。甘洛话在《西南官话的分区》中列入分区，以古入声读为阴平为由，将其划归雅甘小片。越西方言是四川方言研究的一个空白点，一直未有调查。

越西、甘洛等五地方言的语音系统，详见笔者硕士论文《四川越西、甘洛等五县市方言音系研究》。

我们已知乐山方言为川西南路话方言的代表，成都话为湖广话方言的代表。何为南路话，何为湖广话？崔荣昌教授认为："四川方言，包括四川官话都是外省移民带来的。"[1]11 周及徐教授在归纳方言调查材料的基础上，对现代四川方言的形成提出了新的观点，在其《南路话和湖广话的语音特点——兼论四川两大方言的历史关系》文章中，通过选择 21 个代表性的声、韵、调特征进行比较，明确的提出"南路话"方言的语音特征：它不是湖广话分支、音系结构与湖广话不包容。文中还对"湖广话""南路话"名称、分布做出界定。"'湖广话'是四川人对成都和重庆等地方言的俗称，一般指以成都和重庆两地的方言为代表的通行于成渝地区的方言。它具有西南官话的共同特征，例如有四个声调、古入声字归阳平；也有自己的一些特征，例如不分平翘舌声母、不分鼻边音声母、高元音后的后鼻音韵尾变为前鼻尾、调值相似等等。成渝两地方言之间差别很小，'湖广话'覆盖了东起万州西至成都岷江以东的地区。'南路话'也是四川人对当地的另一种方言的俗称。'南路话'指岷江以西及以南，特别是成都西南的都江堰、温江、崇州、大邑、邛崃、蒲江和新津一带的方言。它在语音、词汇上都有自己的特征，最明显的不同于'湖广话'的语音特征是入声独立。"[2]

本文从音系结构上观察甘洛等五地语音的相似度，以现代方言的音系特点作为方言亲疏关系的"基因"来考察甘洛方言的历史来源。现选出 24 条具代表性的语音特征进行比较。

文中所用语音材料，乐山、峨边点用的是《四川峨边、洪雅等六县市方言音系研究》[3]，西昌点用的是《四川省西昌等七县市方言音系比较研究》[4]，成都点用的是《四川西南地区方言调查研究》①。

各点调类及调值如下：（为避免字迹过小难于辨认，本文声调数值一律不上标。）

	越西	乐山	峨边	甘洛	西昌	成都
阴平 1	35	45	44	45	33	45
阳平 2	41	31	31	31	52	21
上声 3	51	42	51	52	341	42
去声 5	33	13	323	213	323	213
入声 7	(33)	33	45	23	31	(21)

为便于了解方言间调类的对应，在以下的列表中用"-1、-2、-3、-5、-7"等表示阴平、阳平、上声、去声、入声五个调类。

1. 古晓组字和非组字的分混

---

① 由于篇幅所限，没有列出我们根据田野调查资料建立的方言点字音表，进一步资料可查看周及徐教授国家社科基金课题《四川西南地区方言调查研究》。

	父	户	翻	欢	方	黄
广韵	奉虞上	匣模去	敷元平	晓桓平	非阳平	匣唐平
越西	fu－5	fu－5	fan－1	xuan－1	faŋ－1	xuaŋ－2
乐山	fu－5	fu－5	fan－1	xuan－1	faŋ－1	xuaŋ－2
峨边	fu－5	fu－5	fæn－1	xuæn－1	faŋ－1	xuaŋ－2
甘洛	fu－5	fu－5	fan－1	xuan－1	faŋ－1	xuaŋ－2
西昌	fu－5	fu－5	fan－1	xuan－1	faŋ－1	xuaŋ－2
成都	fu－5	fu－5	fan－1	xuan－1	faŋ－1	xuaŋ－2

以上各点都是晓组字在－u 韵前读为 f－，其余的韵母前读 x－。即晓组字只在－u 韵前读音与非组相混，其余不混。

2. 知庄章组今不分平翘舌

四川地区官话中今大部分方言不分平翘舌，有少数方言分平翘舌。分平翘舌的方言知庄章组的规律为：知三和章组翘舌；知二和庄组要再分：今高元音韵平舌，今低元音韵翘舌，仅少数字例外。下表是知二、庄二、庄三高元音字（前4字，平舌，－e/－u 归此派）和低元音韵字（后4字，翘舌，－A 归此派）

	择	争	生	初	桌	茶	插	装
广韵	澄陌入	庄耕平	生庚平	初鱼平	知觉入	澄麻平	初咸入	庄阳平
越西	tshe－5	tsen－1	sen－1	tshu－1	tso－5	tshA－2	tshA－5	tsaŋ－1
乐山	tshæ－7	tsen－1	sen－1	tshu－1	tsɵ－7	tshA－2	tshæ－7	tsuaŋ－1
峨边	tshæ－7	tshen－1	sen－1	tshu－1	tso－7	tshA－2	tshA－7	tsuaŋ－1
甘洛	tsɛi－1	tsen－1	sen－1	tshu－1	tso－7	tsha－2	tsha－7	tsuuŋ－1
西昌	tshe－7	tsen－1	sen－1	tshu－1	tʂo－7	tʂhA－2	tʂhA－7	tʂuaŋ－1
成都	tshe－2	tsən－1	sən－1	tshu－1	tso－2	tshA－2	tshA－2	tsuaŋ－1

除西昌外，其它方言点大多数的知庄章组字读平舌音，卷舌音与龈音相混。特殊的在下一点讨论。西昌方言点大多数知庄章组符合此表前的规律。

3. 深臻曾梗三等开口入声知系字今读音

	十	实	直	尺
广韵	禅缉入	船质入	澄职入	昌昔入
越西	ʂɚ‑5	ʂɚ‑5	tʂɚ‑5	tʂʰɚ‑5
乐山	sə‑7	sə‑7	tsə‑7	tsʰə‑7
峨边	sɿ‑7	sɿ‑7	tsɿ‑7	tsʰɿ‑7
甘洛	sɿ‑1	sɿ‑7	tsɿ‑1	tsʰɿ‑7
西昌	ʂʅ‑7	ʂʅ‑7	tʂʅ‑7	tʂʰʅ‑7
成都	sɿ‑2	sɿ‑2	tsɿ‑2	tsʰɿ‑2

以上方言点中，越西和西昌深臻曾梗三等开口入声知系字今读翘舌音，但是西昌读为翘舌的原因是声母为章组，而越西话是符合南路话特征。其它各点今读平舌。

4. 泥来母字的分混

	南	兰	泥	离	娘	良	女	旅
广韵	泥覃平	来寒平	泥齐平	来支平	泥阳平	来阳平	泥鱼上	来鱼上
越西	nan‑2	nan‑2	ni‑2	ni‑2	niaŋ‑2	niaŋ‑2	ni‑3	ni‑3
乐山	lan‑2	lan‑2	li‑2	li‑2	liaŋ‑2	liaŋ‑2	ly‑3	ly‑3
峨边	læn‑2	læn‑2	li‑2	li‑2	liaŋ‑2	liaŋ‑2	ly‑3	ly‑3
甘洛	nan‑2	nan‑2	ni‑2	ni‑2	niaŋ‑2	niaŋ‑2	ny‑3	ny‑3
西昌	lan‑2	lan‑2	li‑2	li‑2	liaŋ‑2	liaŋ‑2	li‑3	lei‑3
成都	nan‑2	nan‑2	ȵi‑2	ni‑2	ȵiaŋ‑2	niaŋ‑2	ȵy‑3	ny‑3

以上方言点中，成都方言点泥来组一二等字相混，三四等字区分。其它各点，洪细皆混。

5. 蟹山摄合口一等舒声端泥组字、止摄合口舒声泥组字有 -u-介音

	堆	对	内	端	乱	累	泪
广韵	端灰平	端灰去	泥灰去	端桓平	来桓去	来支上	来脂去
越西	tei－1	tei－5	nei－5	tan－1	nan－5	nei－3	nei－5
乐山	tuei－1	tuei－5	luei－5	tuan－1	luan－5	luei－3	luei－5
峨边	tuei－1	tuei－5	luei－5	tuæn－1	luæn－5	luei－3	luei－5
甘洛	tuei－1	tuei－5	nuei－5	tuan－1	nuan－5	nuei－3	nuei－5
西昌	tei－1	tei－5	lei－5	tan－1	lan－5	lei－3	lei－5
成都	tuei－1	tuei－5	nuei－5	tuan－1	nuan－5	nuei－3	nuei－5

以上方言点中，越西和西昌方言点蟹山摄合口一等舒声端泥组字、止摄合口舒声泥组字今 -u-介音丢失，读开口；其余各点均读合口。

6. 蟹止山摄合口一三等舒声精组字今读为合口

	碎	最	脆	随	嘴	醉	酸	窜
广韵	心灰去	精泰去	清祭去	邪支平	精支上	精脂去	心桓平	清桓去
越西	tshei－5	tsei－5	tshei－5	sei－2	tsei－3	tsei－5	san－1	tshan－5
乐山	tshuei－5	tsuei－5	tshuei－5	suei－2	tsuei－3	tsuei－5	suan－1	tshuan－5
峨边	tshuei－5	tsuei－5	tshuei－5	suei－2	tsuei－3	tsuei－5	suæn－1	tshuæn－5
甘洛	tshuei－5	tsuei－5	tshuei－5	suei－2	tsuei－3	tsuei－5	suan－1	tshuan－5
西昌	se－5	tse－5	tshe－5	se－2	tse－3	tse－5	san－1	tshan－5
成都	tshuei－5	tsuei－5	tshuei－5	suei－2	tsuei－3	tsuei－5	suan－1	tshuan－5

以上方言点中，越西和西昌方言点蟹止山摄合口一三等舒声精组字今 - u - 介音丢失，读为开口；其余各点均读为合口。

7. 蟹止山臻摄合口三等舒声知系字今读为合口

	税	揣	锥	串	软	纯	润
广韵	书祭去	初支上	章脂平	昌仙去	日仙上	禅谆平	日谆去
越西	sei - 5	tshai - 1	tsei - 1	tshan - 5	zan - 3	sen - 2	zen - 5
乐山	suei - 5	tshuai - 1	tsuei - 1	tshuan - 5	zuan - 3	suən - 2	zuən - 5
峨边	suei - 5	tshuai - 1	tsuei - 1	tshuæn - 5	zuæn - 3	suen - 2	zuei - 5
甘洛	suei - 5	tshuai - 1	tsuei - 1	tshuan - 5	zuan - 3	suen - 2	zuen - 5
西昌	ʐue - 5	tʂuŋ - 1	tʂue - 1	tʂuan - 5	ʐuan - 3	ʂueŋ - 2	ʐuen - 5
成都	suei213	tshuai - 1	tsuei45	tshuan - 5	zuan - 3	suən - 2	zən - 5

以上各点方言中，仅越西方言点蟹止山臻摄合口三等舒声知系字今 - u - 介音丢失，读为开口；其余各点均读为合口。

8. 深臻曾梗摄舒声鼻韵尾合一，- iŋ > - in，- əŋ > - ən

	林	邻	兴	京	名	钉
广韵	来侵平	来真平	晓蒸去	见庚平	明清平	端青平
越西	nin - 2	nin - 2	çin - 5	tçin - 1	min - 2	tin - 5
乐山	lin - 2	lin - 2	çin - 5	tçin - 5	min - 2	tin - 5
峨边	lin - 2	lin - 2	çin - 5	tçin - 5	min - 2	tin - 5
甘洛	nin - 2	nin - 2	çin - 5	tçin - 5	min - 2	tin - 5
西昌	lin - 2	lin - 2	çin - 5	tçin - 5	min - 2	tin - 5
成都	nin - 2	nin - 2	çin - 5	tçin - 5	min - 2	tin 5

	针	陈	仍	生	争	成
中古音	章侵平	澄真平	日蒸平	生庚_平	庄耕平	禅清平
越西	tsen – 1	tshen – 2	zen – 5	sen – 1	tsen – 1	tshen – 2
乐山	tsen – 1	tshen – 2	zen – 3	sen – 1	tsen – 1	tshen – 2
峨边	tsen – 1	tshen – 2	zen – 5	sen – 1	tsen – 1	tshen – 2
甘洛	tsen – 1	tshen – 2	zen – 3	sen – 1	tsen – 1	tshen – 2
西昌	tʂen – 1	tʂhen – 2	ɻen – 3	sen – 1	tsen – 1	tʂhen – 2
成都	tsən – 1	tshən – 2	zən – 2	sən – 1	tsən – 1	tshən – 2

以上各方言点均是深臻曾梗摄舒声鼻韵尾合一。

9. 流摄的部分明母字今有舌根鼻韵尾

	某	母	亩	谋	否	皱
广韵	明厚上	明厚上	明厚上	明尤平	非有上	庄宥去
越西	moŋ – 3	mu – 3	moŋ – 3	moŋ – 2	fəu – 3	tsoŋ – 5
乐山	moŋ – 3	mo – 3	moŋ – 3	moŋ – 2	foŋ – 3	tsoŋ – 5
峨边	moŋ – 3	mu – 3	moŋ – 3	moŋ – 2	fəu – 3	tsoŋ – 5
甘洛	moŋ – 3	mu – 3	moŋ – 3	moŋ – 2	fo – 3	tsoŋ – 5
西昌	moŋ – 3	mu – 3	moŋ – 3	moŋ – 2	fəu – 3	tsoŋ – 5
成都	moŋ – 3	mu – 3	moŋ – 3	moŋ – 2	fəu – 3	tsoŋ – 5

以上各方言点流摄的部分明母字今有舌根鼻韵尾。

10. 果遇摄一等舒声帮端系字今不同韵

	波	多	左	步	图	奴
广韵	帮戈平	端歌平	精哿上	并模去	定模平	泥模平
越西	po－1	to－1	tso－3	pu－5	thu－2	nu－2
乐山	po－1	to－1	tso－3	po－5	tho－2	lu－2
峨边	po－1	to－1	tso－3	pu－5	thu－2	lu－2
甘洛	po－1	to－1	tso－3	pu－5	thu－2	nu－2
西昌	po－1	to－1	tso－3	pu－5	thu－2	lu－2
成都	po－1	to－1	tso－3	pu－5	thu－2	nu－2

以上各方言点果遇摄一等舒声帮端系字都有两个韵，果摄一等舒声帮端系读－o，遇摄一等舒声帮端系读－u；乐山方言遇摄一等舒声帮端系一部分读－u，一部分读－o。

11. 假摄开口三等舒声精组见系今韵母为－i

	姐	且	写	谢	爷	也	些
广韵	精麻₃上	清麻₃上	心麻₃上	邪麻₃去	以麻₃平	以麻₃上	心麻₃平
越西	tɕie－3	tɕhie－3	çie－3	çie－5	ie－3	ie－3	çie－1
乐山	tɕi－3	tɕhi－3	çi－3	çi－5	i－3	i－3	çi－1
峨边	tɕi－3	tɕhi－3	çi－3	çi－5	i－3	i－3	çi－1
甘洛	tɕi－3	tɕhi－3	çi－3	çi－5	ie－3	i－3	çi－1
西昌	tɕi－3	tɕhi－3	çi－3	çi－5	i－3	iɛ－3	çi－1
成都	tɕie－3	tɕhie－3	çie－3	çie－5	ie－3	ie－3	çi－1

以上各方言点中，仅越西、成都方言点假摄开口三等舒声精组见系字今韵母为 - ie，其余方言点假摄开口三等舒声精组见系字今韵母为 - i。但甘洛方言点中，"爷"字读音例外。

12. 今韵母有撮口呼

	靴	徐	女	巨	趣	全	绝	卷
广韵	晓戈平	邪鱼平	泥鱼上	溪御去	清遇去	从仙平	从薛入	见仙去
越西	çie‑1	çi‑2	ni‑3	tɕi‑5	tɕhi‑5	tɕhiɛn‑2	tɕie‑5	tɕiɛn‑5
乐山	y‑1	y‑2	ly‑3	tɕy‑5	tɕhy‑5	tɕhyə‑2	tɕyθ‑7	tɕyɛ‑3
峨边	y‑1	y‑2	ly‑3	tɕy‑5	tɕhy‑5	tɕhyɛn‑2	tɕhye‑7	tɕyɛn‑5
甘洛	y‑1	y‑2	ny‑3	tɕy‑5	tɕhy‑5	tɕhy‑2	tɕye‑7	tɕyɛ‑5
西昌	çi‑1	ʃɨ‑2	li‑3	tʃi‑5	tʃhɨ‑5	tɕhiɛn‑2	tɕi‑7	tɕiɛn‑5
成都	çye‑1	çy‑2	ȵy‑3	tɕy‑5	tɕhy‑5	tɕhyɛn‑2	tɕye‑2	tɕyɛn‑5

	元	月	悬	血	云
中古音	疑元平	疑月入	匣先平	晓屑入	云文平
越西	iɛn‑2	ie‑5	çiɛn‑2	çie‑5	in‑2
乐山	yɛ‑5	yθ‑7	çyɛ‑2	çie‑7	yn‑2
峨边	yɛn‑2	io‑7	çyɛn‑2	çie‑7	yn‑2
甘洛	yɛn‑2	ye‑7	çyɛn‑2	çye‑7	yn‑2
西昌	iɛn‑2	i‑7	çiɛn‑2	çi‑7	in‑2
成都	yɛn‑2	ye‑2	çyɛn‑2	çye‑2	yn‑2

以上各方言点中，仅越西和西昌方言点今韵母无撮口呼读音；其余各方言点有撮口呼读音。

13. 通摄一三等（东钟）舒声帮系字今韵母读音

	蓬	蒙	风	梦	蜂
广韵	并东₁平	明东₁平	非东₃平	明东₃去	敷钟平
越西	phoŋ – 2	moŋ – 2	foŋ – 1	moŋ – 5	foŋ – 1
乐山	phoŋ – 2	moŋ – 2	foŋ – 1	moŋ – 5	foŋ – 1
峨边	phoŋ – 3	məŋ – 2	fəŋ – 1	məŋ – 5	fəŋ – 1
甘洛	phoŋ – 2	moŋ – 2	foŋ – 1	moŋ – 5	foŋ – 1
西昌	phoŋ – 2	moŋ – 2	foŋ – 1	moŋ – 5	foŋ – 1
成都	phoŋ – 2	moŋ – 2	foŋ – 1	moŋ – 5	foŋ – 1

　　以上各方言点中，峨边方言点通摄三等舒声帮系字今韵母读
– əŋ，通摄一等舒声明母字今韵母也读 – əŋ，但通摄一等舒声
并母字今韵母读 – oŋ；其余各方言点通摄一三等舒声帮系字今韵
母读音均为 – oŋ。

　　14. 咸山摄开口二等舒声见系、开口三四等舒声帮端见系字
今韵母读音

	减	监	间	雁
广韵	见咸上	见衔平	见山平	疑删去
越西	tɕiɛn – 3	tɕiɛn – 1	kan – 1	ŋan – 5
乐山	tɕiɛ – 3	tɕiɛ – 1	tɕiɛ – 1	ŋan – 5
峨边	tɕiɛn – 3	tɕiɛn – 1	kæn – 1 白 tɕiɛn – 1 文	ŋæn – 5
甘洛	tɕiɛn – 3	tɕiɛn – 1	kan – 1	ŋan – 5
西昌	tɕiɛn – 3	tɕiɛn – 1	kan – 1 白 tɕiɛn – 1 文	iɛn – 5
成都	tɕiɛn – 3	tɕiɛn – 1	tɕiɛn – 1	iɛn – 5

	厌	欠	点	编	言	年
广韵	影艳去	溪酽去	端忝上	帮仙平	疑元平	泥先平
越西	iɛn－5	tɕhiɛn－5	tiɛn－3	piɛn－1	iɛn－2	niɛn－2
乐山	iɛ－5	tɕhiɛ－5	tiɛ－3	piɛ－1	iɛ－2	liɛ－2
峨边	iɛn－5	tɕhiɛn－5	tiɛn－3	piɛn－1	iɛn－2	liɛn－2
甘洛	iɛn－5	tɕhiɛn－5	tiɛn－3	piɛn－1	iɛn－2	niɛn－2
西昌	iɛn－5	tɕhiɛn－5	tiɛn－3	piɛn－1	iɛn－2	liɛn－2
成都	iɛn－5	tɕhiɛn－5	tiɛn－3	piɛn－1	iɛn－2	niɛn－2

以上各方言点中，仅乐山方言点咸山摄开口二等舒声见系、开口三四等舒声帮端见系字鼻韵尾丢失，其余各方言点鼻韵尾保留。

15. 咸山开口一二等入声帮端系庄组、三等知章组字今韵母读音

	答/达	腊辣	插察	涉舌
广韵	端合/定曷入	来盍/曷入	初洽/黠入	禅叶/船薛入
越西	tA－5	nA－5	tshA－5	se－5
乐山	tæ－7	læ－7	tshæ－7	sæ－7
峨边	tA－7	lA－7	tshA－7	sæ－7
甘洛	ta－7	na－7	tsha－7	sɛi－7
西昌	tA－7	lA－7	tshA－7	ʂe 7/ ʂɛ－2
成都	tA－2	lA－2	tshA－2	se－2

以上各方言点中，除乐山方言点外，咸山开口一二等入声帮端系庄组、三等知章组字今韵母读音均只有两个，仅西昌方言点"舌"特殊，但在山摄开口入声三等知章组中是个特例，忽略不计。乐山方言咸山开口一二等入声帮端系庄组、三等知章组字今同韵。

16. 咸山宕摄开口一等入声见系字今读音为－o

	鸽	磕	割	各
广韵	见合入	溪盍入	见曷入	见铎入
越西	kə－5	khə－5	kə－5	kə－5
乐山	ke－7	khe－7	ke－7	ke－7
峨边	kə－7	khə－7	kə－7	kə－7
甘洛	ko－7	kho－7	ko－7	ko－7
西昌	ko－7	kho－7	ko－7	ko－5
成都	ko－2	kho－2	ko－2	ko－2

以上各方言点中，越西、峨边方言点咸山宕摄开口一等入声见系字今读音为－ə，乐山方言读音为－e，其余各方言点读音都为－o。

17. 咸山摄开口三等（叶薛）入声知系字今韵母读音为－εi

	涉	撤	舌	热
广韵	禅叶入	彻薛入	船薛入	日薛入
越西	se－5	tshe－5	se－5	ze－5
乐山	sæ－7	tshæ－7	sæ－7	zæ－7

峨边	sæ – 7	tshæ – 7	sæ – 7	zæ – 7
甘洛	sɛi – 7	tshɛi – 7	sɛi – 7	zɛiʐ – 7
西昌	ʂe – 7	tʂhe – 7	ʂɛ – 2	ɻe – 2
成都	se – 2	tshe – 2	se – 2	ze – 2

以上各方言点中，仅甘洛方言咸山摄开口三等入声知系（葉薛）字今韵母读音是 - ɛi。乐山、峨边是 - æ，是南路话特征。西昌、越西、成都方言点均读为 - e。

18. 曾一梗二开口（德，陌₋麦）入声帮端知见系字今韵母读音

	北	得	黑	百	泽	赫	麦	隔
广韵	帮德入	端德入	晓德入	帮陌₋入	澄陌₋入	晓陌₋入	明麦入	见麦入
越西	pie – 5	tie – 5	xe – 5	pie – 5	tshe – 5	xe – 5	mie – 5	ke – 5
乐山	pæ – 7	tæ – 7	xæ – 7	pæ – 7	tshæ – 7	xæ – 7	mæ – 7	ke – 7
峨边	pæ – 7	tæ – 7	xæ – 7	pæ – 7	tshæ – 7	xæ – 7	mæ – 7	kæ – 7
甘洛	pɛi – 7	tɛi – 7	xe – 7	pɛi – 7	tshɛi – 7	xe – 7	mɛi – 7	ke – 1
西昌	pe – 7	tei – 7	xe – 7	pe – 7	tshe – 7	xe – 7	mei – 2	ke – 7
成都	pe – 2	te – 2	xe – 2	pe – 2	tshe – 2	xe – 2	me – 2	ke – 2

以上各方言点中，越西、峨边方言曾一梗二开口（德，陌₋麦）入声帮端知系与见系字今韵母为一个韵 - æ，是南路话特征。其余各方言点均有两个韵。

19. 深臻曾梗开口二三等（缉栉职麦）入声庄组字今韵母为 - ɛi

	涩	瑟	测	策
广韵	生缉入	生栉入	初职入	初麦入
越西	se – 5	se – 5	tshe – 5	tshe – 5
乐山	sæ – 7	sæ – 7	tshæ – 7	tshæ – 7
峨边	sæ – 7	sæ – 7	tshæ – 7	tshæ – 7
甘洛	sɛi – 1	无	tshɛi – 7	tshɛi – 7
西昌	se – 7	se – 7	tshe – 7	tshe – 7
成都	se – 2	se – 2	tshe – 2	tshe – 2

以上各方言点中，仅甘洛方言深臻曾梗开口二三等入声庄组（缉栉职麦）字今韵母是 – ɛi。乐山、峨边是 – æ，是南路话特征。越西、西昌、成都方言点韵母均为 – e。

20、深臻曾梗开口三四等（缉质迄职昔陌＝锡）入声帮端见系字今韵母为 – i

	集	急	必	七	吉
广韵	从缉入	见缉入	帮质入	清质入	见质入
越西	tɕie – 5	tɕie – 5	pie – 5	tɕhie – 5	tɕie – 5
乐山	tɕiɛ – 7	tɕiɛ – 7	piɛ – 7	tɕhiɛ – 7	tɕiɛ – 7
峨边	tɕi – 5	tɕi – 7	pi – 7	tɕhi – 7	tɕi – 7
甘洛	tɕi – 7	tɕi – 7	pi – 7	tɕhi – 7	tɕie – 7
西昌	tʃɨ – 7	tʃɨ – 7	pzɿ – 7	tʃhɨ – 7	tʃɨ – 7
成都	tɕie – 2	tɕie – 2	pie – 2	tɕhie – 2	tɕie – 2

	逼	力	息	席	剧	壁	历	戚
广韵	帮职入	来职入	心职入	邪昔入	群陌三入	帮锡入	来锡入	清锡入
越西	pie－1	nie－5	çie－5	çie－5	tçi－5	pie－5	nie－5	tçhie－5
乐山	pi－1	liɛ－7	çiɛ－7	çiɛ－7	tçy－7	piɛ－7	liɛ－7	tçhiɛ－7
峨边	pi－7	li－7	çi－7	çi－7	tçy－5	pi－7	li－7	tçhi－7
甘洛	pi－7	nie－7	çi－7	çi－7	tçy－5	pi－7	nie－7	tçhi－7
西昌	pzʅ－2	li－7	ʃɿ－7	ʃɿ－7	tʃɿ－7	pzʅ－7	li－7	tʃhɿ－7
成都	pie－2	lie－2	çie－2	çie－2	tçy－5	pie－2	lie－2	tçhie－2

四川西南地区深臻曾梗开口三四等帮端见系字（除"剧"字外）老派读音为［ie］或［iɛ］，新派读音为［i］及其相关变体。越西、乐山、成都老派方言深臻曾梗开口三四等帮端见基本保留老派读音，乐山话"逼"字例外。峨边、西昌全部读为新派读法。甘洛话处于新老派读法的共存状态，除如"吉""力""历"等少数字外绝大多数字读新派读音。说明甘洛老话读法已让位于新派读法。在调查中从甘洛当地人处了解到，凡六十岁左右或以下的受过教育的人，都是接受的普通话教育，老师都不是本地人，这应是造成新派读音居主流的很大原因。这些保留老派读音的字在音韵上不成规律，应是因为都是些日常使用频率高，而在学校教学中使用频率不太高的字，所以得以保存老派读音。

21. 深臻曾梗三等开口（缉质职昔）入声知章组字今韵母读音与止摄相同

	支之/脂	侄/直/执	尺	失/十/食/石
广韵	支之/脂	质/职/缉	昌昔入	质/缉/职/昔
越西	tsʅ-1/ tsʅ-3	tʂɚ-5	tʂhɚ-5	ʂɚ-5
乐山	tsʅ-1	tsɚ33	tɕhɚ33	sɚ33
峨边	tsʅ-1	tsʅ-7	tshʅ-7	sʅ-7
甘洛	tsʅ-1/ tsʅ-3	tsʅ-1	tshʅ-1	sʅ-1
西昌	tʂʅ-1/ tʂʅ-3	tʂʅ-7	tʂhʅ-7	ʂʅ-7
成都	tsʅ-1/ tsʅ-3	tsʅ-2	tshʅ-2	sʅ-2

以上各方言点中，仅越西、乐山方言点深臻曾梗三等开口入声知章组（缉质职昔）字今韵母读音不同于止摄，有两个韵，这是南路话的特点；其余方言点都只有一个韵。

22. 山臻摄合口一三等入声帮非知系、端组字今韵母读音

	末	脱	活	说	突	出	物
广韵	明末入	透末入	匣末入	书薛入	定没入	昌术入	非物入
越西	mo-5	tho-5	xo-5	so-5	tho-5	tsho-5	o-5
乐山	mө-7	thө-7	xө-7	sө-7	thө-7	tshө-7	ө-7
峨边	mo-7	tho-7	xo-7	so-7	thu-7	tshu-7	vu-7
甘洛	mo-7	tho-7	xo-7	so-7	thu-7	tshu-7	vu-1
西昌	mo-7	tho-7	xo-7	ʂo-7	thu-2	tʂhu-7	vu-7
成都	mo-2	tho-2	xo-2	so-2	thu-2	tshu-2	vu-2

以上方言点中，仅越西和乐山方言点山臻摄合口一三等入声

帮非知系、端组字今读音同韵，此为南路话特点；其余各方言点山臻摄合口一三等入声帮非知系、端组字读音有两个韵。

23. 通摄（屋_三）入声帮系、（屋_三沃）入声端组见系、（屋三烛）入声泥组知系字今韵母为 – u

	木	服	读	哭	毒
广韵	明屋_入	奉屋_三入	定屋_入	溪屋_入	定沃入
越西	mo – 5	fo – 5	to – 5	kho – 5	to – 5
乐山	mɵ – 7	fɵ – 7	tɵ – 7	khɵ – 7	tɵ – 7
峨边	mu – 7	fu – 7	tu – 7	khu – 7	tu – 7
甘洛	mu – 7	fu – 1	tu – 7	khu – 7	tu – 7
西昌	mu – 2	fu – 2	tu – 7	khu – 7	tu – 7
成都	mu – 2	fu – 2	tu – 2	khu – 2	tu – 2

	陆	竹	绿	烛	辱
广韵	来屋_三入	知屋_三入	来烛入	章烛入	日烛入
越西	no – 5	tso – 5	no – 5	tso – 5	zu – 3
乐山	lɵ – 7	tsɵ – 7	lɵ – 7	tsɵ – 7	zu – 3
峨边	lu – 7	tsu – 7	lu – 7	tsu – 7	zu – 7
甘洛	nu – 7	tsu – 7	nu – 7	tsu – 1	zu – 3
西昌	lu – 7	tʂu – 7	lu – 7	tʂu – 7	ɻu – 3
成都	lu – 2	tsu – 2	lu – 2	tsu – 2	zo – 2

以上各方言点中，仅越西和乐山通摄（屋_三）入声帮系、（屋_三沃）入声端组见系、（屋三烛）入声泥组知系字（"辱"

字除外）今韵母为 - o 或 - ɵ，其余各方言点读音为 - u。值得一提的是，各个方言点都只有一个韵。成都老派方言中"辱"字韵母为 - o，不为 - u；而新派读音为 - u。可以显示其方言的新老交替。越西、乐山方言"辱"字韵母为 - u 是由于该字很书面，读为文读，算是特例。

24. 入声独立

方言点	越西	乐山	峨边	西昌	甘洛	成都
古入声	入声归去声	入声独立	入声独立	入声独立	入声大部分独立（少部分归为阴平）	入声归阳平

　　根据以上列表中代表字的声、韵、调特点，看乐山、峨边、甘洛、越西、西昌、和成都 6 个方言点的音韵表现，并据此对它们之间亲疏远近的关系作出判断。

　　为方便观察，将以上 24 个语音特点做成"甘洛等六地方言语言特征比较表"，现对下表做一个简单说明：

　　以甘洛话语音特点作为标准，其它方言点符合此标准的填"＋"，不符合标准的填"－"。

　　除甘洛话外，其他方言点之间符号相同，仅说明这几个方言点声母或韵母特点相似或同类，并不能表示它们的音值相同。如"泥来母字的分混"这一项，泥来母字在越西中全读 - n，在乐山、峨边、西昌方言中全读 - l，在成都方言中泥来组一二等字相混全读 - n，三四等字区分。但符号标示除成都方言点外，其余全为"＋"。

　　此标准中成都话分新老两派读音的，采用老派读音。

表1　甘洛等六地方言语言特征比较表

方言声、韵、调特点	甘洛	乐山	峨边	越西	西昌	成都
1. 晓组和非组字：在 - u 前读 f - ，其余的韵母前区分。	+	+	+	+	+	+
2. 知庄章组字今不分平翘舌	+	+	+	+	−	+
3. 深臻曾梗三等开口入声知系字今读平舌	+	+	+			+
4. 泥来母字的分混	+	+	+	+	+	−
5. 蟹山摄合口一等舒声端泥组字、止摄合口舒声泥组字今有 - u - 介音	+	+	+	−	−	+
6. 蟹止山摄合口一三等舒声精组字今读为合口	+	+	+	+	−	+
7. 蟹止山臻摄合口三等舒声知系字今读为合口	+	+	+		+	+
8. 深臻曾梗摄舒声鼻韵尾合一，- iŋ > - in，- əŋ > - ən。	+	+	+	+	+	+
9. 流摄的部分明母字有舌根鼻韵尾。	+	+	+	+	+	+
10. 果遇摄一等舒声帮端系字今不同韵	+	+	+	+	+	+
11. 假摄开口三等舒声精组见系今韵母是否读 - i	+	+	+	−	+	+
12. 今韵母有撮口呼	+	+	+	−	−	+
13. 通摄一三等舒声帮系（东钟）字今韵母读音为 - oŋ	+	+	−	+	+	+
14. 咸山摄开口二等舒声见系、开口三四等舒声帮端见系字今韵母保留鼻韵尾	+	−	+	+	+	+

续表

方言声、韵、调特点	甘洛	乐山	峨边	越西	西昌	成都
15. 咸山开口一二等入声帮端系庄组、三等知章组字今不同韵	+	−	+	+	+	+
16. 咸山宕摄开口一等入声见系字今读音为 - o	+	−	−	−	+	+
17. 咸山摄开口三等入声知系（葉薛）字今韵母读音为 - εi	+	−	−	−	−	−
18. 曾一梗二开口入声帮端知见系（德，陌₂麦）字今不同韵	+	+	−	−	+	+
19. 深臻曾梗开口二三等入声庄组（缉栉职麦）字今韵母为 - εi	+	−	−	−	−	−
20. 深臻曾梗开口三四等入声帮端见系（缉质迄职昔陌₃锡）字今韵母为 - i	+	−	+	−	+	−
21. 深臻曾梗三等开口入声知章组（缉质职昔）字今韵母读音与止摄相同	+	−	+	−	+	+
22. 山臻摄合口一三等入声帮非知系、端组字今不同韵	+	−	+	−	+	−
23. 通摄入声帮系（屋₁）、端组见系（东沃冬）、泥组知系（屋₃烛）字今韵母为 - u	+	−	+	−	+	+
24. 入声独立	+	+	+	−	+	−

　　根据周及徐教授《南路话和湖广话的语音特点——兼论四川两大方言的历史关系》中研究"湖广话与南路话相似度"归

纳的比较方言之间相似度的办法，笔者对甘洛语音与乐山等五地方言语音特征上的相对相似度做出比较。

　　为能直观地反映出甘洛方言与乐山等五地方言语音上的相对的亲疏远近关系，我们把表一中各点的相似条数用数值的方式反映出来。下面就用数值方式反映的方法做简要说明：

　　语音特点数值：表1中，每两点之间同行同号的为1个语音相似点，"相似特征数"数值积分为1；

　　语音特点权重数值：汉语中，声母、韵母和声调出现的频率不是一样的。某个音位（包括调位）出现频率越高，那么它在音系特点中所占的比重就越大，方言特征的表现也越为明显。这就是声调在方言分区中占据重要地位的原因。在一个汉语方言音系中，如果调类数为5，声母数为20，韵母数为40，那么在一段40个音节的话语中，每一个声调、声母、韵母出现的概率比为8:2:1。

　　在甘洛方言与乐山等五地方言语音特征的比较中，以每个方言平均声母、韵母、调类数分别为20个、40个、5个①，则声母、韵母和调类出现概率之比应为2:1:8。那么表1中的甘洛方言与乐山等五地方言点声母特点相似，权重数值记为2（第1至4条）；调类特点相似，权重数值记为8（第24条）；韵母特点相似，权重数值记为1（其余各条）。如果甘洛方言与乐山等五地方言点的24个语音特点都相似，最高数值积分是35分；都不相似则是0。

　　按上述方法，每两方言点之间相似语音特征数值及其权重数

---

①　这里是由于本文研究的方言点的声、韵、调数值接近，假定的数值。

值累计如下表（表2）。

表2　越西方言与乐山等五地方言相似特征数及其权重数值表①

方言点	相似特征数	加权的相似特点条和加权值	相似特征权重数
甘洛－乐山	15	1/2/3/4/24；1＋1＋1＋1＋7＝11	26
甘洛－峨边	19	1/2/3/4/24；1＋1＋1＋1＋7＝11	30
甘洛－越西	9	1/2/4；1＋1＋1＝3	12
甘洛－西昌	17	1/4/24；1＋1＋7＝9	26
甘洛－成都	18	1/2/3；1＋1＋1＝3	21

表2"甘洛方言与乐山等五地方言相似特征数及其权重数值表"中得出的甘洛方言与乐山等五地方言相似语音特征权重数值，它与语音特征相似最高数值积分35分之间的百分比就能得出甘洛方言与乐山等五地方言语音特征相似度。下面据此列出"甘洛方言与乐山等五地方言语音特征相似度表"。

表3　甘洛方言与乐山等五地方言语音特征相似度表

	乐山	峨边	越西	西昌	成都
相似特征权重数	26	30	12	26	21
语音特征相似最高数值积分（35分）	74%	86%	34%	74%	60%

根据表3可得，甘洛方言与峨边方言相对相似度最高，即甘洛方言与峨边方言关系最近；甘洛方言与乐山、西昌方言相对相

---

① 权重数值统计表具体方法参考周及徐．南路话和湖广话的语音特点——兼论四川两大方言的历史关系［J］．语言研究，2012（3）．

似度其次；甘洛方言与成都方言相对相似度再次；甘洛方言与越西方言相对相似度最低，即甘洛方言与越西方言关系最远。

　　从这一角度来说，表3无疑可以证明甘洛话既具有南路话的特点，又具有湖广话的特点。而且南路话特征更明显，南路话是它的底层。

　　参考文献：

　　[1] 崔荣昌. 四川境内的湘方言 [M]. 台北："中央研究院"历史语言研究所，1996.

　　[2] 周及徐. 南路话和湖广话的语音特点——兼论四川两大方言的历史关系 [J]. 语言研究，2012（3）.

　　[3] 刘珠鸿. 四川峨边、洪雅等六县市方言音系研究 [D]. 四川师范大学文学院，2012.

　　[4] 康璇. 四川省西昌等七县市方言音系比较研究 [D]. 四川师范大学文学院，2011.

　　[5] 中国社会科学院语言研究所. 方言调查字表 [M] 修订本. 北京：商务印书馆，2009.

（四川师范大学文学院　成都 610068）

A Phonetic Comparison among the Dialects in Ganluo, Leshan, E'bian, Yuexi, Xichang and Chengdu

Li Linwei

(College of Liberal Arts, Sichuan Normal University)

Abstract: By comparing the phonetic similarities of the dialects in Ganluo, Leshan, E'bian, Yuexi, Xichang and Chengdu, we make clear the degree of the phonetic similarities between Ganluo and the other five counties. By picking up the most representative phonetic characteristics from all only, some reliable data could be provided.

Key words: phonetic characteristics; similaritiy of dialects; Nanlu dialect

顾县话音系及其特点

刘慧[*]

摘　要　顾县镇隶属广安市岳池县，是典型的"湖广话"语言区。由于地理位置以及历史移民因素的影响，它既具有"湖广话"的典型特征，又具有某些独特的语音特点。本文在田野调查的基础上，描写了顾县话声、韵、调，并将顾县话与"湖广话"的典型代表成都话作比较，整理归纳顾县话的音系特点。

关键词　顾县话；声母；韵母；声调；成都话

一　顾县镇简介

顾县今为岳池县管辖范围内的一个乡镇，它位于县境东北

---

[*] 作者简介：刘慧，女，四川师范大学文学院汉语言文字学专业 2012 级研究生。

部，大约在北纬 30°18′，东经 106°25′之间，距县城大约 19 公里。顾县镇地处省级森林公园金城山下，东临苟角镇、天平镇，南接花园镇，西靠双鄢乡、黄龙乡，北连东板乡、长田乡。顾县镇从设县至今已有 1300 多年的历史，是川东地区一个平凡而朴实的千年古镇。顾县镇属建制镇，1992 年 9 月在撤区建镇中由原顾县区管辖的顾县镇、高桥乡、观桥乡合并在一起成立了顾县镇，镇办公地址设置于原顾县区区公所。据《岳池县志》[1]记载，唐通天二年（公元 697 年），分果州（今南充县）、相如（今蓬安县）二县的一部分设置岳池县，县址设在今顾县镇，隶属于果州。唐开元二十年（公元 732 年）县城迁址伏江里—今兴隆场西北的旧县铺，于是原县城降为场镇，称"故县场"，民国时期更名为"顾县"，即回顾之意。

根据导师周及徐在《南路话和湖广话的语音特点——《兼论四川两大方言的历史关系》[2]一文中描写的南路话－湖广话的分布格局，顾县话很明显属于湖广话的范围。又据《四川通志》记载："蜀自汉唐以来，生齿频繁，烟火相望。及明末兵燹之后，丁口稀若晨星。"于是 1684 年（康熙三十三年）开始移民填川。《岳池县志》记载："明末清初，县境内土著居民姓氏极少，清康熙至乾隆年间，湖、广、陕、甘等省移民，迁居岳池。"这些移民与顾县当地居民长期共处，语言不断接触进而融合，形成与周边县市口音明显不同的顾县话。例如顾县话中仍保留像朋 poŋ31、盆 pen31 等浊平字不送气以及猪 tɕy24、鼠 ɕy352 等部分知、章组字腭化的现象。后又由于顾县镇经济、交通的不断发展，与南充、广安、岳池等地靠近，最终形成了西南官话中独具特色的一种方言。

二　田野调查情况

调查时间：2013 年 7 月 25 日至 8 月 1 日。

调查地点：四川省广安市岳池县顾县镇。

发音人基本情况：钟合语，男，1954 年生，四川省广安市岳池县顾县镇工人，初中文化。未长时间（3 个月以上）离开居住地，不会讲普通话，只会讲当地话。

调查记音人：刘慧。

此次调查录音以上海师范大学潘悟云教授研发的语言田野调查系统（TFW）和 MiniBox 声卡、德国拜尔动力 TG H55C 为调查录音工具，以读字表方式进行调查和录音。调查字表以中国社会科学院语言研究所李荣、丁声树编制的《方言调查字表》（修订本）为参照蓝本[3]，结合四川方言特点，制成声韵调表。录音调查结束以后，采用国际音标记音，使用 TFW 和 praat 软件进行语音分类和声调测值。最后由导师周及徐校听并修改音值，得出顾县话语音系统，由刘慧做出系统的语音描写。

三 顾县话语音系统

（一）顾县话声母系统

调音部位 调音方法		双唇	唇齿	龈音	腭前	软腭
塞音	不送气	p 波婆杷琶倍		t 多桃抬肚隶		k 哥觉睡觉觉虹共核
	送气	ph 鄙颇扑绊		th 抖他大东西很大驼		kh 溉概可葵况溃
塞擦音	不送气			ts 粘左坐巳注治炸助执翅植	tɕ 姐集猪专家券巨吸械捐	
	送气			tsh 躁醋才碎嗣痴厨朝初川船伸臣	tɕh 雀且齐膝像春蠢劫去吃	
擦音	清		f 夫仿父恢秒花划	s 蓑寺柿梳嘱枢示舍竖		x 枫蜂肥傻荷鞋荃
	浊			z 暖搡惹阮孕锐	ɕ 寻写隧遂囚畜书鼠懈系墟颧显熊	
鼻音	浊	m 秘妈杏		n 姥鸟那你罗宜阎		ŋ 蛾呆咬硬袄暗扭
零声母		Ø 望饵鹅鱼衣汪有袁易容				

顾县话声母共 19 个，其中辅音声母 18 个，零声母 1 个。平翘舌不分，非组、晓组今读音分混，古泥来母今统一入泥母。具体情况说明如下：

1. ［p、ph、t、th、k、kh］和普通话音值接近，爆破时气流较小，送气音送气较弱。如：波 po24，迫 phe31，躲 to352，他 thʌ24，哥 ko24，可 kho352。

2. ［ts、tsh、s、z］齿擦音、齿塞擦音，发音部位较普通话略稍后，摩擦成分较明显。如：左 tso352，操 tshau24，蓑 so24，暖 zuan352。

3. ［m］与普通话音值近似，但鼻音成分更浓。如：妈 mʌ24。

4. ［f］唇齿清擦音，摩擦成分较普通话更重，时间更持久。如：夫 fɯ24。

5. ［x］软腭清擦音，与普通话音值相近，几乎无差异。它与［f］分混出现在以下三种情况：

（1）在以 -u- 开头的韵母和韵母 u 前，xu->f-。如：唤 fan325，慌 faŋ24。

（2）在开口韵前，f->xu-。如：饭 xuan325，肥 xuei31。

（3）在和 -oŋ 相拼时，f->x-。① 如：冯 xoŋ31，蜂 xoŋ24。

6. ［tɕ、tɕh、ɕ］与普通话无多大差别，送气音中的送气部分摩擦较重，时间略长。如：姐 tɕie352，蛆 tɕhy24，寻 ɕyn31。其中有部分知系和溪组字腭化为［tɕ、tɕh、ɕ］，如：准

---

① 在非组、晓组分混的第三种情况中，风、疯二字读为［foŋ］，可视为现代音变。

tɕyn352、砖 tɕyɛn24、书 ɕy24、吃 tɕhi31。

7. [n] 顾县话无边鼻音的对立，也无腭前音 [ȵ]。发音时气流从口鼻腔同时溢出，形成介于 [l-]、[n-] 两者之间的自由变体。如：姥 nau352，鸟 niau352，脑 nau352。

8. [ŋ] 软腭浊鼻音，由于发音部位成阻之后立即除阻，因此鼻腔气流少，鼻音弱。如：蛾 ŋo31，矮 ŋai352，藕 ŋəu352。

（二）顾县话韵母系统

韵尾／韵头	开口呼	齐齿呼	合口呼	撮口呼
无韵尾	ɚ 二而耳饵	i 蔽闭比笔逼碧	ʉ 补不铺卜佛	y 女履率虽疫
	ɿ 紫瓷斯寺滞蛰秩直掷			
	o 波钵博驳剖勃墓牧蜗鸽获	io 略雀鹊脚觉药岳学		
	e 北白墨得摘虱社惹吓骇	ie 别灭帖特聂姐解液	ue 国阔扩廓	ye 绝薛削诀茄瘸倔
		iɛ 介界懈谐械		
	A 巴罢拔法发答他	iA 家佳夹牙崖辖	uA 袜啄抓厦耍刷挂	

续表

韵头＼韵尾	开口呼	齐齿呼	合口呼	撮口呼
元音韵尾	ai 跛拜派秭卖带太殆踩岩还		uai 揣拽疝率率领会怪或	
	ei 贝杯卑批培每		uei 肥翡尾堆腿队内雷最催贼碎	
	əu 贸谋否堵土图头奴炉驴绿竹助	iəu 谬丢纽留酒秋就修囚九丘仇姓舅牛优幽忧休又		
	au 保抛抱毛刀讨桃堂脑劳早操曹骚沼告好号	iau 标飘嫖苗刁条尿辽焦悄小狡窍桥要孝肴姚		
鼻音韵尾	an 班半攀蛮反泛耽担粘斩肝	in 薆禀宾冰兵饼命林斤毅行	uan 饭端转赚删院	yn 俊寻君倾茔运荣永咏营
	en 奔崩绷烹分吞轮沉争衬蒸圣杏茎	iɛn 贬鞭边掂廉妾羡戒监剑奸建	uen 文顺绳昆孕	yɛn 全鲜选旋专软卷犬权元冤掀弦袁沿
	aŋ 帮榜傍邦绑胖盲氓方仿放厂	iaŋ 腻娘酿良将墙相祥饷疆羌强仰央香羊	uaŋ 亡桩撞装疮床霜矿旷狂汪况王	
	oŋ 迸喷碰朋膨棚蓬某封统甓	ioŋ 穷雍拥兄凶熊勇用		

顾县话韵母共 36 个，包括 8 个单元音韵母，7 个无韵尾韵母，8 个元音韵尾韵母和 13 个鼻音韵尾韵母，具备开齐合撮四呼。具体情况说明如下：

1. [i] 可单独构成音节，也可做韵头或者韵尾。当它单独构成音节或单独做韵母时，音值与普通话相同。如：一 i31，异 i325、比 pi352、秘 mi31；当它做韵头时，发音与普通话 i 相近，可构成 [io]、[ie]、[iʌ]、[iɛ]、[iau]、[iɛn]、[iəu]、[in]、[iɑŋ]、[ioŋ] 等复合韵母。如：家 tɕiʌ24、别 pie31，介 tɕiɛ325，略 nio31，禀 pin352，贬 piɛn352，娘 niaŋ31，穷 tɕhioŋ31，标 piau24，丢 tiəu24；当它做韵尾时，舌位较低，可构成 [ai]、[ei]、[uei]、[uai] 等复合韵母。如：跛 pai24，拽 tsuai325，贝 pei325，肥 xuei31。

2. [ʉ] 央高圆唇元音，实际是 [u] 韵母的变体。发音时，调音部位略低，唇形略展，轻微摩擦。如：补 pʉ352，木 mʉ31，复 fʉ31，诬 ʉ24。

3. [ɿ] 舌尖前不圆唇元音，舌尖比普通话略后，通常只与舌尖前塞擦音 [ts、tsh] 和舌尖前擦音 [s、z] 相拼。如：紫 tsɿ352，雌 tshɿ31，斯 sɿ24，日 zɿ31。

4. [y] 接近标准元音 – y –，唇略展，可单独构成音节。如：女 y352；可单独做韵母。如：旅 ny352，卒 tɕy31；当它做韵头时，发音较短促，可构成 [ye]、[yn]、[yɛn] 等复合韵母。如：俊 tɕyn325，绝 tɕye31，鲜 ɕyɛn24。

5. [ʌ] 舌面央低元音，与普通话相近，实际发音中，发音部位略后。可单独做韵母或加韵头构成 [iʌ]、[uʌ]。如疤 pʌ24，家 tɕiʌ24，啄 tsuʌ325。

6. ［o］、［io］发音时，主元音比普通话更开，唇略展。如：波 po24，掠 nio31。

7. ［ɚ］卷舌元音，顾县话中自成音节构成止摄日母字。如：儿 ɚ31，耳 ɚ352。

8. ［aŋ］、［oŋ］主元音较低，鼻音较重。如帮 paŋ24，朋 poŋ31。

9. ［iɛn］、［an］、［uan］、［yɛn］在实际发音中，鼻音韵尾较弱。主元音受到韵头高元音影响，调音部位在实际发音中略高略前。如：编 piɛn24，扮 pan325，晚 uan352，全 tɕhyɛn31。

10. ［au］、［əu］、［iəu］、［iau］韵尾 – u – 非常短促，实际接近 – ɔ／– ʌ。如：保 pau352，贸 məu325，表 piau352，留 niəu31。

11. ［en］、［uen］主元音略高，鼻尾较弱。盆 pen31，文 uen31。

（三）顾县话声调系统

调类	调值	例　字
阴平	24	波夫多租爹渣遮歌阿／坡俘他搓梭痴叉沙枢赊驱灰／雹猫巫逗挪黏拉蹲松殊扔庸
阳平	31	婆符驼才斜茶锄匙神茄寒／磨无奴尼锣如愉于鹅／爸法复答踏沓接擦薛哲撇眨插涩折出夹胁乞乙
上声	352	把府堵左肘阻者果矮／普抚妥且锁耻叉傻扯鼠可海／买武努女裸惹雅伟也
去声	325	坝付带借智诈注个亚／步附大座谢住事射树具贺／部父杜坐序柱士葚竖巨祸

调值说明：

1. 阴平：24，中升调。调位变体有23。多数音节有略降的调尾。

2. 阳平：31，中降调。大多数音节有略升的调头。

3. 上声：352，上凸调。有前、中、后凸三种，居中的较多。

4. 去声：325，下凹调。有变体低升调25，调值较长。

调类	阴平	阳平	上声	去声
调值	24	31	352	325
平均发音时长（ms）	329	278	398	494

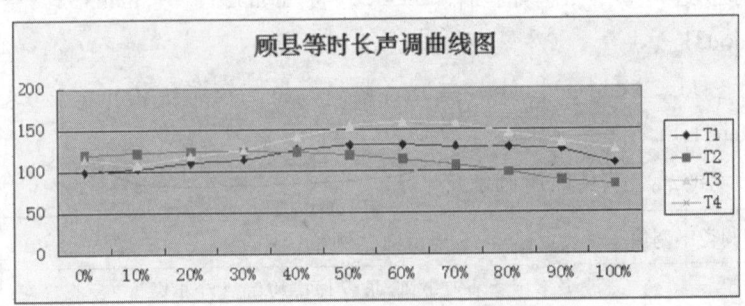

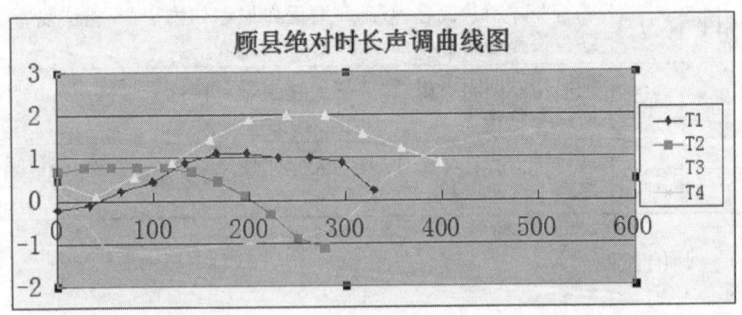

四 分析与结论

顾县话由于外来移民因素的影响，具有湖广话的典型特征，但同时又呈现出与周边县市不同的语音特点。对比顾县话与湖广话的典型代表成都话的异同，可以看出顾县话的特点。

本文成都话①由何婉调查、记音[4]。

1. 蟹摄一等合口端组、山摄合口一等舒声端泥组

例字	推	对	短	段	暖	乱
中古音	透灰平	端队去	端缓上	定换去	泥缓上	来换去
顾县话	thuei24	tuei325	tuan352	tuan325	zuan352	nuan325
成都话	thuei45	tuei213	tuan42	tuan223	nuæn42	nuan213

顾县话与成都话都保持合口，未丢失 – u –介音。

2. 果摄一等（戈韵）帮端见系

例字	波	磨	裸	糯	我	过
中古音	帮戈平	明过去	来果上	泥过去	疑哿上	见戈平
顾县话	po24	mo31	no352	no325	ŋo352	ko325
成都话	po45	mo213	no42	no213	ŋo42	ko213

顾县话与成都话主元音都由 – e 后化为 – o。

3. 模韵帮系端组字

---

① 由于顾县话是与成都的湖广话做对比，所以本文的成都话只是指市中心区的成都话，不包括成都周边地区的客家话等。

例字	普	布	慕	土	度
中古音	滂姥上	帮暮去	明暮去	透姥上	定暮去
顾县话	phʉ352	pʉ325	mo325	thəu352	təu325
成都话	phu42	pu23	mo213	thu42	tu213

　　顾县话与成都话歌韵读为 - o，模韵读为 - u，并不混同。但是顾县话的部分遇摄合口模韵字有复元音现象，曾晓舸在《四川岳池顾县话的音系》[5]中指出，根据相关族谱和资料的显示，可以推断顾县境内移民多为湖南人，所以顾县话的底层方言应该是湘语。这种现象大概是受到"湖广填四川"后湖南地区移民因素影响。

　　4. 麻三精组见系

例字	姐	写	谢	爷	野	夜
中古音	精马上	心马上	邪祃去	以麻平	以马上	以祃去
顾县话	tɕie352	ɕie352	ɕie325	ie31	ie352	ie325
成都话	tɕie42	ɕie42	ɕie213	ie21	ie42	ie213

　　顾县话与成都话都读为 - ie。

　　5. "者、蔗（也）"的读法

例字	者	蔗	也
中古音	章马上	章祃去	以马上
顾县话	tse352	tsʌ31	ie352
成都话	tse42	tse21	ie42

　　顾县话与成都话都读为 - e。

6. 咸山宕摄一等开口入声见系（合盍曷铎）

例字	鸽	磕	合	渴	各	盒
中古音	见合入	溪盍入	匣合入	溪曷入	见铎入	匣合入
顾县话	ko31	kho31	xo31	kho31	ko31	xo31
成都话	ko21	kho21	xo21	kho21	ko21	xo21

顾县话与成都话都读为阳平－o。

7. 咸山一二等开口入声帮端系庄组、三等知章组

例字	塔	杂	插	涉	八	撒	杀
中古音	透盍入	从合入	初洽入	禅叶入	帮黠入	心曷入	生黠入
顾县话	thʌ31	tsʌ31	tshʌ31	se31	pʌ31	sʌ352	sʌ31
成都话	thʌ21	tsʌ21	tshʌ21	se21	pʌ21	sʌ42	sʌ21

顾县话与成都话都读为－ʌ。

8. 曾一梗二开口入声帮端组知见系

例字	墨	德	刻	陌	泽	核
中古音	明德入	端德入	溪德入	明陌入	澄陌入	匣麦入
顾县话	me31	te31	khe31	me31	tshe31	xe31
成都话	me21	te21	khe21	pe21	tshe21	xe21

顾县话与成都话都读为－e。

9. 深臻曾梗二三等开口入声庄组

例字	色	虱	策	责
中古音	生职入	生栉入	初麦入	庄麦入
顾县话	se31	se31	tshe31	tse31
成都话	se21	se21	tshe21	tse21

顾县话与成都话都读为 - e。

10. 深臻曾梗三等开口入声知章组（缉质职昔）

例字	职	直	实	窒	拾	赤	石
中古音	章职入	澄缉入	船质入	知质入	禅缉入	昌昔入	禅昔入
顾县话	tsʅ31	tsʅ31	sʅ31	tsʅ325	sʅ31	tshʅ31	sʅ31
成都话	tsʅ21	tsʅ21	sʅ21	sʅ21	sʅ21	tshʅ21	sʅ21

顾县话与成都话都读为 - ʅ。

11. 山摄三四等合口、宕江二三等开口入声精组见系

例字	绝	月	雀	削	约
中古音	从薛入	疑月入	精药入	心药入	影药入
顾县话	tɕye31	ye31	tɕhio31	ɕye31	io31
成都话	tɕye21	ye21	tɕhio21	ɕye21	io21

顾县话与成都话都分为两组：- ye、- io，均为阳平调。

12. 臻摄一三等合口入声帮知系端泥组

例字	没	不	突	律	出	述
中古音	明没入	帮没入	定没入	来术入	昌术入	船术入
顾县话	mei352	pʉ31	thəu31	nʉ31	tshʉ31	sʉ325
成都话	mo21	pu21	thu21	nu21	tshu21	su213

顾县话调音部位略前，为 - ʉ；成都话略后，为 - u。

13. 臻摄三等合口入声精见组

例字	戌	屈	倔	橘
中古音	心术入	溪物入	群物入	见术入
顾县话	çy31	tɕhy31	tɕye325	tɕy31
成都话	çy21	tɕhio21	tɕyɛ213	tɕy21

顾县话分为两组：- y、- ye；成都话分为三组：- y、- io、- yɛ。顾县话和成都话这种无语音规律的变读应该是受到普通话的影响。

14. 深臻曾梗三四等开口入声帮端见系（缉质迄职昔陌三锡）

例字	逆	吉	毕	漆	忆	踢
中古音	疑陌入	见质入	帮质入	清质入	影职入	透锡入
顾县话	ni31	tɕi31	pi31	tɕhi31	i325	thi24
成都话	ni21	tɕie21	pi21	tɕhie21	ji213	ti45

顾县话比较统一读为 - i，成都话则分为两组：- i、- ie。由于成都话中 - i 所辖字只有很少一部分，所以这种无规律的分

类应该是受普通话的影响而产生的现代音变现象。

15. 曾梗三等合口入声见系、通入三精组见系（职昔屋三烛）

例字	域	疫	育	狱
中古音	云职入	以昔入	以屋入	疑烛入
顾县话	y31	y31	y31	y31
成都话	io21	io21	io21	io21

顾县话读为 – y，成都话读为 – io。

16. 通摄入声帮知系、端泥组

例字	瀑	福	督	鹿	触	粥
中古音	并屋一入	非屋三入	端沃入	来屋一入	昌烛入	章屋三入
顾县话	phʉ31	fʉ31	təu31	nʉ31	tshʉ31	tsʉ31
成都话	phu21	fu21	tu21	nu21	tsu21	tsu21

顾县话读为 – ʉ/ – əu①，成都话读为 – u。

17. 入声独立与否

例字	笔	匹	白	木
中古音	帮栉入	滂栉入	并陌入	明屋入
顾县话	pi31	phi31	pe31	mʉ31
成都话	pi21	phi21	pe31	mu31

顾县话与成都话的入声字，包括全清、次清入声字以及全

---

① 通摄帮知系、端泥组出现的复元音现象与遇摄模韵字的情况一样，都是受到外来移民因素的影响，特别是湘方言的冲击，这里不再赘述。

浊、次浊入声字，今音一律归入阳平。

通过上述文章的分析和对比，我们可以简单总结出几点顾县话独有的音系特点：

1. 古帮、端组全浊平声字

例字	朋	桃	婆	抬
中古音	并登平	定豪平	并戈平	定哈平
顾县话	poŋ31	tau31	po31	tai31

顾县话中古帮组与端组的全浊平声字今仍读为不送气清音。

2. 遇摄、通摄一三等合口字

例字	肚	庐	督	六
中古音	端姥上	来模平	端沃入	来屋入
顾县话	təu352	nəu31	təu31	nəu31

顾县话的遇摄合口一三等与通摄合口一三等部分字在今仍然是 –əu < –u。

3. 遇摄、臻摄知、章组合口与梗摄见系

例字	猪	鼠	春	准	吃
中古音	知鱼平	书语上	昌谆平	章准上	溪锡入
顾县话	tɕy24	ɕy352	tɕhyn24	tɕyn352	tɕhi31

遇摄合口与臻摄合口知、章组梗摄见系部分字由于主元音前高化，带动声母发生相应变化，使 [ts]、[tsh]、[s] 腭化为 [tɕ]、[tɕh]、[ɕ]。

4. 非组与晓组今音分混

例字	慌	肥	冯
中古音	晓唐平	奉微平	奉东平
顾县话	faŋ24	xuei31	xoŋ31

顾县话非组与晓组分混是依据它们与 u／ – u 以及 – oŋ 拼合情况而定①。

以上 4 点是顾县话自己独有的，区别于湖广话的特点，与李永明所著《长沙方言》[7]中对长沙话音系特点的总结大体是相同的。但是把顾县话与湖广话的典型代表成都话作对比后发现，前面 17 条语音规律中，顾县话与成都话只有第 15 条稍有不同。这说明，在顾县话音系中存在湘语的痕迹，例如浊平不送气，部分知系字腭化等，说明当时大批湖南人确实移民于此，是对历史资料的一种佐证。这些湖南人与顾县讲湖广话的移民长期共同生活，语言融合，使顾县话有区别于湖广话的一些特点。随着近现代交通、通信发达，经济发展，顾县镇与周边县市的交往更加的密切，使得它的方言与广安、南充等地靠拢，湘语的痕迹慢慢减少，以湖广话为基础的方言慢慢显现其优势，顾县话的性质应是具有湘语色彩的湖广话。

参考文献：

［1］ 四川省岳池县编纂委员会. 岳池县志［M］. 成都：电子科技大

---

① 非组与晓组的今音分混情况在前文分析声母［x］时已分组讨论过，这里不再赘述。

学出版社, 1993.

[2] 周及徐. 南路话和湖广话的语音特点——兼论四川两大方言的历史关系 [J]. 语言研究, 2012 (3).

[3] 中国社会科学院语言研究所. 方言调查字表 [M]. 北京：商务印书馆, 1981.

[4] 何婉. 四川成都话音系调查研究 [D]. 四川师范大学文学院, 2008.

[5] 曾晓舸. 四川岳池顾县话的音系 [J]. 四川师范学院学报, 2000 (2).

[6] 黄雪贞. 西南官话的分区（稿）[J]. 方言, 1986 (2).

[7] 李永明. 长沙方言 [M]. 长沙：湖南出版社, 1991.

（四川师范大学文学院　成都 610068）

The Phonetic System and the Characteristics of Guxian Speech

Liu Hui

(Department of Liberal Arts, Sichuan Normal University)

Abstract: Guxian is a town of Yuechi County, Guangan City, and it is in Huguang dialect area. With the influence of its geographic location and historica immigration, Guxian speech has gained the typical traits of Huguang dialect, as well as its own special characteristics. Based on the recorded phonetic material from the field investigation of the natives, the author describes the initial consonants, vowels and tones of the speech. By comparing its phonetic system with Chengdu speech, a typical example of Huguang speech, the author generalize the phonetic system of the Guxian speech.

Key words： Guxian speech; initial consonant; vowel; tone; phonetic system

图书在版编目（CIP）数据

语言历史论丛. 第 8 辑/周及徐主编；四川师范大学
汉语研究所编.—成都：巴蜀书社，2015.5
　ISBN 978-7-5531-0529-1

Ⅰ.①语…　Ⅱ.①周…②四…　Ⅲ.①语言学－文集
Ⅳ.①H0-53

中国版本图书馆 CIP 数据核字（2015）第 096319 号

语言历史论丛（第八辑）　　四川师范大学汉语研究所　编

责任编辑	黄云生	
出　版	巴蜀书社	
	成都市槐树街 2 号　邮编 610031	
	总编室电话：(028) 86259397	
网　址	www.bsbook.com	
发　行	巴蜀书社	
	发行科电话：(028) 86259422　86259423	
经　销	新华书店	
印　刷	成都蜀通印务有限责任公司	
版　次	2015 年 5 月第 1 版	
印　次	2015 年 5 月第 1 次印刷	
成品尺寸	203mm×140mm	
印　张	13.125	
字　数	320 千字	
书　号	ISBN 978-7-5531-0529-1	
定　价	30.00 元	